コーポレートガバナンスにおける

社外取締役 社外監査役 の役割と実務

弁護士 **須藤 修**【監修】／三井住友信託銀行 **田中和明**【編】

日本加除出版株式会社

は し が き

　コーポレートガバナンス・コードが策定されて3年を迎えようとするこのほど，コーポレートガバナンスに関するネット記事を立て続けに2つ眼にしました。1つは，日本に対する海外の動向を伝えるものです。米大手投資ファンドが日本企業のコーポレートガバナンスの進展や成長を目指す姿勢が鮮明になったとの理由から，日本で5000億円規模の買収攻勢をすると伝えていました。いま1つは，コーポレートガバナンス・コードの改訂が提言されたというものです。この提言は，なお多くの企業において経営環境の変化に応じた果断な経営判断が行われていないとの指摘に基づいています。このような内外における認識のギャップをどう受けとめるべきでしょうか。我が国におけるコーポレートガバナンス改革は，着実にテイクオフしたものとして好感をもって受け容れられているものの，なお道半ばであって，より一層の浮揚さらには飛翔へと続くことが期待されていると思います。

　本書で取り上げた社外取締役および社外監査役の充実が，コーポレートガバナンス改革の大きな柱であることは，改訂後のコーポレートガバナンス・コードにおいても揺るぎないところであり，改訂提言では，これらのさらなる充実をもって経営陣による果断な経営判断を促すとの方向性が，より一層明確になりました。

　このように，我が国においては，コーポレートガバナンス強化の中で，社外取締役・社外監査役の存在意義が格段に高まっており，今後も，上場会社を中心に，多くの社外取締役・社外監査役が就任することが想定されます。

　そこで，本書においては，株式会社のガバナンスの概要をはじめ，社外取締役・社外監査役について，その適格性や就任に際しての準備，会社への確認事項，就任後の役割，具体的実務の内容，さらには，社

はしがき

外取締役・社外監査役の責任や緊急時における対応等について解説しており，社外取締役・社外監査役に就任が予定されている，又は，希望されている方々，また，社外取締役・社外監査役を受け入れる会社の事務局スタッフの方々が，短時間で一気に読めるようにコンパクトにまとめた手引書として出版しました。是非，手元において活用していただきたいと思います。

なお，本書の執筆者は，いずれも，会社実務に深く関与している者であり，その中には，会社等組織に属している者もいますが，意見等に関わる部分については，個人的見解であり，所属する組織等とは関係のないものであることをあらかじめご承知おきください。

最後に，本書の刊行に多大なご尽力をいただいた日本加除出版株式会社朝比奈耕平氏，野口健氏に，この場を借りて厚く御礼申し上げます。

2018年5月

執筆者を代表して
須 藤　　　修
田 中 和 明

凡　例

(法令等)

　　金商法　　　→　金融商品取引法

　　公開買付府令　→　発行者以外の者による株券等の公開買付けの開示に関する内閣府令

　　適時開示規則　→　上場有価証券の発行者の会社情報の適時開示等に関する規則

(判　例)

　　最判平成6年1月20日民集48巻1号1頁

　　　→最高裁判所平成6年1月20日判決・最高裁判所民事判例集48巻1号1頁

(書　誌)

　　民集　　→　最高裁判所民事判例集

　　判時　　→　判例時報

　　判タ　　→　判例タイムズ

　　金判　　→　金融・商事判例

　　ジュリ　→　ジュリスト

目　次

第1章　会社法における株式会社のガバナンス

第1　株式会社の機関設計とコーポレートガバナンス ─────── 1
　1　株式会社の機関 ……………………………………………………… 1
　2　株式会社のコーポレートガバナンス ……………………………… 1
第2　株式会社の基本的な機関 ─────────────────── 5
　1　株主総会 …………………………………………………………… 5
　　(1)　株主総会の役割　5
　　(2)　株主総会における議決権　5
　　(3)　株主総会の招集　6
　　(4)　株主総会の権限　6
　　(5)　株主総会の運営　7
　　(6)　株主総会の3つの決議要件　8
　2　監査役会設置会社における取締役 ………………………………… 8
　　(1)　取締役の選任・解任および任期　8
　　(2)　取締役の権限　10
　　(3)　取締役の報酬　10
　　(4)　監査役会設置会社における代表取締役　10
　　(5)　執行役員　11
　3　取締役会 …………………………………………………………… 11
　　(1)　取締役会の権限　11
　　(2)　取締役会の招集　13
　　(3)　取締役会の運営　13
　　(4)　特別取締役による取締役会決議　14
　4　監査役 ……………………………………………………………… 14
　　(1)　監査役の選任・解任と任期　14
　　(2)　監査役の権限　15
　　(3)　監査役の報酬　16
　5　監査役会 …………………………………………………………… 17

(1)　監査役会の設置　*17*
　　　(2)　監査役会の権限　*18*
　　　(3)　監査役会の運営　*18*
　　6　会計監査人 ……………………………………………… *18*
　　　(1)　会計監査人の役割　*18*
　　　(2)　会計監査人の権限　*19*
　　　(3)　会計監査人の選任・解任および任期　*20*
　　　(4)　会計監査人の報酬　*20*
第3　指名委員会等設置会社 ──────────── *21*
　　1　指名委員会等設置会社のガバナンス ……………… *21*
　　2　指名委員会等設置会社の取締役会 ………………… *22*
　　　(1)　取締役の選任・解任および任期　*22*
　　　(2)　取締役会の招集　*22*
　　　(3)　取締役会の権限　*22*
　　3　指名委員会・監査委員会・報酬委員会 …………… *23*
　　　(1)　三委員会の招集・運営　*23*
　　　(2)　指名委員会　*24*
　　　(3)　監査委員会　*24*
　　　(4)　報酬委員会　*25*
　　4　執行役 …………………………………………………… *25*
　　　(1)　執行役・代表執行役の選任・解任と任期　*25*
　　　(2)　執行役・代表執行役の権限　*26*
　　　(3)　執行役の義務　*26*
　　　(4)　執行役の責任　*27*
第4　監査等委員会設置会社 ──────────── *27*
　　1　監査等委員会設置会社のガバナンス ……………… *27*
　　2　監査等委員会設置会社の取締役の選任・解任および任期 ……… *28*
　　3　監査等委員会設置会社の取締役会 ………………… *29*
　　　(1)　取締役会の権限　*29*
　　　(2)　業務執行の決定の取締役への委任　*29*
　　4　監査等委員会 …………………………………………… *30*
　　　(1)　監査等委員会の組成　*30*
　　　(2)　監査等委員会の権限　*30*
　　　(3)　監査等委員である取締役の職務　*31*

ア　監査等委員会が選定する監査等委員の職務　*31*／
　　　イ　各監査等委員の職務　*31*
　(4)　監査等委員会の運営　*31*

第2章　コーポレートガバナンス・コードから見た株式会社のガバナンス

第1　コーポレートガバナンス・コードとは ——————— *33*
　1　コーポレートガバナンス・コードの策定………………………*33*
　2　「プリンシプルベース・アプローチ」「コンプライ・オア・エクスプレイン」………………………………………………………*34*
　3　中長期保有株主との建設的な対話の重視………………………*36*
第2　コーポレートガバナンス・コードの各原則 ——————— *37*
第3　平成30年コーポレートガバナンス・コード改訂案の主要なポイント ——————————————————————————— *40*
　1　コーポレートガバナンス・コード改訂案のポイントと適用時期……*40*
　2　政策保有株式に関する改訂点……………………………………*40*
　3　アセットオーナーの機能強化についての改訂点………………*42*
　4　取締役会の実効性強化についての改訂点………………………*43*
　5　経営戦略の説明強化についての改訂点…………………………*45*
第4　コーポレートガバナンス・コードと社外役員 ——————— *46*
　1　コーポレートガバナンス・コードの取締役会等の責務についての基本原則………………………………………………………*46*
　2　取締役会の責務……………………………………………………*47*
　3　株主との対話について……………………………………………*49*
第5　コーポレート・ガバナンス報告書 ——————————— *49*
　1　報告書に求められる事項…………………………………………*49*
　2　コーポレート・ガバナンス報告書における"説明"……………*51*
第6　コーポレート・ガバナンス報告書におけるコードへの対応状況 ——— *51*
　1　東証による資料の開示……………………………………………*51*

目　次

　2　コーポレート・ガバナンス報告書記載例……………………………54
　　(1)　原則1‐4「政策保有株式に関する対応」記載例　54
　　(2)　原則3‐1「情報開示の充実」記載例（指名・報酬に関する記載）　55
　　　ア　概　要　55　／　イ　「取締役会が経営陣幹部・取締役会の報酬を決定するに当たっての方針と手続」記載例　56　／　ウ　「取締役会が経営陣幹部の選任と取締役・監査役候補の指名を行うに当たっての方針と手続」記載例　57

第3章　社外取締役・社外監査役はどのような者がふさわしいか

第1　社外役員としての自覚と熱意をもてる人 ──────────── 59
　1　会社における立ち位置………………………………………………59
　2　会社を取り巻く壮大な構想…………………………………………60
　3　日本経済を活性化する意識…………………………………………61
第2　上場会社であることの意識 ─────────────────── 62
第3　社外役員としての知識・情報の吸収と判断枠組の受容 ──── 63
　1　社外役員として吸収し入手すべき知識と情報……………………63
　2　社外役員として議案を判断する際の基準について………………64
　3　社外役員として議案を判断する際の情報について………………66
第4　コーポレートガバナンス・コードへの理解 ──────────── 67
第5　職業上の実績と人柄 ───────────────────── 69
　1　人柄──柔軟性………………………………………………………70
　2　職業上の実績…………………………………………………………71

第4章　社外取締役・社外監査役就任の検討と準備

第1　社外取締役・社外監査役就任への打診 ─────────────── 75
第2　経営陣の社外取締役・社外監査役への期待の確認 ─────── 77
第3　社外取締役としての十分な活動時間の確保ができるかの確認 ── 79
　1　現在の業務状況の確認………………………………………………79
　2　他社との兼任状況の確認……………………………………………80

第4　会社規程等ルール等の確認 ─────────────── 81
　1　社外取締役の自社株保有の是非 ………………………… 81
　　(1)　自社株保有・売買ルール　82
　　(2)　法的規制　82
　2　独立性のルールの確認 ……………………………………… 83
第5　責任限定契約，D&O保険加入の確認 ─────────── 85
　1　責任限定契約の締結 …………………………………………… 85
　2　会社役員賠償責任保険（D&O保険）………………………… 86
第6　会社概況の把握 ───────────────────── 86
　1　会社概況把握の必要性 ……………………………………… 86
　2　把握すべき概要 ……………………………………………… 86
第7　就任受諾後の手続 ──────────────────── 87
第8　補欠監査役について ─────────────────── 88

第5章　社外取締役・社外監査役が会社に確認しておくべきこと

第1　はじめに ──────────────────────── 89
第2　「期待される役割」の確認 ──────────────── 89
　1　「期待される役割」に関する現状 ………………………… 89
　2　社外取締役に期待される役割 ……………………………… 92
　　(1)　コーポレートガバナンス・コード上の「期待される役割」　92
　　(2)　会社法上求められている役割　92
　　(3)　上記以外に想定される役割　94
　　(4)　まとめ　95
　3　社外監査役に期待される役割 ……………………………… 96
　　(1)　コーポレートガバナンス・コード上の「期待される役割」　96
　　(2)　会社法上求められている役割　97
　　(3)　まとめ　98
　4　補　足 ………………………………………………………… 99
第3　大まかな年間スケジュールと負担の確認 ─────── 100

目 次

1　社外取締役・社外監査役の活動内容················· 100
　(1)　選任直後の活動（事業内容に関する説明会）　*100*
　(2)　日常的な活動（取締役会・監査役会）　*101*
　(3)　日常的な活動（社内の取締役会・監査役会以外の会合への参加）　*101*
　　ア　法定外の会合への参加（指名委員会，報酬委員会等）　*101*　／　イ　法定外の会合への参加（内部通報窓口）　*102*　／　ウ　役職員との意見交換，社内施設の実地調査　*103*　／　エ　社外役員会議　*103*　／　オ　経営会議等　*104*
　(4)　有事の活動　*105*
　(5)　まとめ　*106*
2　社外役員の年間スケジュール（社外監査役を中心として）·········· 106

第6章　社外取締役・社外監査役の職務

第1　本章の目的 ──────────────── 111
第2　会社の機関設計 ──────────────── 113
　1　はじめに ················· 113
　　(1)　3つの機関設計　*113*
　　(2)　3つの機関設計の相違点　*114*
　2　監査役会設置会社 ················· 114
　　(1)　「会社の業務執行の決定」と「取締役の職務執行に対する監督」　*114*
　　(2)　取締役の職務執行に対する監査　*115*
　3　指名委員会等設置会社 ················· 116
　　(1)　機関設計の概要　*116*
　　(2)　「会社の業務執行の決定」と「執行役等の職務執行に対する監督」　*117*
　　(3)　執行役等の職務執行に対する監査　*118*
　4　監査等委員会設置会社 ················· 118
　　(1)　機関設計の概要　*118*
　　(2)　「会社の業務執行の決定」と「取締役の職務執行に対する監督」　*119*
　　(3)　取締役の職務執行に対する監査　*119*
　5　独立役員制度 ················· 120
　　(1)　独立役員を確保する義務　*120*
　　(2)　取締役である独立役員を確保する努力義務　*121*

6 コーポレートガバナンス・コードによる独立社外取締役設置の
    要請……………………………………………………………………………… *121*
第3 社外取締役の職務・義務 ──────────────────────── *122*
【職　務】………………………………………………………………………… *122*
 1 取締役会等の構成員としての職務……………………………………… *122*
  ⑴ 社外取締役の職務と取締役会等の職務　*122*
  ⑵ 監査役会設置会社における取締役会の職務　*123*
   ア　会社法が定める職務　*123*　／　イ　コーポレートガバナンス・コードが要
   請する職務　*127*
  ⑶ 監査等委員会設置会社における取締役会と監査等委員会の職務　*130*
   ア　取締役会の職務　*130*　／　イ　監査等委員会の職務　*131*
  ⑷ 指名委員会等設置会社における取締役会と指名委員会，監査委員会
   および報酬委員会の職務　*132*
   ア　取締役会の職務　*132*　／　イ　指名委員会の職務　*132*　／
   ウ　監査委員会の職務　*133*　／　エ　報酬委員会の職務　*133*
 2 各取締役（社外取締役を含む）の職務………………………………… *133*
  ⑴ 株主総会における説明　*133*
  ⑵ 判例により認められた職務　*133*
   ア　監視義務　*133*　／　イ　内部統制システム整備義務　*134*
 3 社外取締役に特に求められる役割……………………………………… *134*
  ⑴ コーポレートガバナンス・コードにおける社外取締役の位置付け
    134
  ⑵ コーポレートガバナンス・コードが期待する社外取締役の役割・責
   務　*135*
【義　務】………………………………………………………………………… *135*
 1 善管注意義務……………………………………………………………… *135*
 2 会社と利益が相反する取引に関する義務……………………………… *136*
  ⑴ 競　業　*136*
  ⑵ 利益相反取引　*136*
第4 社外監査役の職務・義務 ──────────────────────── *137*
【職　務】………………………………………………………………………… *137*
 1 会社法の定める職務……………………………………………………… *137*
  ⑴ 取締役の職務執行の監査　*137*
   ア　監査の対象　*137*　／　イ　監査の範囲　*137*

(2) 監査の報告　*138*
　　(3) 調査権　*139*
　　　ア　取締役・使用人等に対する報告請求権　*139*　／　イ　業務および財産の調査権　*140*　／　ウ　子会社に対する報告請求権・調査権　*140*
　　(4) 報告義務等　*140*
　　　ア　不正行為の取締役会への報告　*140*　／
　　　イ　取締役会への出席等　*140*　／　ウ　株主総会への報告　*140*
　　(5) 差止請求・会社代表等　*141*
　　　ア　差止請求　*141*　／　イ　会社代表　*141*
　　(6) 監査役会の構成員としての職務　*141*
　　　ア　監査役会の意義　*141*　／　イ　監査役会の職務　*141*
　　(7) 監査役の監査役会への報告義務　*143*
　　(8) 株主総会における説明　*143*
　2　コーポレートガバナンス・コードからの要請　　　　　　　　　　　　　　　*143*
　　(1) 監査役および監査役会の役割・責務　*143*
　　　ア　能動的・積極的な権限の行使　*143*　／　イ　常勤監査役と社外監査役，監査役と社外取締役の連携　*144*
　　(2) 外部会計監査人による適正な監査の確保のための対応　*144*
　　(3) 適切な情報の入手　*145*

【義　務】　　　　　　　　　　　　　　　　　　　　　　　　　　　　　　　*145*

第5　「監査等委員たる社外取締役」・「監査委員たる社外取締役」の職務　　　　　　　　　　　　　　　　　　　　　　　　　　　　　　　*145*

　1　取締役等の職務執行の監査　　　　　　　　　　　　　　　　　　　　　　*146*
　2　監査の報告　　　　　　　　　　　　　　　　　　　　　　　　　　　　　　*146*
　3　調査権　　　　　　　　　　　　　　　　　　　　　　　　　　　　　　　　*147*
　　(1) 取締役・使用人等に対する報告請求権　*147*
　　(2) 業務および財産の調査権　*147*
　　(3) 子会社に対する報告請求権・調査権　*147*
　4　報告義務等　　　　　　　　　　　　　　　　　　　　　　　　　　　　　　*147*
　　(1) 不正行為の取締役会への報告　*147*
　　(2) 株主総会への報告　*147*
　5　差止請求・会社代表等　　　　　　　　　　　　　　　　　　　　　　　　　*148*
　　(1) 差止請求　*148*
　　(2) 会社代表　*148*

第7章 3つの制度の比較と社外取締役・社外監査役の役割

第1 監査役会設置会社・監査等委員会設置会社・指名委員会等設置会社の制度内容と社外取締役の役割 ―――――― 149

1 3つの制度の比較 ………………………………………… 149
  (1) 制度内容の比較一覧　149
  (2) 取締役会の権限のうち「重要な業務執行の決定」の委任　153
    ア 「マネジメント・ボード」153 ／ イ 「モニタリング・ボード」154 ／
    ウ まとめ　154
  (3) 取締役等に対する評価　155
    ア 職務の執行の監督と評価　155 ／ イ 監査役会設置会社の場合の評価活動　155 ／ ウ 指名委員会等設置会社の場合の評価活動　156 ／
    エ 監査等委員会設置会社の場合の評価活動　156
  (4) 監査の主体と方法　157
    ア 監査役会設置会社の監査（監査役の独任制）157 ／ イ 指名委員会等設置会社・監査等委員会設置会社の監査（組織監査）158 ／
    ウ まとめ　159
  (5) 監査機関の職務の内容と監査の範囲　159
    ア 監査の内容　159 ／ イ 監査の範囲　160 ／ ウ まとめ　161
  (6) 監査機関と取締役会との関係（各監査機関の位置付け）　161
    ア 監査役会設置会社（取締役会から独立）161 ／ イ 監査委員会（取締役会の内部機関）162 ／ ウ 監査等委員会設置会社（構成員は取締役だが，取締役会の内部機関ではない）162 ／ エ まとめ　163

第2 社外取締役・社外監査役として留意すべき事項 ―――――― 163

1 監査等委員である取締役，指名委員会・報酬委員会・監査委員会を兼任する社外取締役の職務の負担 ………………………………………… 164
  (1) リスクの内容　164
    ア 負担する機能の内容　164 ／ イ 監査機能　164 ／
    ウ 監督機能　164 ／ エ 評価機能　164 ／ オ まとめ　165
  (2) リスクへの対応案　166
2 監査機関による監査結果に対する討議 ………………………………………… 166
  (1) リスクの内容　166
    ア 監査活動の具体的な内容　166 ／ イ 説明責任と有効なコミュニケーション　166 ／ ウ 社外監査役・社外取締役である監査等委員が留意すべき

　　　　事項　*167*
　　（2）リスクへの対応案　*167*
　3　取締役会での取締役等の職務の執行状況に対する討議……………*167*
　　（1）リスクの内容　*167*
　　　ア　取締役会での議論の必要性　*167*／イ　適正な指標を基準とする評価　*168*／ウ　「社外役員への説明の場」になる可能性　*168*／
　　　エ　まとめ　*168*
　　（2）リスクへの対応案　*168*
　4　取締役等の評価（選任等および報酬等）に関する情報の確保……*169*
　　（1）リスクの内容　*169*
　　　ア　監査活動におけるレバレッジ　*169*／イ　必要とする情報の性質による制約　*170*
　　（2）リスクへの対応案　*170*
　5　経営者による社外取締役機能に対する無効化リスク ……………*170*
　　（1）リスクの内容　*170*
　　（2）リスクへの対応案　*171*

第8章　社外取締役・社外監査役の具体的実務の内容

第1　共通の実務内容 ─── *173*
　1　取締役会での審議への参加 ………………………………………*173*
　2　事前説明や方針議案の活用 ………………………………………*174*
　3　社外役員相互の意見交換 …………………………………………*175*
　4　内部統制システムの適切な構築・運営とその監督・監査………*175*
　　（1）内部統制システムとは　*175*
　　（2）内部統制システム検証の視点　*177*
　　（3）内部統制システムの実態把握　*177*

第2　社外取締役の具体的実務の内容 ─── *179*
　1　社外取締役の伝家の宝刀 …………………………………………*179*
　　（1）社内取締役と社外取締役の立ち位置　*179*
　　（2）コーポレートガバナンス・コードの期待する社外取締役像　*180*
　　（3）伝家の宝刀　*180*

2　取締役会の新たな役割への貢献 ………………………………………… *181*
(1)　コーポレートガバナンス・コードの期待する取締役会の新たな役割　*181*
(2)　コーポレートガバナンス・コードにおける暫定的措置　*181*
　　ア　任意の諮問委員会の設置　*181* ／ イ　任意の諮問委員会の運営　*182*

第3　社外監査役の具体的実務の内容 ——————————————— *183*
1　独任制の機関であることに伴う注意点 …………………………………… *183*
2　監査役会決議に基づく職務分担 …………………………………………… *184*
(1)　職務分担に係る監査役会決議の意味　*184*
(2)　監査役会における議論の重要性　*185*
(3)　職務分担決議の法的効果　*186*
3　監査役会における情報の交換と共有 ……………………………………… *186*
(1)　一般的な在り方　*186*
(2)　社外監査役の役割に応じた活動　*187*
4　会計監査人や内部監査室その他の内部統制部門との連携 ……………… *188*
(1)　会計監査人との連携　*188*
(2)　内部監査室等との連携　*189*
5　監査委員会・監査等委員会の特色 ………………………………………… *189*
(1)　監査方法の特殊性　*189*
(2)　内部統制システム充実の重要性　*190*
6　会計監査人との緊張関係 …………………………………………………… *191*
(1)　会計監査人の選任に係る監査役会の権限　*191*
(2)　権限行使プロセスの客観性・透明性　*191*
(3)　監査役会における対応実務　*192*
(4)　会計監査人の報酬決定に係る権限　*193*
(5)　会計監査人と監査役会の関係　*193*
7　監査役の伝家の宝刀 ………………………………………………………… *193*

第9章　社外取締役・社外監査役の責任

第1　社外取締役の責任 ————————————————————— *195*
1　経営責任 ……………………………………………………………………… *195*
2　会社法上の責任 ……………………………………………………………… *195*

目　次

　　　(1)　会社法上の義務　*195*
　　　　ア　義務と責任の関係　*195* ／ イ　善管注意義務・忠実義務とは　*196*
　　　(2)　会社に対する責任　*196*
　　　　ア　任務懈怠責任　*196* ／ イ　利益供与責任　*200* ／
　　　　ウ　剰余金の配当等に関する分配可能額規制違反の責任　*201*
　　　(3)　第三者に対する責任　*202*
　　　　ア　任務懈怠責任　*202* ／ イ　計算書類の虚偽記載等に基づく責任　*203*
　　　(4)　刑事責任・過料　*203*
　　　　ア　刑事責任　*203* ／ イ　過　料　*203*
　　3　金融商品取引法上の責任 …………………………………………… *204*
　　　(1)　有価証券届出書の虚偽記載　*204*
　　　(2)　有価証券報告書等の虚偽記載　*204*
　　　(3)　社外取締役の場合　*205*
第2　社外監査役の責任 ──────────────────── *205*
　　1　会社法上の責任 …………………………………………………… *205*
　　　(1)　会社法上の義務と責任　*205*
　　　(2)　任務懈怠責任　*206*
　　　　ア　概　要　*206* ／ イ　任務懈怠責任の免除・限定　*206*
　　　(3)　第三者に対する責任　*207*
　　　(4)　刑事責任・過料　*207*
　　2　金融商品取引法上の責任 …………………………………………… *207*
第3　社外取締役・社外監査役の責任の具体的事例と内部統制システ
　　　ム ──────────────────────────── *208*
　　1　非業務執行役員の法的責任に関する司法の判断の状況 ………… *209*
　　　(1)　業務執行の決定に関する責任　*209*
　　　(2)　取締役の職務の執行の監督・監査に関する責任　*210*
　　　　ア　非業務執行役員の責任が認められた例　*211* ／ イ　非業務執行役員の責
　　　　任が否定された例　*212* ／ ウ　まとめ　*213*
　　2　内部統制システムについて ………………………………………… *214*
　　　(1)　神崎克郎教授の見解　*214*
　　　(2)　日本取締役協会の提言　*215*
　　　(3)　内部統制システム確認の必要性　*215*
　　3　内部統制システムの内容と確認 …………………………………… *216*
　　　(1)　内部統制システムとは何か　*216*

目　次

　　(2)　内部統制システムはどのようにしたらわかるか　*217*
　　(3)　内部統制システムに関して何を確認するか　*218*

第10章　緊急事態への対応

第1　企業買収への対応 ——————————————— *219*
　1　企業買収時の社外取締役の株主共同の利益への配慮 ……… *219*
　2　M&A等の場合 …………………………………………………… *220*
　　(1)　目的の合理性および手法の相当性　*220*
　　(2)　デューデリジェンスにより抽出された問題点の検討および解消状況　*220*
　　(3)　買収価格（比率）とその決定プロセスの公正性　*221*
　　(4)　費用（コンサルタント費用を含む）の相当性　*222*
　　(5)　会計リスクに対する理解　*222*
　3　MBO，親会社，主要株主による非上場化の場合 ………… *222*
　　(1)　構造的な利益相反関係の存在　*222*
　　(2)　非上場化時に行われる，スクイーズ・アウトの概要　*223*
　　　ア　スクイーズ・アウトとは　*223*　／　イ　2段階方式の概要　*223*　／
　　　ウ　社外取締役・社外監査役の留意点　*225*
　　(3)　企業価値の向上および公正な手続確保のための経営者による企業買収（MBO）に関する指針　*226*
　　　ア　企業価値の向上　*226*　／　イ　買付価格の相当性とその決定プロセスの公正性および透明性　*227*
　4　敵対的買収に対する防衛策の場合 ………………………… *229*
　　(1)　敵対的買収防衛策と一般株主の利益　*229*
　　(2)　社外取締役が留意すべき事項　*231*
　　　ア　買収防衛策導入の必要性および相当性　*231*　／　イ　買収防衛策発動の正当性　*231*　／　ウ　一般株主が買収の是非を判断するための情報および時間の確保　*232*
　　(3)　特別委員会等と社外取締役　*232*

第2　企業不祥事 ——————————————————— *233*
　1　企業不祥事と社外取締役・社外監査役の役割 …………… *233*
　2　不祥事が発生した場合における社外取締役の対応 ……… *234*
　　(1)　社外取締役に不祥事の情報が持ち込まれた場合　*234*

xvii

- (2) 初動対応　235
- (3) 会社の対応に問題があると判断される場合　236
- (4) 最終段階における対応　236

3　不祥事が発生した場合における社外監査役の対応 ……………… 237
- (1) 社外監査役に不祥事の情報が持ち込まれた場合　237
- (2) 第三者委員会を設置すべき場合　237
- (3) 第三者委員会との関わり　238

第3　株主代表訴訟 ────────────────── 239

1　株主代表訴訟と社外取締役・社外監査役 ………………………… 239
2　提訴請求の受領と提訴・不提訴の判断 …………………………… 240
3　訴訟告知と補助参加 ………………………………………………… 241
4　訴訟上の和解 ………………………………………………………… 241
5　多重代表訴訟について ……………………………………………… 242

事項索引 …………………………………………………………………… 245

第1章
会社法における株式会社のガバナンス

第❶ 株式会社の機関設計とコーポレートガバナンス

1 株式会社の機関

　株式会社は，実質的な所有者である株主が多数存在することを想定した会社であるため，株主自らが全員で会社の経営を行っていくことは，不合理であり，その所有と経営とを分離することが適切です。そのために，株式会社には，意思決定や執行を担う一定の自然人または会議体である「機関」が置かれています。

　会社法においては，株式会社には，すべての会社に株主総会と取締役が置かれていますが，その他に，取締役会，会計参与，監査役，監査役会，会計監査人，指名委員会等設置会社における三委員会（指名委員会，報酬委員会，監査委員会），執行役，監査等委員会設置会社における監査等委員会が機関として用意されています。株式会社は，自らの経営実態に応じた最適な機関を置けるように，原則として自由にその機関設計を行うことができますが，一定の規整が存在します。

　その規整のもとでの選択可能な機関設計は，次頁の表のとおりです[1]

2 株式会社のコーポレートガバナンス

　コーポレートガバナンス（企業統治）の目的は，「健全性の確保」と「効率性の向上」の2点が中心であると考えられています[2]

---

1) 神田秀樹『会社法』（弘文堂，第20版，2018）183頁図表11を参考にしています。
2) 注1 神田185頁

第1章　会社法における株式会社のガバナンス

【株式会社の機関設計】

	非大会社	大会社
非公開会社	取締役 取締役＋監査役 取締役＋監査役＋会計監査人 取締役会＋会計参与 取締役会＋監査役 取締役会＋監査役会 取締役会＋監査役＋会計監査人 取締役会＋監査役会＋会計監査人 取締役会＋監査等委員会＋会計監査人 取締役会＋三委員会（執行役）＋会計監査人	取締役＋監査役＋会計監査人 取締役会＋監査等委員会＋会計監査人 取締役会＋監査等委員会＋会計監査人 取締役会＋監査等委員会＋会計監査人 取締役会＋三委員会（執行役）＋会計監査人
公開会社	取締役＋監査役 取締役会＋監査役会 取締役会＋監査役＋会計監査人 取締役会＋監査役会＋会計監査人 取締役会＋監査等委員会＋会計監査人 取締役会＋三委員会（執行役）＋会計監査人	取締役会＋監査役＋会計監査人 取締役会＋監査等委員会＋会計監査人 取締役会＋三委員会（執行役）＋会計監査人

　平成27年6月1日に制定されたコーポレートガバナンス・コード（以下「CGコード」といいます）において，「コーポレートガバナンス」とは，会社が，株主をはじめ顧客・従業員・地域社会等の立場を踏まえた上で，透明・公正かつ迅速・果断な意思決定を行うための仕組みを意味すると定められていますが，我が国の会社法においては，このコーポレートガバナンスを向上させるため，すなわち，コンプライアンスと会社の業績および経営の評価を向上させるため，様々な改正が行われてきました。

　現在の会社法の下では，株式会社は，前述した機関設計の選択が可能ですが，CGコードが前提としている株式会社は，上場会社です。

　従前の我が国における典型的な上場会社では，株主総会で選任された取締役が，取締役会を構成して，株主総会で行う会社の基本的事項を除く意思決

定を行うとともに，代表取締役を選任し，代表取締役は会社を代表して業務を執行し，取締役は，その業務執行について監視・監督を行う一方で，株主総会で選任された監査役がその業務執行の監査を行う形態がとられており，さらに，監査役全員が監査役会を構成し，監査役会が監査を行い，会計監査人を選任して，会計監査人が会計監査を行うものとされています。

　このように機関設計された会社は，監査役会設置会社と呼ばれていますが，平成14年の商法改正により，委員会等設置会社（現在の指名委員会等設置会社）が導入され，さらに，平成26年の会社法改正により，監査等委員会設置会社が導入されました。

　本書の検討対象である社外取締役または社外監査役については，従来型の①監査役会設置会社と，②指名委員会等設置会社，③監査等委員会設置会社の3つのタイプの会社において，設置が必要とされていますので，本章の株式会社のガバナンスは，主に，この3つのタイプの会社とその機関について検討の対象とします。

　なお，各機関の説明については，①監査役会設置会社を原則としつつ，その特別な形態として，②指名委員会等設置会社，③監査等委員会設置会社の機関について解説を加えるものとします。

第1章　会社法における株式会社のガバナンス

【社外取締役・社外監査役の設置を必要とする3つのタイプ】

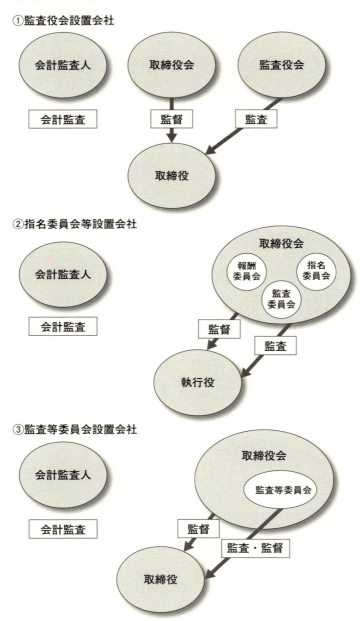

第❷ 株式会社の基本的な機関

1 株主総会
(1) 株主総会の役割
　株主総会[3]は，すべての株式会社に置かれている，株主から構成される会社の最高の意思決定機関です。

　株式会社は，不特定多数の株主から多額の資金を集め，経営のプロである取締役等に会社経営を任せることにより，利益を上げて，株主に分配するシステムです。そのことから，株主総会の役割は，簡単にいえば，①会社経営を任せる会社役員を選任し，②年に1回会社役員から会社の事業の内容と成果の報告を受け，③さらに，その結果により，次期の会社役員を選任する会議体ということになります。

(2) 株主総会における議決権
　会社の所有者である株主は，法定の例外を除き，その有する株式一株につき一個の議決権を有しています。これを「一株一議決権の原則」といいますが，①単元未満株式（会社法189条1項），②自己株式（同法308条2項），③議決権制限株式（同法108条1項3号），④取締役，監査役の選任に関する種類株主（同項9号），⑤相互保有株式（同法308条1項本文かっこ書），⑥会社が自己株式を買い取る場合の譲渡等承認請求者が有する株式等（同法140条3項，160条4項，175条2項）については，例外とされています。

　議決権の行使方法について，議決権は，株主が株主総会に出席して行使することが原則ですが，株主は代理人によってその議決権を行使することができます。また，その代理権の授与は，株主総会ごとにしなければならないものとされています（同法310条1項）。

　株主総会を招集する場合に，株主総会に出席しない株主が書面によって議決権を行使することができる旨を定めれば，書面投票により議決権を行使す

---

[3] 複数の種類の株式を発行する会社において，各種類の株式の株主によって構成される「種類株主総会」があり，種類株主総会は，会社法に規定する事項および定款で定めた事項に限り，決議をすることができます（会社法321条）。

ることができますが（同法298条1項3号），株主の数が千人以上である場合には，書面投票制度を定めなければならないものとされています（同条2項本文）。さらに，株主総会を招集する場合に，株主総会に出席しない株主が電磁的方法によって議決権を行使することができる旨を定めれば，総会に出席しない株主が電磁的方法によって議決権を行使することもできます（同条1項4号）。

(3) 株主総会の招集

株主総会は，取締役が株主を招集して開催します（会社法296条3項）。

株主総会の招集通知は，株主に出席の機会と準備を与えるため，書面により株主総会開催日の2週間前までに発送する必要がありますが（同法299条1項，2項），株主の承諾を得れば，書面による通知に代えて，電磁的方法によって通知をすることができます（同条3項）。また，上場企業ではありえませんが，議決権を行使できる株主全員が同意すれば，招集手続を省略して株主総会を開催することもできます（同法300条本文）。

取締役会設置会社の場合には，取締役会が，①開催の日時・場所，②株主総会の目的事項，③書面投票・電子投票を認めるときはその旨，④その他法務省令（会社法施行規則63条）で定める事項を決定し（会社法298条4項），通常，代表取締役が招集します。

一方，例外として，総株主の議決権の3％以上の議決権を6か月以上保有する株主は，代表取締役に対し，株主総会の目的である事項および招集の理由を示して，招集の請求をすることができますが（同法297条1項），この請求によっても，取締役が株主総会を招集しない場合，株主は，裁判所の許可を得て，株主総会を招集することができます（同条4項）。

定時株主総会は，毎事業年度の終了後一定の時期に招集しなければならなず（同法296条1項），年度決算に関する決議と報告が行われますが，他の事項の決議を行うこともできます。また，必要に応じ，臨時に臨時株主総会を開催することもできます（同条2項）。

(4) 株主総会の権限

株主総会の決議事項は，非取締役会設置会社と取締役会設置会社とで大き

く異なります。非取締役会設置会社では，株主総会が一切の事項について決議できるものとされています（会社法295条1項）。

　一方，取締役会設置会社においては，株主総会において，取締役・監査役等の機関の選任・解任に関する事項，会社の基礎的変更に関する事項（定款変更，合併，分割，解散等），株主の重要な利益に関する事項（剰余金の配当，株式併合等），取締役に委ねたのでは株主の利益が害されるおそれが高いと考えられる事項（取締役の報酬等），および，定款に定めた事項について，直接決議することができます（同条2項）。ところが，近年，上場会社においては，上記会社法上の株主総会の権限外の事項であるにもかかわらず，株主総会で決議が行われることがあります。

　また，株主総会においては，取締役は，①計算書類（貸借対照表，損益計算書，株主資本等変動計算書，個別注記表。会社法435条2項，会社計算規則59条1項），および，②事業報告（(i)現況に関する事項，(ii)会社役員に関する事項，(iii)株式に関する事項，(iv)新株予約権に関する事項を含めたもの。会社法施行規則119条）を定時株主総会に提出して，承認を受けなければならないものとされていますが（会社法438条），①計算書類については，会計監査人および監査役等の監査で正確性が担保されていれば，決議は不要であり，報告することで足りるものとされています（同法439条）。

(5) 株主総会の運営

　株主総会の議事運営を行う議長（会社法315条1項）については，定款で定められるのが一般的ですが，定めがない場合には，株主総会において選任されます。

　議題は，招集通知に記載された事項に限られますが（同法309条5項），当該株主総会の延期または続行についての決議（同法317条），検査役の選任に関する決議（同法316条1項，2項），会計監査人の定時株主総会への出席（同法398条2項）を求める決議については行うことができます（同法309条5項ただし書）。

　また，株主総会において，取締役，会計参与，監査役，執行役は，株主から特定の事項について説明を求められた場合には，当該事項について説明を

行う必要がありますが（同法314条1項），①株主総会の目的である事項に関しないものである場合，②説明を行うことにより株主の共同の利益を著しく害する場合，③その他正当な理由がある場合として法務省令（会社法施行規則71条）で定める場合には，説明を拒絶することができます（会社法314条ただし書）。

(6) 株主総会の3つの決議要件

株主総会決議には，①普通決議（会社法309条1項），②特別決議（同条2項），③特殊決議（同条3項，4項）の3種類があります。

【3つの決議要件（会社法309条）】

決議の種類		定足数	必要な賛成数
普通決議（1項）		（定款に別段の定めがある場合を除き）株主の議決権の過半数を有する株主が出席	出席株主の議決権の過半数
特別決議（2項）		議決権を行使することができる株主の議決権の過半数（定款で3分の1以上の割合を定めることも可）を有する株主が出席	出席株主の議決権の3分の2（定款でこれを上回る割合の定めることも可）以上
特殊決議	（3項）	議決権を行使することができる株主の半数以上（定款でこれを上回る割合を定めることも可）	当該株主の議決権の3分の2以上（定款でこれを上回る割合を定めることも可）
	（4項）	総株主の半数以上（定款でこれを上回る割合を定めることも可）	総株主の議決権の4分の3以上の賛成が必要

2 監査役会設置会社における取締役

(1) 取締役の選任・解任および任期

株式会社の多くの株主は，必ずしも経営に精通していたり，直接経営を行うことを望んでいるとは限りません。そのため，経営の専門家を常置して経営を任せる方が合理的です。そこで，会社法においては，会社経営について

専門の機関として取締役を必置のものとしています（会社法326条1項）。取締役は，株主総会によって選任され（同法329条1項），決議は普通決議で行われます（同法309条1項)[4]。

監査役会設置会社においては，3人以上の取締役が（同法331条5項），それぞれ必要とされていますが[5]，取締役の欠員や員数不足の場合に備えて，補欠取締役を選任することができます（同法329条3項）。

また，取締役は，当該会社の部長や支店長等の使用人と兼務することは可能ですが，当該会社の会社または親会社の監査役，会計参与を兼務することはできません（同法335条2項，333条3項1号）。

会社法上，取締役には欠格事由が定められており，法人，成年被後見人等一定の要件に該当する者はなることができません（同法331条1項）。また，定款で取締役の資格を制限することはできるものの，公開会社においては，定款で取締役の資格を株主に限定することはできません（同条2項）。

取締役は，株主総会の解任が決議された場合（同法339条1項，341条）または解任の訴え（同法854条）により解任の判決が確定した場合に解任されます。前者については，いつでも理由を問わず株主総会の普通決議により行うことができるものの，正当な理由なく解任がなされた場合には，当該解任された者は解任により被った損害の賠償を会社に請求することができます（同法339条2項）。

取締役の任期は，選任後2年以内に終了する事業年度のうち，最終のものに関する定時株主総会の終結の時までと定められており，2年を超えて伸長することはできませんが[6]（同法332条1項），再任することはできます。

---

4) 複数の取締役を選任するにあたって，議決権を有する株主は，累積投票によることを請求できます（会社法342条1項）。累積投票とは，各株主に対し，1株につき選任される取締役の数と同数の議決権を与え，株主はその議決権を1人に集中して行使したり2人以上に分散して投票したりできる制度ですが，累積投票の請求は定款で排除することが可能であり，大規模な企業では排除されていることが多くなっています。
5) 定款の定めにより，最高数を定めたり最低数を変更したりすることも可能です。
6) 公開会社でない会社では，定款の定めにより，任期を選任後10年以内に終了する事業年度のうち最終のものに関する定時株主総会の終結の時まで伸長することができます（同条2項）。

(2) 取締役の権限

　取締役は、監査役会設置会社の場合、後述のとおり、代表取締役が、業務の執行を行い（会社363条1項）、会社を代表して、株式会社の業務に関する一切の裁判上または裁判外の行為を行いますので（同法349条4項）、取締役会設置会社においては、取締役は、取締役会の一員として、「業務執行の決定」と「業務執行の監督」を行うことになります。

(3) 取締役の報酬

　取締役は、お手盛り防止の観点から、会社から受け取る報酬等（報酬、賞与その他の職務執行の対価として株式会社から受ける財産上の利益[7]）における、①額が確定しているものはその額、②額が確定していないものはその具体的な算定方法、③金銭でないものはその具体的な内容、については、定款に定めるか、または、株主総会の決議によって定めるものとされています（会社法361条）。

　しかしながら、定款または株主総会において取締役全員の総額等を定め、その具体的配分を取締役会の決定に一任する方法が認められている[8]ことから、多くの会社では、このような方法がとられており、さらに、取締役会では、代表取締役に一任することが一般的です。

(4) 監査役会設置会社における代表取締役

　監査役会設置会社においては、代表取締役は、取締役会において、取締役の中から選任されます（会社法362条3項）[9]。また、取締役会の決議で、代表取締役を解職することもできます[10]。代表取締役は、業務の執行を行い（同法363条1項）、会社を代表し、株式会社の業務に関する一切の裁判上または裁判外の行為をする権限を有します（同法349条4項）。

　また、員数は制限されておらず、たとえば、会長、社長や副社長をそれぞ

---

[7] 退職慰労金は在職中の職務執行の対価として支給されるものであり、原則として報酬等に含まれるものとされています。

[8] 最判昭和60年3月26日判時1159号150頁

[9] 非取締役会設置会社においては、定款、定款の定めに基づく取締役の互選または株主総会の決議によって、取締役の中から代表取締役を選任します（会社法349条3項）。

[10] 最判昭和41年12月20日民集20巻10号2160頁

れ代表取締役として選任することも可能であり，複数の代表取締役が選任された場合には，各自が単独で会社を代表することになります。

多くの会社では，代表取締役は，通常，業務執行に関して，業務執行取締役（同法363条1項2号）や下記に述べる執行役員にその権限の一部を付与した上で，代表取締役はそれを統括しています。

(5) 執行役員

執行役員とは，一般に，代表取締役，業務執行取締役や指名委員会等設置会社における執行役のような会社法上の機関ではないものの，会社における業務の一部の執行権限を有する者のことをいいます。

会社の意思決定を行う取締役とは別に，業務の執行を行う執行役員を置くことにより，経営の意思決定と業務執行との役割分担を明確にすることを目的として，導入されたものであり，1990年代の後半から現在に至るまで，多くの企業で導入されています。執行役員は，取締役会設置会社において代表取締役が有する業務執行権限の一部を委任するものであり，一般的には，取締役会議において「重要な使用人」として選任されます（会社法362条4項3号）。執行役員は，実質的に，業務執行取締役（同法2条15号）の権限を有する場合や，単に一定以上の地位にあるものに肩書として付与している場合まで，様々な目的に利用されています。

3　取締役会

(1) 取締役会の権限

会社法上，取締役会は，すべての取締役で組織され（会社法362条1項），①業務執行の決定，②取締役の職務執行の監督，③代表取締役の選定および解職を行います（同条2項）。

①　業務執行の決定

監査役会設置会社における取締役会は，株主総会の決議事項（会社法295条2項）以外のすべての事項について，業務執行の決定権限を有しており，また，そのうち，以下の表の取締役会の専決事項（同法362条4項）の決定については，定款によっても，代表取締役その他の取締役に委譲することはでき

ません。

なお,その他の事項の決定については,通常,代表取締役その他の取締役に委任されています。

【取締役会の専決事項（会社法362条4項）】

1号	重要な財産の処分[11]及び譲受け
2号	多額の借財
3号	支払人その他の重要な使用人の選任及び解任
4号	支店その他の重要な組織の設置,変更及び廃止
5号	募集社債に関する重要事項(会社法676条1号,会社法施行規則99条)
6号	内部統制システムの構築 ・取締役の職務の執行が法令及び定款に適合することを確保するための体制その他株式会社の業務並びに当該株式会社及びその子会社から成る企業集団の業務の適正を確保するために必要なものとして法務省令（同施行規則100条）で定める体制の整備
7号	取締役等による免除に関する定款の定め（会社法426条1項）に基づく役員等の損害賠償責任（同法423条1項）の免除

また,大会社（最終事業年度の貸借対照表において資本金5億円以上または負債200億円以上の会社（会社法2条6号））においては,取締役の職務の執行について個別に監督することは容易でないため,会社内部を統制する一定のシステムとして内部統制システムを構築することが合理的であることから,取締役会決議で,上記6号の内部統制システムの構築を必ず決定しなければならないものとされています（同法362条5項）。

なお,金融商品取引法においても,財務報告に係る内部統制についての評価を記載した内部統制報告書の提出が一定の要件を満たす上場会社等に義務付けられています[12]（金商法24条の4の4）。

---

11)「重要な財産の処分」の意義について,最判平成6年1月20日民集48巻1号1頁など。
12) 金融商品取引法上の内部統制システムは,財務に関するディスクロージャーの信頼性に関する部分に限定され,上場会社等のみを対象としています。

② 取締役の職務執行の監督

　監査役会設置会社の職務執行は，代表取締役その他の業務執行取締役（会社法363条1項）が行い，取締役会はこれを監督しなければならないものとされています（同条362条2項2号）。

③ 代表取締役の選定および解職

　代表取締役の監督の実効性を確保するために，取締役会には，代表取締役の選定・解職の権限が付与されています（同法362条2項3号）。

(2) 取締役会の招集

　取締役会は，各取締役が招集することができますが，取締役会を招集する取締役を定款または取締役会で定めたときは，その取締役が招集するものとされています（会社法366条1項）。この取締役を招集権者といい，招集権者以外の取締役は，招集権者に対し，取締役会の目的である事項を示して，取締役会の招集を請求することができますが（同条2項），招集の通知が発せられない場合には，一定の要件の下で，その請求をした取締役は，取締役会を招集することができます（同条3項）。

　監査役会設置会社では，監査役も，取締役が法令・定款違反の行為をし，またはその行為をするおそれがあると認めるとき等には，取締役会の招集を請求することができます（同法383条2項，3項）。

　取締役会の議事は，法令上の定めがなく，定款および取締役会規程等の内部規則と慣行に従って行われています。

(3) 取締役会の運営

　取締役会の決議は，議決に加わることができる取締役の過半数（これを上回る割合を定款で定めた場合は，その割合以上）が出席し，その過半数（これを上回る割合を定款で定めた場合は，その割合以上）をもって行い（会社法369条1項），その決議について特別の利害関係を有する取締役は，議決に加わることができません（同条2項）。

　また，代表取締役および業務執行取締役は，3か月に1回以上，自己の職務の執行の状況を取締役会に報告しなければならないものとされています（同法363条2項）。

取締役が取締役会の決議の目的である事項について提案をした場合において，当該提案につき取締役の全員が書面または電磁的記録により同意の意思表示をして，かつ，監査役が当該提案について異議を述べなかったときには，当該提案を可決する旨の取締役会の決議があったものとみなす旨を定款で定めることができます（同法371条）。

また，取締役および監査役の全員に対して取締役会に報告すべき事項を通知したときは，当該事項を取締役会へ報告することを省略することができますが（同法372条1項），上記の代表取締役および業務執行取締役による3か月に1回以上の自己の職務の執行の状況報告については，省略できません（同条2項）。

(4) **特別取締役による取締役会決議**

監査役会設置会社では，①取締役の数が6名以上であること，②社外取締役が1名以上であること，の2つの要件を満たす場合には，「重要な財産の処分・譲受け」および「多額の借財」の決議については，取締役会であらかじめ選定した3人以上の特別取締役（議決に加わることができる者の過半数が出席しその過半数で行うが定足数・決議要件ともに定款で加重可能）により決議することにより，取締役会決議とすることができます（会社法373条1項）。

なお，取締役会の監督機能を確保するため，特別取締役の互選で定めた者は，決議後，遅滞なく，決議の内容を特別取締役以外の取締役に報告することが義務付けられています（同条3項）。

4　監査役

(1) **監査役の選任・解任と任期**

監査役は，取締役の職務執行を監督する機関であり（会社法381条1項），定款の定めにより設置されます（同法326条2項）。監査役は，当該会社とその子会社の取締役・支配人その他の使用人，または子会社の会計参与，執行役を兼ねることはできません（同法335条2号）。

監査役は，株主総会の普通決議によって選任されます（同法329条1項）。一方，解任については，株主総会の特別決議が必要とされています（同法

309条2項7号)。

また、監査役の任期は、選任後4年以内に終了する事業年度のうち最終のものに関する定時株主総会の終結の時までとされています(同法336条1項)[13]。

(2) **監査役の権限**

監査役の職務と権限は、会計の監査を含む会社の業務全般の監査に及び、監査役が2人以上いる場合においても、各自が独立して監査権限を行使する独任制をとっています。監査役の具体的職務内容は、以下のとおりです。

① **監　査**

監査とは、業務執行の法令・定款違反または著しい不当性の有無をチェックし指摘することであって、取締役の裁量的判断一般の当否をチェックすることは含まれません[14] [15]。

② **調査・子会社調査**

監査役は、いつでも、取締役・会計参与・支配人その他の使用人に対して、事業の報告を求め、また、自ら会社の業務および財産の調査をすることができます(同法381条2項)。また、職務を行うため必要があるときには、子会社に対して事業の報告を求め、またはその子会社の業務および財産の状況を調査することができますが(同条3項)、当該子会社は、正当な理由がある場合には、報告または調査を拒むことができます(同条4項)。

③ **取締役会への不正行為の報告**

監査役は、取締役の職務執行に関し、不正行為、法令・定款違反の事実、著しく不当な事実がある場合には、遅滞なく、その旨を取締役会に報告する義務があります(同法382条)。

④ **取締役会への出席**

---

[13] 公開会社でない株式会社において、定款によって、選任後10年以内に終了する事業年度のうち最終のものに関する定時株主総会の終結の時まで伸長することができます(会社法336条2項)。
[14] 注1 神田243頁。なお、監査役が取締役の職務執行が法令・定款に適合しているかどうかを監査すること(適法性の監査)は当然であるが、その妥当性についての監査(妥当性の監査)ができるかについては争いがあります。
[15] なお、非公開会社(監査役会設置会社または会計監査人設置会社を除く)では、定款で、監査役監査を会計監査に限定することが認められています(会社法389条)。

監査役は，取締役会に出席し，必要があると認める場合には，意見を述べなければなりません。ただし，監査役が2人以上の場合，特別取締役による取締役会の決議においては，互選で出席する監査役を定めることができます（同法383条1項）。また，監査役は，必要があると認める場合には，取締役会の招集を請求することができ（同条2項），召集されない場合は自ら取締役会を招集することができます（同条3項）。

⑤ 株主総会への報告

監査役は，取締役が株主総会に提出しようとする議案，書類等を調査しなければならず，法令もしくは定款違反行為または著しく不当な事項があると認める場合には，その調査の結果を株主総会に報告しなければならないものとされています（同法384条）。

⑥ 取締役の違法行為の差止請求

監査役は，取締役が会社の目的の範囲外の行為その他法令もしくは定款に違反する行為をし，またはこれらの行為をするおそれがある場合において，当該行為によって当該会社に著しい損害が生ずるおそれがあるときは，当該取締役に対し，当該行為の差止めを請求することができます（同法385条）。

⑦ 会社と取締役との間の訴訟等における会社の代表

監査役は，会社が取締役に対し，または取締役が会社に対して訴えを提起する場合等，取締役と会社との間で利益相反が起こりうる一定の場合には，会社を代表するものとされています（同法386条）。

(3) **監査役の報酬**

監査役は，取締役と同様に，会社から受け取る報酬等（報酬，賞与その他の職務執行の対価として株式会社から受ける財産上の利益）については，定款に定めるか，または，株主総会の決議によって定めるものとされていますが（会社法387条1項），監査役の場合には，適正な報酬等を確保してその独立性を保証することが目的と考えられていますので，株主総会において取締役の報酬等と一括して決議することは認められないと解されています[16]。監査役が

---

16) 江頭憲治郎『株式会社法』（有斐閣，第7版，2017）540頁，543頁

2人以上の場合，各監査役の受ける報酬等について定款の定めまたは株主総会の決議がないときは，定められた総額の範囲内で，監査役の協議により配分を定めるものとされています（同条2項）。なお，監査役は，株主総会において，監査役の報酬等について意見を述べることができます（同条3項）。

5　監査役会
(1)　監査役会の設置

会社法においては，原則として，株式会社に監査役を設置するかどうかは任意ですが（会社法326条2項），大会社で公開会社については，監査役会を設置しなければならず（同法328条1項），また，会計監査人設置会社は，委員会設置会社を除いて，監査役を設置しなければならないものとされています（同法327条3項）。

監査役会は，すべての監査役で組織され（同法390条），監査役は，3人以上で，そのうち半数以上は，社外監査役である必要があります（同法335条3項）。

監査役会は，監査役の中から少なくとも1人の常勤監査役を選定しなければならないものとされており（同法390条3項），監査役は，監査役会の求めがあるときは，いつでもその職務の執行の状況を監査役会に報告しなければならないものとされています（同条4項）。

監査役会においては，各自が独立して監査権限を行使する独任制をとっており，監査役会の機能は，各監査役の役割分担を容易にし，かつ情報の共有を可能にすることにより，組織的・効率的監査を可能にすることにとどまります。すなわち，監査役会は，その決定をもって，監査の方針，会社の業務・財産の状況の調査の方法その他の監査役の職務の執行に関する事項を定めることができますが，その決定により各監査役の権限の行使を妨げることはできません（同法390条2項ただし書）。[17]

---

17) 注16江頭540頁，541頁

(2) 監査役会の権限

　監査役会は，①監査報告の作成（会社法390条2項1号），②常勤監査役の選定および解職（同項2号），③監査方針，監査役会設置会社の業務および財産の状況の調査の方法その他の監査役の職務の執行に関する事項の決定（同項3号），④監査役の職務の執行の状況の報告の求め（同条4項），⑤取締役の会計監査人の選任，解任，再任しないことに関する株主総会議案提出の同意および請求（同法344条），⑥会計監査人の解任（同法340条），⑦仮会計監査人の選任（同法346条4項，6項，7項），⑧取締役の報告の受理（同法357条）を行います。

　また，取締役が監査役の選任に関する議案を株主総会に提出する際には，監査役会の同意を得なければならず（同法343条1項，3項），監査役会は，取締役に対し，監査役の選任を株主総会の目的とすること，または，監査役の選任に関する議案を株主総会に提出することを請求することができます（同条2項，3項）。

(3) 監査役会の運営

　監査役会は，各監査役が招集しますが（会社法391条），監査役の全員の同意があるときは，招集の手続を経ることなく開催することができます（同法392条2項）。

　監査役会の決議は，監査役の過半数をもって行いますが（同法393条1項），取締役会の場合のように，定款に決議の省略ができる旨を定めることはできません。

　また，監査役は，監査役会の求めがあるときは，いつでもその職務の執行の状況を監査役会に報告しなければならないものとされています（同法390条4項）。

6　会計監査人

(1) 会計監査人の役割

　会計監査人については，大会社（会社法328条1項，2項），監査等委員会設置会社および指名委員会等設置会社（同法327条5項）においては，置かな

ければならないものとされています[18]。

　会社の規模が大きくなり業容が拡大すると，会計や経理処理が複雑化・高度化して会計の専門知識が必要となることから，会計の専門家である会計監査人による会計監査を義務付けるものです。

(2) 会計監査人の権限

　会計監査人は，株式会社の計算書類，附属明細書，連結計算書を監査し，会計監査報告書を作成します（会社法396条1項）。

　会計監査人は，会計帳簿等の資料の閲覧および謄写を請求すること，また，取締役（・執行役）および支配人その他の使用人に対して会計に関する報告を求めることができます（同条2項）。さらに，その職務を行うため必要があるときは，会計監査人設置会社の子会社に対して会計に関する報告を求め，または会計監査人設置会社もしくはその子会社の業務および財産の状況の調査をすることができますが（同条3項），当該子会社は，正当な理由があるときは，同項の報告または調査を拒むことができます（同条4項）。

　会計監査人は，その職務を行うに際して取締役の職務の執行に関し不正の行為または法令もしくは定款に違反する重大な事実があることを発見したときは，遅滞なく，監査役会[19]に報告しなければならず（同法397条1項），一方，監査役会[20]は，その職務を行うため必要があるときは，会計監査人に対し，その監査に関する報告を求めることができます（同条2項）。

　会計監査人は，株式会社の計算書類およびその附属明細書，臨時計算書類ならびに連結計算書類が法令または定款に適合するかどうかについて会計監査人が「監査役会又は監査役」[21]と意見を異にするときは，会計監査人（会計監査人が監査法人である場合にあっては，その職務を行うべき社員）は，定時株主総会に出席して意見を述べることができます（同法398条1項）。

---

[18] 大会社以外の監査役設置会社も会計監査人を置くことができます。
[19] 監査等委員会設置会社においては監査等委員会，指名委員会等設置会社においては監査委員会。
[20] 監査等委員会設置会社においては監査等委員会が選定した監査等委員，指名委員会等設置会社においては監査委員会が選定した監査委員会の委員。
[21] 監査等委員会設置会社においては「監査等委員会又は監査等委員」，指名委員会等設置会社においては「監査委員会又はその委員」。

また,定時株主総会において会計監査人の出席を求める決議があったときは,会計監査人は,定時株主総会に出席して意見を述べなければならないものとされています(同条2項)。

(3) **会計監査人の選任・解任および任期**

会計監査人は公認会計士または監査法人でなければならず(会社法337条1項),会計監査人に選任された監査法人は,一定の要件に該当する者(同条3項各号)を除き,その社員の中から会計監査人の職務を行うべき者を選定し,これを株式会社に通知しなければならないものとされています(同条2項)。

会計監査人の選任は株主総会の普通決議で行います(同法329条1項)。また,会計監査人は,いつでも,株主総会の決議によって解任することができますが(同法339条1項),解任された者は,その解任について正当な理由がある場合を除き,株式会社に対し,解任によって生じた損害の賠償を請求することができるものとされています(同条2項)。

また,会計監査人が,①職務上の義務に違反し,または職務を怠ったとき,②会計監査人としてふさわしくない非行があったとき,③心身の故障のため,職務の執行に支障があり,またはこれに堪えないときには,監査役会設置会社においては監査役会が,監査等委員会設置会社においては監査等委員会が,指名委員会等設置会社においては監査委員会が,それぞれ解任することができます(同法340条1項,4項~6項)。

任期は原則として1年です(同法338条1項)。会計監査人の地位の独立性を確保するため,会計監査人の選任・解任・不再任に関する議案の内容は,監査役会設置会社においては監査役会[22]が決定します(同法344条3項)。

(4) **会計監査人の報酬**

会計監査人の報酬等を定めるのは取締役ですが,監査役会[23]は,同意権を

---

22) 指名委員会等設置会社においては監査委員会,監査等委員会設置会社においては監査等委員会(会社法399条の2第3項2号,404条2項2号)。
23) 監査等委員会設置会社においては監査等委員会,指名委員会等設置会社においては監査委員会(会社法399条3項,4項)。

有するものとされています（会社法399条2項）。

第❸ 指名委員会等設置会社

1　指名委員会等設置会社のガバナンス

　取締役会と会計監査人を置く会社は，定款に定めることにより，指名委員会等設置会社（会社法2条12号）となることができます。指名委員会等設置会社は，モニタリング・モデルの機関構成をとり，①取締役会，②執行役，③指名委員会，④監査委員会，⑤報酬委員会，⑥会計監査人から構成されています。

　その特徴は，第一に，取締役会は，その業務執行の決定を，自らが選任した執行役に対して幅広く委任できることから，従来の監査役会設置会社のように，通常，多人数の取締役から構成される取締役会による業務執行の決定と比較して，迅速に機動的に業務執行の決定が可能となっている点があります。第二に，従来の監査役会設置会社の代表取締役に代わって，執行役がいわゆる経営者であり，取締役会は，主にその監督機関の役割を担い，その実効性監督を可能にするために，社外取締役が過半数を占める指名委員会，監査委員会，報酬委員会が置かれて，その委員が強い権限をもつところが挙げられます[24]。

　各取締役会の決議により，内部機関として3名以上の取締役で構成される指名委員会，監査委員会，報酬委員会の3つの委員会（同法400条1項，2項）を必ず設置しなければならず，各委員会を構成する取締役の過半数は社外取締役でなければなりません（同条3項）。

　別の任意の委員会を追加して設置することも可能であり，どの委員会にも属さない取締役を置くこともできます。また，執行役は，監査委員会を除き，委員を兼任できます。

　なお，監査役または監査役会を設置することはできません（同法327条4項）。

24）注16江頭555頁，556頁

2 指名委員会等設置会社の取締役会

(1) 取締役の選任・解任および任期

指名委員会等設置会社の取締役は，株主総会において選任されます（会社法329条1項）。また，指名委員会等設置会社の取締役の解任については，監査役会設置会社の取締役の解任と同じです。

指名委員会等設置会社の取締役の任期は，監査役会設置会社とは異なり，選任後1年以内に終了する事業年度のうち最終のものに関する定時株主総会の終結の時までとなっています（同法332条1項，3項）。

取締役は，業務の執行を行うことはできませんが，取締役は執行役を兼任することができます（同法402条6項）。

(2) 取締役会の招集

指名委員会等設置会社においては，招集権者の定めがある場合であっても，指名委員会等がその委員の中から選定する者は，取締役会を招集することができます（会社法417条1項）。また，執行役は，取締役会の招集の請求を受ける取締役に対し，取締役会の目的である事項を示して，取締役会の招集を請求することができ，招集がされない場合には，一定の要件の下で，自らが招集できるものとされています（同条2項）。

(3) 取締役会の権限

指名委員会等設置会社の取締役会は，会社の業務執行すべてについて決定する権限を有しています。すなわち，①経営の基本方針，②監査委員会の職務の執行のため必要なものとして法務省令（会社法施行規則112条1項）で定める事項，③執行役が2人以上の場合の執行役の職務の分掌および指揮命令の関係その他の執行役相互の関係に関する事項，④取締役会の招集の請求を受ける取締役，⑤内部統制システムの整備，その他指名委員会等設置会社の業務執行の決定を行う（会社法416条1項1号）とともに，執行役等の職務の執行の監督を行います（同項2号）。指名委員会等設置会社の取締役会は，これらの職務の執行を取締役に委任することはできません（同条3項）。

一方，指名委員会等設置会社の業務執行の意思決定を迅速に行うことを可能とするために，指名委員会等設置会社の取締役会は，その決議によって，

(i)経営の基本方針，(ii)重要な業務執行組織等に係る事項，(iii)内部統制システムに関する事項，(iv)定款授権がある場合の自己株式買受けに係る事項，(v)株主総会に係る事項，(vi)計算書類等の承認，(vii)中間配当の決定，(viii)会社の組織再編行為に係る事項（同法416条4項各号）を除き，業務執行の決定を執行役に委任することができるようになっています（同条4項）。

　指名委員会等がその委員の中から選定する者は，遅滞なく，当該指名委員会等の職務の執行の状況を取締役会に報告しなければなりません（同法417条3項）。一方，執行役についても，3か月に1回以上，自己の職務の執行の状況を取締役会に報告する義務がありますが，代理人によって報告することができます（同条4項）。また，執行役は，取締役会の要求があったときは，取締役会に出席し，取締役会が求めた事項について説明をしなければならないものとされています（同条5項）。

3　指名委員会・監査委員会・報酬委員会
(1)　三委員会の招集・運営

　三委員会（以下「指名委員会等」といいます）は，委員である各取締役が招集できますが（会社法410条），当該指名委員会等の委員の全員の同意があるときは，招集の手続を経ることなく開催することができます（同法411条2項）。また，執行役等は，指名委員会等の要求があったときは，当該指名委員会等に出席し，当該指名委員会等が求めた事項について説明をしなければならないものとされています（同条3項）。

　指名委員会等の決議は，議決に加わることができるその委員の過半数（これを上回る割合を取締役会で定めた場合は，その割合以上）が出席し，その過半数（これを上回る割合を取締役会で定めた場合は，その割合以上）をもって行い（同法412条1項），当該決議について特別の利害関係を有する委員は，議決に加わることができません（同条2項）。

　委員会が指名する委員は，通常，委員会の議長であり，議長には，社外取締役がなることも，また，執行役がなることもできます。

(2) 指名委員会

　指名委員会は，株主総会に提出する取締役（および会計参与）の選任および解任に関する議案の内容を決定します（会社法404条1項）。株主総会に提出する議案の内容を決定する権限は，原則として取締役会にありますが，取締役（および会計参与）の選任および解任に関する議案に限り，指名委員会に最終的な決定権限があります。

(3) 監査委員会

　監査委員会は，①執行役および取締役（および会計参与）の職務の執行の監査を行い監査報告を作成し，②株主総会に提出する会計監査人の選任・解任および会計監査人を再任しないことに関する議案の内容を決定します（会社法404条2項）。

　監査委員会が選定する監査委員は，いつでも，執行役等および支配人その他の使用人に対し，その職務の執行に関する事項の報告を求め，または指名委員会等設置会社の業務および財産の状況の調査をすることができます（同法405条1項）。また，監査委員会の職務を執行するため必要があるときは，当該会社の子会社に対して，事業の報告を求め，またはその子会社の業務および財産の状況の調査をすることができますが（同条2項），[25] 監査委員は，当該各項の報告の徴収または調査に関する事項についての監査委員会の決議があるときは，これに従わなければならないものとされています（同条4項）。

　さらに，監査委員は，①執行役または取締役が不正の行為をし，もしくはするおそれがあると認めるとき，②法令・定款に違反する事実または著しく不当な事実があると認めるときは，遅滞なく，その旨を取締役会に報告しなければならないものとされています（同法406条）。また，各監査委員は，執行役等の行為の差止めを行うことができ（同法407条），監査委員会が選定する監査委員は，執行役および取締役に対して訴えを提起することができます（同法408条3項）。

　監査役会における各監査役は，自らが会社の業務，財産の調査等を行うこ

---

25) 当該子会社は，正当な理由があるときは，この報告または調査を拒むことができます（会社法405条3項）。

とが通常ですが、監査委員会における監査委員は、取締役会が設ける内部統制部門を通じて監査を行います。すなわち、内部統制システムが適切に構成・運営されているかを監視し、必要に応じて内部統制部門に対し具体的指示をなすことが、監査委員会の任務であるといわれています。

なお、監査委員会の委員である監査委員は、指名委員会等設置会社または[26]その子会社の執行役、業務執行取締役、会計参与、支配人その他の使用人を兼ねることができません（同法400条4項）。

(4) 報酬委員会

報酬委員会は、執行役および取締役等の個人別の報酬等の内容を決定する権限を有し、執行役が指名委員会等設置会社の支配人その他の使用人を兼ねているときは、当該支配人その他の使用人の報酬等の内容についても、同様に決定します（会社法404条3項）。

報酬委員会は、執行役等の個人別の報酬等の内容に係る決定に関する方針を定めなければならず（同法409条1項）、報酬委員会は、執行役等の個人別の報酬等について、①額が確定しているものは個人別の額、②額が確定していないものは個人別の具体的な算定方法、③金銭でないものは個人別の具体的な内容、を決定しなければならないものとされています（同条3項）。

4 執行役

(1) 執行役・代表執行役の選任・解任と任期

指名委員会等設置会社には、取締役会により選任された執行役を置かなければならないものとされています（会社法402条1項、2項）。執行役は、いつでも、取締役会の決議により解任することができますが（同法403条1項）、解任された執行役は、その解任について、正当な理由がある場合を除き、会社に対して解任により生じた損害の賠償を請求することができます（同条2項）。執行役は1人以上何人でもよく、2人以上いる場合、執行役の職務の分掌および指揮命令の関係その他の執行役相互の関係に関する事項が、取締

---

26) 注16江頭569頁

役会によって定められます（同法416条1項ハ）。

執行役の任期は，1年以内に終了する事業年度のうち，最終のものに関する定時株主総会の終結後最初に招集される取締役会の終結の時までとされています（同法402条7項）。

取締役会は，執行役の中から代表執行役を選定しなければなりませんが，この場合，執行役が1人のときは，その者が代表執行役に選定されたものとされています（同法420条1項）。

代表執行役は，いつでも，取締役会の決議によって解職することができます（同条2項）。

(2) **執行役・代表執行役の権限**

執行役は，①取締役会の決議により委任を受けた会社の業務の執行の決定と，②業務の執行を行います（会社法418条）。

取締役会が執行役に委任できる事項は，一定の事項を除き，監査役会設置会社等と比べて極めて広範囲にわたっており（同法416条4項），前述したとおり，これによって，指名委員会等設置会社では，執行役による迅速な業務執行が可能になっています。

また，代表執行役は，監査役会設置会社の代表取締役と同様に，会社の業務に関する一切の裁判上，裁判外の包括的な代表権を有しています（同法420条3項）。

(3) **執行役の義務**

会社と執行役との関係は，委任に関する規定が適用され（会社法402条3項），執行役は，会社に対し委任の本旨に従い善良な管理者の注意をもって職務を行う義務を負っています（民法644条）。また，執行役は会社に対し，法令および定款ならびに株主総会の決議を遵守し，会社のため忠実にその職務を行う義務も負っています（会社法419条2項，355条）。

善管注意義務上，取締役と異なる点は，執行役には，他の執行役に対する一般的な監視義務がないことです。また，執行役は，監査役会設置会社における会社と取締役との利益相反行為の規制があります。

(4) 執行役の責任

　執行役は，取締役と同様に，任務懈怠により，会社に損害が発生した場合には，会社に対する損害賠償責任を負い（会社法423条1項），取締役と同様の免除も受けることができます。

　また，執行役による利益相反取引によって会社に損害が生じた場合には，取締役と同様の責任が定められています（同法423条3項）。

　さらに，執行役がその職務を行うについて悪意または重大な過失があるときの第三者に生じた損害の賠償責任（同法429条1項），虚偽記載等の責任（同条2項）についても規定されています。

　執行役には，取締役と同様に，株主代表訴訟（同法847条），行為の差止請求についての定めも置かれています（同法360条1項，3項）。

第❹　監査等委員会設置会社

1　監査等委員会設置会社のガバナンス

　監査等委員会設置会社は，定款の定めにより，監査等委員会を置く会社です（会社法2条11号の2）。監査等委員会設置会社は，特に上場会社に社外取締役を置くことが強く求められていたことから，平成26年の会社法の改正によって導入されました。

　監査等委員会は，指名委員会等設置会社の監査委員会が有する権限に加え，監査等委員以外の取締役の選任等および報酬等について株主総会における意見陳述権を有しているものの，指名委員会・報酬委員会の独立性を欠くことから，監査等委員会の独立性の担保には，監査役の場合と同じ方法が使われています。他方，取締役会における業務執行の決定の委任は，指名委員会等設置会社に比して遜色のないものになっているといわれています[27]。

　監査等委員会設置会社においては，取締役会の中に監査等委員会を設置しなければならず，監査等委員会は，すべての監査等委員により組織され，監

---

27) 注16江頭582頁

査等委員は，取締役でなければならないものとされています（同法399条の2第1項，2項）。

　なお，監査役または監査役会を設置することはできません（同法327条4項）。また，常に会計監査人の設置が必要です（同条5項）。

2　監査等委員会設置会社の取締役の選任・解任および任期

　監査等委員会設置会社の取締役は，株主総会で選任しますが，監査等委員である取締役とそれ以外の取締役とを区別して選任しなければならないものとされています（会社法329条）。また，監査等委員会設置会社における監査等委員である取締役は，3人以上で，その過半数は，社外取締役でなければならないものとされています（同法331条6項）。

　取締役は，監査等委員である取締役の選任に関する議案を株主総会に提出するには，監査等委員会の同意を得なければならず（同法344条の2第1項），監査等委員会は，取締役に対し，監査等委員である取締役の選任を株主総会の目的とすることまたは監査等委員である取締役の選任に関する議案を株主総会に提出することを請求することができます（同条2項）。

　また，監査等委員である取締役は，株主総会において，監査等委員である取締役の選任・解任または辞任について，意見陳述権を有し（同法342条の2第1項），さらに，監査等委員会が選定する監査等委員は，株主総会において，監査等委員である取締役以外の取締役の選任・解任または辞任についても，監査等委員会の意見を述べることができます（同条4項）。

　監査等委員である取締役の解任については，株主総会の特別決議が必要であり（同法309条2項7号），監査等委員である取締役は，意見陳述権を有しています（同法342条の2第1項）。

　監査等委員の任期は，選任後2年以内に終了する事業年度のうち，最終のものに関する定時株主総会の終結の時まで（同法332条）とされています。この点，監査役会設置会社の取締役と同じですが，監査役と同様に，監査等委員の任期は，短縮ができないものとされています（同条4項）。一方，監査等委員以外の取締役の任期は1年です。

3　監査等委員会設置会社の取締役会

(1)　取締役会の権限

　監査等委員会設置会社の取締役会は，①経営の基本方針，②監査等委員会の職務の執行のため必要なものとして法務省令で定める事項，③内部統制システムの整備その他監査等委員会設置会社の業務執行の決定を行うとともに，④取締役の職務の執行の監督，および，⑤代表取締役の選定および解職を行います（会社法399条の13第1項～3項）。

　なお，代表取締役については，監査等委員である取締役以外の取締役の中から選定する必要があります（同条3項）。

(2)　業務執行の決定の取締役への委任

　監査等委員会設置会社の取締役会は，①重要な財産の処分および譲受け，②多額の借財，③支配人その他の重要な使用人の選任および解任，④支店その他の重要な組織の設置，変更および廃止，⑤募集社債に関する重要な事項，⑥定款の定めに基づく取締役等の責任の免除，⑦その他の重要な業務執行の決定，については，取締役に委任することができません（会社法399条の13第4項）。

　しかしながら，監査等委員会設置会社の取締役の過半数が社外取締役である場合には，当該監査等委員会設置会社の取締役会は，一定の事項を除き，その決議によって，重要な業務執行の決定を取締役に委任することができるものとされています（同条5項）。また，社外取締役が過半数に満たない場合であっても，定款の定めにより，取締役会の決議によって，同様の取扱いができるものとされています（同条6項）。

　これらの点については，指名委員会等設置会社に類似し，意思決定の迅速性を重視したものであるといえます。重要な業務執行の決定を取締役に委任しない場合においては，監査役会設置会社と同様に特別取締役による議決の制度についても有しています（同法373条）。

　取締役の任期は，監査等委員である取締役を除き，選任後1年以内に終了する事業年度のうち最終のものに関する定時株主総会の終結の時までとなっており（同法332条3項），この点についても，指名委員会等設置会社に類似

しています。

4 監査等委員会
(1) 監査等委員会の組成
　監査等委員会は，すべての監査等委員で組織され（会社法399条の2第1項），監査等委員は，取締役でなければならないものとされています（同条2項）。

　監査等委員は，当該会社またはその子会社の業務執行取締役・支配人その他使用人，会計参与を兼任することはできません（同法331条3項，333条3項1号）。

(2) 監査等委員会の権限
　監査等委員会は，①取締役の職務の執行を監査して報告を作成するとともに，②株主総会に提出する会計監査人の選任・解任と会計監査人を再任しないことに関する議案の内容の決定，さらに，③株主総会において，監査等委員である取締役の選任・解任・辞任についての意見（同法342条の2第1項），および，監査等委員である取締役以外の取締役の報酬等についての意見（同法361条第6項）の決定を行います（同法399条の2第3項）。

　なお，監査等委員会は，指名委員会等設置会社における監査委員会と同様に，取締役の職務の執行の妥当性を監査する権限も有します。

　上記のほか，監査等委員会は，以下の権限を有しています。

(i) 株主総会に提出する監査等委員である取締役の選任に関する議案についての意見陳述権（同法342条の2第1項）。

(ii) 監査等委員である取締役の選任を株主総会の目的とすることまたはそれに関する議案を株主総会に提出することの請求権（同法344条の2第2項）。

(iii) 会計監査人の報酬等に関する同意権（同法399条）。

(iv) 会計監査人の解任権（同法340条）。

(v) 監査等委員以外の取締役の利益相反取引の事前承認（同法423条4項）。

(3) **監査等委員である取締役の職務**
　ア　監査等委員会が選定する監査等委員の職務
　監査等委員会が選定する監査等委員は，株主総会の招集権者の定めがある場合であっても，取締役会を招集することができます（会社法399条の14）。取締役について，株主総会において監査等委員以外の取締役の選任・解任・辞任および報酬等についての意見を述べることができます（同法342条の2，361条）。
　さらに，監査等委員会が選定する監査等委員は，監査等委員以外の取締役と会社間の訴訟について会社を代表する権限を有しています（同法399条の7第1項2号）。
　イ　各監査等委員の職務
　監査等委員は，いつでも，取締役および支配人その他の使用人に対し，その職務の執行に関する事項の報告を求め，または，会社の業務および財産の状況の調査をすることができます。さらに，職務を執行するため必要があるときは，その子会社に対して事業の報告を求め，またはその子会社の業務および財産の状況の調査をすることもできます（同法399条の3第1項，2項）。
　また，監査等委員は，取締役が監査等委員会設置会社の目的の範囲外の行為その他法令もしくは定款に違反する行為をし，またはこれらの行為をするおそれがある場合において，当該行為により会社に著しい損害が生ずるおそれがあるときは，当該取締役に対し，当該行為の差止請求をすることができます（同法399条の6）。
　なお，株主総会において，監査等委員である取締役の選任・解任・辞任および報酬等についての意見を述べることができます（同法342条の2，361条）。
(4) **監査等委員会の運営**
　監査等委員会は，各監査等委員が招集し（会社法399条の8），必要に応じて取締役や会計参与に出席を要求することができます（同法399条の9）。
　監査等委員会の決議は，監査等委員の過半数が出席し，その過半数により行いますが（同法399条の10第1項），当該決議に特別の利害関係を有する監査等委員は議決に加わることはできません（同条2項）。その他は監査役会

第 1 章　会社法における株式会社のガバナンス

と同様の規定が置かれています。

第2章
コーポレートガバナンス・コードから見た株式会社のガバナンス

第❶ コーポレートガバナンス・コードとは

1　コーポレートガバナンス・コードの策定

　コーポレートガバナンス・コード（以下「CGコード」といいます）は、金融庁と株式会社東京証券取引所（以下「東証」といいます）が共同で設置した有識者会議が原案を作成し、東証がCGコードを有価証券上場規程の別添として定めるとともに、関連する上場制度の整備を行った規範です。CGコードは、「実効的なコーポレートガバナンスの実現に資する主要な原則を取りまとめたものであり、これらが適切に実践されることは、それぞれの会社において持続的な成長と中長期的な企業価値の向上のための自律的な対応が図られることを通じて、会社、投資家、ひいては経済全体の発展にも寄与することとなるもの」とされています[1]。

　このCGコード作成のきっかけになったのは、「『日本再興戦略』改訂2014」です。「『日本再興戦略』改訂2014」では、コーポレートガバナンスの強化という観点から、上場会社のコーポレートガバナンス上の諸原則を記載した「コーポレートガバナンス・コード」の策定が盛り込まれました。また、同成長戦略において、このコードの策定に当たっては、「OECDコーポレートガバナンス原則」（以下「OECD原則」といいます）を踏まえて策定することとされました。

---

[1] コーポレートガバナンス・コードは日本証券取引所ウェブサイト（http://www.jpx.co.jp/equities/listing/cg/tvdivq0000008jdy-att/code.pdf）にその全文が掲載されています。

さらに,「『日本再興戦略』改訂2015」において,CGコードとスチュワードシップ・コードの両コードが車の両輪となって,投資家側と会社側双方から企業の持続的な成長が促されるよう,積極的にその普及・定着を図る必要があるとされました。CGコードの実施状況については,上場各社が東証に提出する「コーポレート・ガバナンスに関する報告書」で開示されることになり,CGコード策定時から,非常に注目を集めました。
　「新しい経済政策パッケージ」(平成29年12月8日閣議決定) では,平成30年6月の株主総会時期までに,投資家と企業の対話の深化を通じ,企業による一定の取組みを促すための「ガイダンス」を策定するとともに,必要なCGコードの見直しを行うこととしました。
　これを受けて,東証と金融庁が共同事務局を務める,「スチュワードシップ・コード及びコーポレートガバナンス・コードのフォローアップ会議」が,平成30年3月26日に「コーポレートガバナンス・コードの改訂と投資家と企業の対話ガイドラインの策定について」と題する提言をとりまとめ,CGコード改訂案(以下「CGコード改訂案」といいます)も公表しました。このCGコード改訂案は,パブリック・コメント手続を経て,改訂される予定です。
　改訂のポイントとして,①政策保有株式の説明強化,②アセットオーナーの機能強化,③取締役会の実効性強化,④経営戦略の説明強化,という点が挙げられますが,詳しくは後述します。

2　「プリンシプルベース・アプローチ」「コンプライ・オア・エクスプレイン」

　CGコードの大きな特徴として,「プリンシプルベース・アプローチ」「コンプライ・オア・エクスプレイン」ということが挙げられます。
　ここで,「プリンシプルベース・アプローチ」とは,「コーポレートガバナンス・コード原案」[2]によれば,一見,抽象的で大掴みな原則(プリンシプル)について,関係者がその趣旨・精神を確認し,互いに共有した上で,各自,

---

[2]　金融庁ウェブサイトに全文が掲載されています (http://www.fsa.go.jp/news/26/sonota/20150305-1/04.pdf)。

自らの活動が，形式的な文言・記載ではなく，その趣旨・精神に照らして真に適切か否かを判断するというアプローチのことをいうとされています。このためCGコードで使用されている用語についても，法令のように厳格な定義を置くのではなく，まずは株主等のステークホルダーに対する説明責任等を負うそれぞれの会社が，コードの趣旨・精神に照らして，適切に解釈することを想定しています。そして，株主等のステークホルダーが，会社との間で対話を行うに当たっても，この「プリンシプルベース・アプローチ」の意義を十分に踏まえることが望まれるとされています。

　この「プリンシプルベース・アプローチ」の結果として，各上場企業は各コードについて，解釈をする余地が大幅に生じており，各企業が自主的にコードの解釈を行うとともに，コーポレート・ガバナンス報告書や投資家との対話を通じて自分の考えを明らかにしていく必要があるのです。

　一方，「コンプライ・オア・エクスプレイン」とは，原則を実施するか，実施しない場合には，その理由を説明する手法のことです。すなわち，CGコードの各原則（基本原則・原則・補充原則）の中に，自らの個別事情に照らして実施することが適切でないと考える原則があれば，それを「実施しない理由」を十分に説明することにより，一部の原則を実施しないことも想定されているということであり，CGコードは法律などとは異なるルールであるという特徴を示しています。

　このことから，特に，CGコード原案では，コードの各原則の文言・記載を表面的に捉え，その一部を実施していないことのみをもって，実効的なコーポレートガバナンスが実現されていない，と機械的に評価することは適切ではないとしています。一方，会社としては，当然のことながら，「実施しない理由」の説明を行う際には，実施しない原則に係る自らの対応について，株主等のステークホルダーの理解が十分に得られるよう工夫すべきであり，「ひな型」的な表現により表層的な説明に終始することは「コンプライ・オア・エクスプレイン」の趣旨に反するものであると注意を呼び掛けています。

　ただ，実際には，コーポレート・ガバナンス報告書の記載が，他社との横

並びを意識した「ひな型」的記載になりがちなのではないかという意見も出ているところです。

3　中長期保有株主との建設的な対話の重視

CGコードでは，OECD原則には独立の章とされていない「株主との対話」という独立の章が設けられています。すなわち，企業と投資家との対話を非常に重視したものとなっています。

これを支えるものとして，「スチュワードシップ・コード」が，CGコードと車の両輪としての機能を果たしています。スチュワードシップ・コードは，7つの原則から構成されています。

〈スチュワードシップ・コード7原則〉
(1) スチュワードシップ責任を果たすための明確な方針を策定し，これを公表すべき
(2) スチュワードシップ責任を果たす上で管理すべき利益相反について，明確な方針を策定し，これを公表すべき
(3) 投資先企業の持続的成長に向けてスチュワードシップ責任を適切に果たすため，当該企業の状況を的確に把握すべき
(4) 投資先企業との建設的な「目的を持った対話」を通じて，投資先企業と認識の共有を図るとともに，問題の改善に努めるべき
(5) 議決権の行使を行使結果の公表について明確な方針を持つとともに，議決権行使の方針については，単に形式的な判断基準にとどまるのではなく，投資先企業の持続的成長に資するものとなるよう工夫すべき
(6) 議決権の行使も含め，スチュワードシップ責任をどのようにして果たしているのかについて，原則として，顧客・受益者に対して定期的に報告を行うべき
(7) 投資先企業の持続的成長に資するよう，投資先企業やその事業環境等に関する深い理解に基づき，当該企業との対話やスチュワードシップ活動に伴う判断を適切に行うための実力を備えるべき

このスチュワードシップ・コードでは，企業の外部の機関投資家等に対して，受託者責任の一環として，投資先の企業と建設的なエンゲージメントを行うことにより，当該企業の経営の基本方針や業務執行に関する意思決定を行う取締役会が，経営陣による執行を適切に監督することが期待されています。

スチュワードシップ・コードの採用は，機関投資家等の任意に任されていますが，数多くの機関投資家等がスチュワードシップ・コードの受け入れを表明しています。

スチュワードシップ・コードも今後改訂が予定されています。

〈スチュワードシップ・コード受け入れ表明数〉[3]
（平成30年2月19日時点）

- ・信託銀行等　　　　　　　　　　　　　　：6
- ・投信・投資顧問会社等　　　　　　　　　：158
- ・生命保険会社　　　　　　　　　　　　　：18
- ・損害保険会社　　　　　　　　　　　　　：4
- ・年金基金等　　　　　　　　　　　　　　：28
- ・その他（議決権行使助言会社ほか）　　　：7
- （合　計）　　　　　　　　　　　　　　　：221

第❷ コーポレートガバナンス・コードの各原則

CGコードは，5つの基本原則，30の原則，38の補充原則から構成されています。

基本原則と原則は次のような項目について定めているとおりです。

基本原則1　株主の権利・平等性の確保
原則1-1　株主の権利の確保
原則1-2　株主総会における権利行使
原則1-3　資本政策の基本的な方針

---

[3] 金融庁ウェブサイト（http://www.fsa.go.jp/singi/stewardship/list/20171225.html）

> 原則1-4　いわゆる政策保有株式
> 原則1-5　いわゆる買収防衛策
> 原則1-6　株主の利益を害する可能性のある資本政策
> 原則1-7　関連当事者間の取引
> （補充原則は9原則）

なお，CGコード改訂案では，基本原則1-4の文言が大幅に改訂されるとともに，補充原則が2つ新設されました。詳しくは，後述します。

> **基本原則2　株主以外のステークホルダーとの適切な協働**
> 原則2-1　中長期的な企業価値向上の基礎となる経営理念の策定
> 原則2-2　会社の行動準則の策定・実践
> 原則2-3　社会・環境問題をはじめとするサステナビリティーを巡る課題
> 原則2-4　女性の活躍促進を含む社内の多様性の確保
> 原則2-5　内部通報
> 補充原則は3原則

CGコード改訂案では，原則2-6が新設されました。詳しくは，後述します。

> **基本原則3　適切な情報開示と透明性の確保**
> 原則3-1　情報開示の充実
> 原則3-2　外部会計監査人
> 補充原則は4原則

> **基本原則4　取締役会等の責務**
> 原則4-1　取締役会の役割・責務(1)
> 原則4-2　取締役会の役割・責務(2)
> 原則4-3　取締役会の役割・責務(3)

> 原則4-4　監査役及び監査役会の役割・責務
> 原則4-5　取締役・監査役等の受託者責任
> 原則4-6　経営の監督と執行
> 原則4-7　独立社外取締役の役割・責務
> 原則4-8　独立社外取締役の有効な活用
> 原則4-9　独立社外取締役の独立性判断基準及び資質
> 原則4-10　任意の仕組みの活用
> 原則4-11　取締役会・監査役会の実効性確保のための前提条件
> 原則4-12　取締役会における審議の活性化
> 原則4-13　情報入手と支援体制
> 原則4-14　取締役・監査役のトレーニング
> 補充原則は19原則

　CGコード改訂案では，原則4-8，原則4-9及び補充原則の内2つに大幅な文言変更がなされ，2つの補充原則が新設されました。詳しくは，後述します。

> **基本原則5　株主との対話**
> 原則5-1　株主との建設的な対話に関する方針
> 原則5-2　経営戦略や経営計画の策定・公表
> 補充原則は3原則

　CGコード改訂案では，原則5-2に大幅な文言変更がなされました。詳しくは，後述します。

第❸ 平成30年コーポレートガバナンス・コード改訂案の主要なポイント

1 コーポレートガバナンス・コード改訂案のポイントと適用時期

　既に述べたように,「スチュワードシップ・コード及びコーポレートガバナンス・コードのフォローアップ会議」から平成30年3月26日にCGコードの改訂案の公表があり，パブリックコメントの募集がなされています。また,東証は平成30年3月30日に，実施時期（予定）を平成30年6月をめどに実施すると発表し，また，上場会社は，改訂後のコードの内容を踏まえたコーポレート・ガバナンスに関する報告書を，準備ができ次第速やかに，遅くとも平成30年12月末日までに提出することとする方針であることを明らかにしています[4]。

　今回のCGコード改訂案では，①政策保有株式の説明強化，②アセットオーナーの機能強化，③取締役会の実効性強化，④経営戦略の説明強化といった点がポイントとなっています。

　それでは，今回のCGコードはどのような点が具体的に改訂されるのでしょうか。平成30年3月26日に発表されたCGコード改訂案を見ていきましょう。

2 政策保有株式に関する改訂点

　CGコード改訂案では，政策保有株式についての説明責任を強化しています。これは，投資家に対して説明できないような政策保有株式をなるべく縮減する方向付けをすることにより，機関投資家等が投資しやすい環境を構築していこうとしているように思えます。なぜなら，政策保有株式を通じた株式の持ち買いが強いと，いくら機関投資家等と会社が対話をしたとしても，経営陣の考えにインパクトを与えないという疑念を与えてしまうことから，こうした疑念を払拭する必要があると考えられるからです。

　具体的な政策保有株式に関するCGコードの改訂点は，改訂案によれば，

---

[4]「フォローアップ会議の提言を踏まえたコーポレートガバナンス・コードの改訂について　」（https://www.jpx.co.jp/rules-participants/public-comment/detail/d1/nlsgeu0000031fnd-att/nlsgeu0000031fpg.pdf）

第3　平成30年コーポレートガバナンス・コード改訂案の主要なポイント

CGコード原則1-4を大幅に改訂するとともに、補充原則を2つ追加するというものです。具体的に、以下の通りとなっています。

【原則1-4．政策保有株式】

　上場会社が政策保有株式として上場株式を保有する場合には、政策保有株式の縮減に関する方針・考え方など、政策保有に関する方針を開示すべきである。また、毎年、取締役会で、個別の政策保有株式について、保有目的が適切か、保有に伴う便益やリスクが資本コストに見合っているか等を具体的に精査し、保有の適否を検証するとともに、そうした検証の内容について開示すべきである。

　上場会社は、政策保有株式に係る議決権の行使について、適切な対応を確保するための具体的な基準を策定・開示し、その基準に沿った対応を行うべきである。

（補充原則）

1-4①　上場会社は、自社の株式を政策保有株式として保有している会社（政策保有株主）からその株式の売却等の意向が示された場合には、取引の縮減を示唆することなどにより、売却等を妨げるべきではない。

1-4②　上場会社は、政策保有株主との間で、取引の経済合理性を十分に検証しないまま取引を継続するなど、会社や株主共同の利益を害するような取引を行うべきではない。

　この、CGコード改訂案の政策保有株式に関する部分では、大まかにいって、①政策保有株式の縮減方針等の開示、②個別株式について、取締役会での保有の適否等の検証とその内容の開示、③政策保有株式に係る具体的な基準策定・開示・基準に従った対応、④政策保有株式売却妨害の避止、および⑤政策保有株主との取引の経済合理性の確保を求めているといえます。

　このように、GCコード改訂案では、政策保有株式について注視し、経済合理性がない政策保有株式の保持や、政策保有株主との取引に説明責任を課しているといえるでしょう。

したがって、社外役員は、取締役会において政策保有株式保持の経済合理性やその縮減に関する具体的な方向性の議論において、積極的に発言していく必要があるといえるでしょう。そのためには、就任した会社がなぜ政策保有株式として保有しているのか、銘柄ごとに十分な理解が必要になると思われます。

3 アセットオーナーの機能強化についての改訂点

CGコード改訂案では、アセットオーナーの機能強化について基本原則を新たに創設しました。それは、「基本原則2-6．企業年金のアセットオーナーとしての機能発揮」です。具体的には、以下のような改訂案となっています。

> 【原則2-6．企業年金のアセットオーナーとしての機能発揮】
> 　上場会社は、企業年金の積立金の運用が、従業員の安定的な資産形成に加えて自らの財政状態にも影響を与えることを踏まえ、企業年金が運用（運用機関に対するモニタリングなどのスチュワードシップ活動を含む）の専門性を高めてアセットオーナーとして期待される機能を発揮できるよう、運用に当たる適切な資質を持った人材の計画的な登用・配置などの人事面や運営面における取組みを行うとともに、そうした取組みの内容を開示すべきである。その際、上場会社は、企業年金の受益者と会社との間に生じ得る利益相反が適切に管理されるようにすべきである。

この新しく設けられた、企業年金のアセットオーナーとしての機能発揮は、①企業年金運用に関するアセットオーナーとしての機能発揮のための取組と取組内容の開示、②企業年金の受益者と会社の利益相反の管理を求めるという内容となっています。

上場会社で企業年金を有している会社数は多数に及びますが、CGコード改訂案で、アセットオーナーとしての機能発揮と取組の開示、利益相反管理が求められています。これは、これまであまり開示されていない目新しい分野ですので、今後どのような開示がなされていくのか、注目されます。

4 取締役会の実効性強化についての改訂点

　今回のCGコード改訂案において，取締役会の実効性強化という点においては，CEOの選任・解任，報酬制度，取締役会の構成等という2つの切り口からの改訂が多くなされているように見受けられます。

　まず，CEOの選任・解任および報酬制度という点では，大きく変わった点として，2つの補充原則について文言の大幅な修正が行われ，さらに2つの補充原則が新設されました。

　具体的な改訂内容は，次の通りです。なお，この他，「原則4－10．任意の仕組みの活用」に関する補充原則4－10①では，従来，例示として任意の諮問委員会の設置を掲げていたのに対し，改訂案では，任意の指名委員会・報酬委員会など独立した諮問委員会を設置することなどにより，社外独立取締役の適切な関与・助言を得るべきとして，より踏み込んだ文言としています。

4－1③　取締役会は，会社の目指すところ（経営理念等）や具体的な経営戦略を踏まえ，最高経営責任者（CEO）等の後継者計画（プランニング）の策定・運用に主体的に関与するとともに，後継者候補の育成が十分な時間と資源をかけて計画的に行われていくよう，適切に監督を行うべきである。

4－2①　取締役会は，経営陣の報酬が持続的な成長に向けた健全なインセンティブとして機能するよう，客観性・透明性ある手続に従い，報酬制度を設計し，具体的な報酬額を決定すべきである。その際，中長期的な業績と連動する報酬の割合や，現金報酬と自社株報酬との割合を適切に設定すべきである。

4－3②　取締役会は，CEOの選解任は，会社における最も重要な戦略的意思決定であることを踏まえ，客観性・適時性・透明性ある手続に従い，十分な時間と資源をかけて，資質を備えたCEOを選任すべきである。

4－3③　取締役会は，会社の業績等の適切な評価を踏まえ，CEOがその機能を十分発揮していないと認められる場合に，CEOを解任するための客観性・適時性・透明性ある手続を確立すべきである。

この，CGコード改訂案のCEOの選任・解任では，取締役会に対して①CEO等の後継者計画への主体的関与と監督，②報酬制度の設計と具体的な報酬額の決定，③CEOの客観性等のある手続による選任，および④CEO解任のための客観性等のある手続の確立といった点が求められています。

このように，社外役員は，CEOを中心とした役員の選任・解任，報酬制度の設計と具体的な報酬額の決定について，取締役会，指名委員会，報酬委員会等での主体的な関与，監督が，より一層求められるようになってきていると言えるでしょう。

次に，取締役会の構成等という点では，「原則4-8」「原則4-11」という2つの原則の文言が改訂されました。

ここで，改訂案の文言を見てみましょう。

【原則4-8．独立社外取締役の有効な活用】

独立社外取締役は会社の持続的な成長と中長期的な企業価値の向上に寄与するように役割・責務を果たすべきであり，上場会社はそのような資質を十分に備えた独立社外取締役を少なくとも2名以上選任すべきである。

また，業種・規模・事業特性・機関設計・会社をとりまく環境等を総合的に勘案して，少なくとも3分の1以上の独立社外取締役を選任することが必要と考える上場会社は，上記にかかわらず，十分な人数の独立社外取締役を選任すべきである。

【原則4-11．取締役会・監査役会の実効性確保のための前提条件】

取締役会は，その役割・責務を実効的に果たすための知識・経験・能力を全体としてバランス良く備え，ジェンダーや国際性の面を含む多様性と適正規模を両立させる形で構成されるべきである。また，監査役には，適切な経験・能力及び必要な財務・会計・法務に関する知識を有する者が選任されるべきであり，特に，財務・会計に関する十分な知見を有している者が1名以上選任されるべきである。

取締役会は，取締役会全体としての実効性に関する分析・評価を行うことなどにより，その機能の向上を図るべきである。

原則4‐8では，「社外取締役を少なくとも2名以上選任すべきである」という文言は残しつつも，なるべく3分の1以上の独立社外取締役を選任することが望ましいという思いを強くにじませつつ，十分な人数の独立社外取締役の選任を求める改訂となっています。

　さらに，原則4‐11では，取締役会のジェンダーや国際性の面を含む多様性の確保，および監査役に対しての適切な経験，能力及び必要な財務・会計・法務に関する知見を要求するとともに，特に財務・会計については「適切」より強い表現である「十分な」知見を有している者1名以上の選任を求めるものとなっています。

　この改訂を受けて，社外役員の増員の流れはますます促進されていくでしょう。特に女性の社外役員の選任，増員が促進されていくものと思われます。また，監査役については，監査に必要な専門的知見を強く要求することで，監査役機能が実質的に発揮される環境を促進しようとするものと考えられます。近時，社外役員の数は増加し，ほとんどの東証1部上場企業では複数の社外取締役が選任されている状況となっています。

　今後は，選任した社外役員を有効に活用し，企業価値の向上に結び付けていくことが具体的に求められるようになってきたといえるのではないでしょうか。

5　経営戦略の説明強化についての改訂点

　CGコード改訂案では，「原則5‐2．経営戦略や経営計画の策定・公表」の文言を改訂し，経営戦略の説明強化を図ろうとしています。

　改訂案の文言を見てみましょう。

【原則5‐2．経営戦略や経営計画の策定・公表】
　経営戦略や経営計画の策定・公表に当たっては，自社の資本コストを的確に把握した上で，収益計画や資本政策の基本的な方針を示すとともに，収益力・資本効率等に関する目標を提示し，その実現のために，事業ポートフォリオの見直しや，設備投資・研究開発投資・人材投資等を

> 含む経営資源の配分等に関し具体的に何を実行するのかについて，株主に分かりやすい言葉・論理で明確に説明を行うべきである。

すなわち，GCコード改訂案では，上場会社に対して，収益計画や資本政策の方針における資本コストの的確な把握，収益力目標実現のために，事業ポートフォリオの見直しや，設備投資・研究開発投資・人材投資等を含む経営資源配分等の具体的実効策の説明を求めています。

社外役員としても，自社の資本コスト，収益計画や資本政策を的確に理解するとともに，収益力・資本効率等の向上について，取締役会での議論等を通じて，積極的に関与することが求められているといえるでしょう。

第❹ コーポレートガバナンス・コードと社外役員

1 コーポレートガバナンス・コードの取締役会等の責務についての基本原則

CGコードは，基本原則4「取締役会等の責務」で次のような定めをしています。

「上場会社の取締役会は，株主に対する受託者責任・説明責任を踏まえ，会社の持続的成長と中長期的な企業価値の向上を促し，収益力・資本効率等の改善を図るべく，

(1) 企業戦略等の大きな方向性を示すこと
(2) 経営陣幹部による適切なリスクテイクを支える環境整備を行うこと
(3) 独立した客観的な立場から，経営陣（執行役及びいわゆる執行役員を含む）・取締役に対する実効性の高い監督を行うこと

をはじめとする役割・責務を適切に果たすべきである。

こうした役割・責務は，監査役会設置会社（その役割・責務の一部は監査役及び監査役会が担うこととなる），指名委員会等設置会社，監査等委員会設置会社など，いずれの機関設計を採用する場合にも，等しく適切に果たされるべきである。」

これは，どのような組織形態であっても，取締役会が，業務執行を担う経営陣に対して，経営戦略の方向性を示し，リスクテイクを支える環境整備を行い，独立した客観的立場から実効性の高い監督を行うモニタリング・モデルに基づく役割を適切に果たすべきとするもので，リスクテイクに資するコーポレートガバナンスとしてモニタリング・モデルを強く指向するものといえます[5]。

2　取締役会の責務

CGコードは，基本原則を受けて，原則，補充原則でも取締役・取締役会の責務として，次のような責務を定めています。この責務は，基本原則よりも，さらに具体的なものであり，社外取締役・社外監査役にとっても押さえておくべきものです。以下，現行のCGコードの文言を確認したいと思います。

【原則4－1．取締役会の役割・責務(1)】
　取締役会は，会社の目指すところ（経営理念等）を確立し，戦略的な方向付けを行うことを主要な役割・責務の一つと捉え，具体的な経営戦略や経営計画等について建設的な議論を行うべきであり，重要な業務執行の決定を行う場合には，上記の戦略的な方向付けを踏まえるべきである。
【原則4－2．取締役会の役割・責務(2)】
　取締役会は，経営陣幹部による適切なリスクテイクを支える環境整備を行うことを主要な役割・責務の一つと捉え，経営陣からの健全な企業家精神に基づく提案を歓迎しつつ，説明責任の確保に向けて，そうした提案について独立した客観的な立場において多角的かつ十分な検討を行うとともに，承認した提案が実行される際には，経営陣幹部の迅速・果断な意思決定を支援すべきである。
　また，経営陣の報酬については，中長期的な会社の業績や潜在的リスクを反映させ，健全な企業家精神の発揮に資するようなインセンティブ付けを行うべきである。

---

[5] 日本弁護士連合会司法制度調査会　社外取締役ガイドライン検討チーム『「社外取締役ガイドライン」の解説』（商事法務，第2版，2015）15頁

【原則4-3．責務(3)】
　取締役会は，独立した客観的な立場から，経営陣・取締役に対する実効性の高い監督を行うことを主要な役割・責務の一つと捉え，適切に会社の業績等の評価を行い，その評価を経営陣幹部の人事に適切に反映すべきである。
　また，取締役会は，適時かつ正確な情報開示が行われるよう監督を行うとともに，内部統制やリスク管理体制を適切に整備すべきである。
　更に，取締役会は，経営陣・支配株主等の関連当事者と会社との間に生じ得る利益相反を適切に管理すべきである。

【原則4-6．経営の監督と執行】
　上場会社は，取締役会による独立かつ客観的な経営の監督の実効性を確保すべく，業務の執行には携わらない，業務の執行と一定の距離を置く取締役の活用について検討すべきである。

【原則4-7．独立社外取締役の役割・責務】
　上場会社は，独立社外取締役には，特に以下の役割・責務を果たすことが期待されることに留意しつつ，その有効な活用を図るべきである。
(ⅰ) 経営の方針や経営改善について，自らの知見に基づき，会社の持続的な成長を促し中長期的な企業価値の向上を図る，との観点からの助言を行うこと
(ⅱ) 経営陣幹部の選解任その他の取締役会の重要な意思決定を通じ，経営の監督を行うこと
(ⅲ) 会社と経営陣・支配株主等との間の利益相反を監督すること
(ⅳ) 経営陣・支配株主から独立した立場で，少数株主をはじめとするステークホルダーの意見を取締役会に適切に反映させること

【原則4-11．取締役会・監査役会の実効性確保のための前提条件】（改訂が予定されています。前述第3・4（44頁）をご参照下さい。）
　取締役会は，その役割・責務を実効的に果たすための知識・経験・能力を全体としてバランス良く備え，多様性と適正規模を両立させる形で構成されるべきである。また，監査役には，財務・会計に関する適切な知見を有している者が1名以上選任されるべきである。
　取締役会は，取締役会全体としての実効性に関する分析・評価を行うことなどにより，その機能の向上を図るべきである。

3　株主との対話について

　CGコードでも，日本版スチュワードシップ・コードを受けて株主との対話についての記載が設けられ，対話を行う取締役の中には社外取締役も含まれています。現時点では，社外取締役と株主が直接対話することはまだそれほど広く行われているわけではありませんが，今後社外取締役に対して対話の要求が機関投資家等から行われることが増える可能性がありますので，この点も認識しておいた方が良いと思われます。

【基本原則5．株主との対話】

　上場会社は，その持続的な成長と中長期的な企業価値の向上に資するため，株主総会の場以外においても，株主との間で建設的な対話を行うべきである。

　経営陣幹部・取締役（社外取締役を含む）は，こうした対話を通じて株主の声に耳を傾け，その関心・懸念に正当な関心を払うとともに，自らの経営方針を株主に分かりやすい形で明確に説明しその理解を得る努力を行い，株主を含むステークホルダーの立場に関するバランスのとれた理解と，そうした理解を踏まえた適切な対応に努めるべきである。

第5　コーポレート・ガバナンス報告書

1　報告書に求められる事項

　東証上場企業は，東証にコーポレート・ガバナンス報告書を提出することが必要ですが，CGコードの適用に対応して，コーポレート・ガバナンス報告書に2つの欄が追加されました。すなわち，上場会社は，「コーポレートガバナンス・コード」の各原則（市場区分により適用範囲に差がある）を"実施"しない場合にはその理由を「コードの各原則を実施しない理由」というコーポレート・ガバナンス報告書の欄に記載し"説明"することとなりました。

　さらに，特定の事項については，CGコードを実施（コンプライ）した場合

であっても、「開示」することが求められ、「コーポレートガバナンス・コードの各原則に基づく開示」というガバナンス報告書の欄に記載することになっています。

この、「コーポレートガバナンス・コードの各原則に基づく開示」が要求されるのは、次の11原則です。

特定の事項を開示すべきとする11の原則

原則1-4　政策保有株式の政策保有に関する方針等の開示

原則1-7　役員や主要株主等との取引に関する手続の策定とその枠組みの開示等

原則3-1　経営理念、経営戦略、経営計画、コーポレートガバナンスに関する基本方針等の開示

補充原則4-1①　経営陣に対する委任の範囲の開示

原則4-8　3分の1以上の独立社外取締役の選任が必要と考える会社の取組み方針の開示

原則4-9　社外取締役の独立性基準の開示

補充原則4-11①　取締役の選任に関する方針・手続、バランス・多様性・規模に関する考え方の開示

補充原則4-11②　取締役・監査役の他の上場会社役員の兼任状況の開示

補充原則4-11③　取締役会全体の実効性に関する分析・評価結果の概要の開示

補充原則4-14②　取締役・監査役に対するトレーニングの方針に関する開示

原則5-1　株主との建設的な対話を促進するための体制整備・取組みに関する方針の開示

通常コーポレート・ガバナンス報告書は、定時株主総会の日以降、遅滞なく提出することとなっています。したがって、3月決算会社であれば、ほとんどの企業で定時株主総会が行われる6月末ころ開示がなされます。

2　コーポレート・ガバナンス報告書における"説明"

　すでに述べたとおり，CGコードでは，コンプライ・オア・エクスプレインの手法を採用しています。したがって，各社は，何らかの事情によりコンプライすなわち"実施"することが適当でないと考える原則があれば，その理由をエクスプレインすなわち"説明"することにより，当該原則を"実施"しないことも許容されることとなっています。

　そして，説明内容の，当否・十分性について明確な基準があるわけではなく，基本的にはステークホルダーに"説明"の当否・十分性の判断は委ねられます。したがって，実施していないにもかかわらず説明を一切していない場合や，説明内容が虚偽の場合などを除けば，説明義務違反を理由として取引所等から制裁を受ける場面は考えにくくなっています。また，CGコードはルールベースの規定ではなく，プリンシプルベースの規定であることから，"実施"しているかどうかも判断の余地が大きくなっています。

　このため，各社のコーポレート・ガバナンス報告書記載の具体的記載の分析が，その対応の評価において重要なポイントとなります。

第6　コーポレート・ガバナンス報告書におけるコードへの対応状況

1　東証による資料の開示

　各社によるコーポレート・ガバナンス報告書の具体的記載の分析には，東証がコーポレート・ガバナンス報告書について分析・開示した資料が参考になります。以下，「コーポレートガバナンス・コードへの対応状況の集計結果（2017年7月14日時点）」[6]に基づいて分析を行います。

　まず，分析対象となっているコーポレート・ガバナンス報告書提出企業数は以下のようになっています。

---

[6] http://www.jpx.co.jp/equities/listing/cg/tvdivq0000008jdy-att/nlsgeu000002nrg9.pdf
なお，以下の本項の図表，グラフは，同資料より引用しています。

第2章　コーポレートガバナンス・コードから見た株式会社のガバナンス

【市場区分別の開示状況】

市場区分	開示会社数	コンプライ・オア・エクスプレインの対象	
市場第一部	2,021社	全73原則	基本原則：5原則 原　則：30原則 補充原則：38原則
市場第二部	519社		
マザーズ	240社	基本原則：5原則	
JASDAQ	753社		
合　計	3,533社		

▶以下では，市場第一部・第二部のガバナンス報告書提出会社2,540社について分析

　ここで，CGコードの実施率を見ると，市場一部では9割以上の会社がCGコードを9割以上コンプライしていることがわかります。そして，CGコード導入の初期段階である平成27年の12月と比べると実施率はかなり高くなっています。これは，CGコードの導入により，社外取締役の導入など，数多くの施策を各上場企業が受け入れ実施したことを示すものと考えられます。

【市場区分別の"実施"状況】

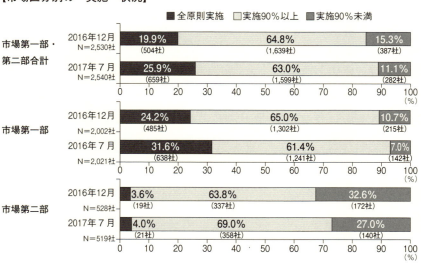

第6 コーポレート・ガバナンス報告書におけるコードへの対応状況

(参考) 平成28年7月の実施状況

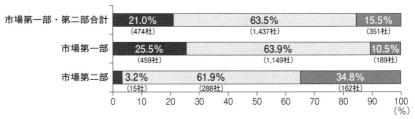

また、東証は、各原則の実施率も発表しています。ほとんどの原則が、実施率90％以上となっています。

(参考) コードの階層ごとの平均実施率

階 層	平均実施率	平成28年12月比
基本原則	99.93%	＋0.0pt
原　則	97.68%	＋0.8pt
補充原則	93.41%	＋1.0pt

一方で、実施率が低い原則もある程度明らかになりました。"説明"率が高い原則は以下のとおりです。

【"説明"率が20％を超える原則】

原　則	内　容	"実施"会社数	"説明"会社数	"説明"率
補充原則 1－2④	議決権の電子行使のための環境整備（例：議決権電子行使プラットフォームの利用等），招集通知の英訳	1,122社	1,418社	55.8%
補充原則 3－1②	海外投資家等の比率等を踏まえた英語での情報の開示・提供の推進	1,794社	746社	29.4%
補充原則 4－2①	中長期的な業績と連動する報酬の割合，現金報酬と自社株報酬との割合の適切な設定	1,800社	740社	29.1%

補充原則 4-11③	取締役会による取締役会の実効性に関する分析・評価，結果の概要の開示	1,812社	728社	28.7%
補充原則 4-10①	指名・報酬等の検討における独立社外取締役の関与・助言（例：独立社外取締役を主な構成員とする任意の諮問委員会の設置）	1,948社	592社	23.3%

　コーポレート・ガバナンス報告書との関係でいえば，「コーポレートガバナンス・コードの各原則に基づく開示」が要求される11原則と説明率が高い原則への取組みは，社外取締役・監査役としても常に関心をもっておいた方が良い事項といえるでしょう。

2　コーポレート・ガバナンス報告書記載例

　ここで，11原則の記載のうち，特に記載に悩みがちな2つの原則について，参考までに記載例を紹介します。

(1)　原則1-4「政策保有株式に関する対応」記載例

　政策保有株式については，従来投資家側から批判を受けていたものです。原則1-4は政策保有株式自体を禁止した原則ではありませんが，開示の強化を図ることにより合理的説明のできない政策保有株式の見直しを図ることとなる原則となっています。そして，この原則は"実施"していたとしても，一定の事項を"開示"することが求められている原則です。このため，政策保有株式を有する上場企業では，この原則にいかに対応すべきか十分検討する必要があります。

　原則1-4は必要的開示事項であり，「政策保有に関する方針」と「議決権行使についての基準」の2つの開示が求められています。これらの事項に加えて，保有のねらい・合理性について記載したコーポレート・ガバナンス報告書も見られました。

　また，「政策保有に関する方針」では，保有の目的，保有の数量基準，政策保有株式の売却方針などを記載する事例もあります。

さらに，「議決権行使についての基準」では，投資先の企業の企業価値・株主価値に関して記載したものや，自社の利益をどのように考慮するかを記載したものがありました。以下，具体的な記載事例を紹介します。

保有基準を記載する例（大東建託）

> （原則1－4　いわゆる政策保有株式）[7]
> 　当社は，投資目的以外の目的で保有する株式の保有は，①業務提携，取引の維持・強化及び株式の安定等の保有目的の合理性，②その連結貸借対照表計上額が総資産の5％以下などの条件をすべて満たす範囲で行うことを基本的な方針としています。
> 　同株式の買い増しや処分の要否は，当社の成長に必要かどうか，他に有効な資金活用はないか等の観点で，担当取締役による検証を適宜行い，必要に応じ取締役会に諮ることとしています。
> 　また，同株式に係る議決権行使は，その議案が当社の保有方針に適合するかどうかに加え，発行会社の効率かつ健全な経営に役立ち，企業価値の向上を期待できるかどうかなどを総合的に勘案して行っています。なお，個々の株式に応じた定性的かつ総合的な判断が必要なため，現時点では統一の基準を設けていません。

　なお，CGコード改訂案では，縮減方針等の開示を含め，上場企業の政策保有株式に対する説明責任を強化することを示しています。そのため，CGコード改訂案の確定・適用後の各社の開示に，注目が集まってくるでしょう。

(2)　**原則3－1「情報開示の充実」記載例（指名・報酬に関する記載）**
　　ア　概　要
　原則3－1では，経営やコーポレートガバナンスに対する基本的な考え方の開示に加えて，「取締役会が経営陣幹部・取締役の報酬を決定するに当たっての方針と手続」「取締役会が経営陣幹部の選任と取締役・監査役候補

---

7) http://www.kentaku.co.jp/corporate/ir/governance/img/cgc.pdf（平成30年4月30日閲覧）

の指名を行うに当たっての方針と手続」の開示を求めています。

　このうち，報酬決定の方針と手続について，「方針」としては報酬制度の理念や目的，概要を記載する例などが見られました。「手続」については会社法に基づいた報酬限度額の決定方法や各取締役への配分等の基本的な記述を行っている企業に加え，より踏み込んだ記載を行っている上場企業もありました。

　また，経営陣・役員の指名に当たっての方針と手続について，「方針」として具体的な選任基準を記載したものがありました。また，「手続」については，各社における基本的なプロセスを記載したもののほか，意思決定の透明性・公平性確保のための仕組みを記載したものもありました。

　以下，具体的な記載事例を紹介します。

　　イ　「取締役会が経営陣幹部・取締役会の報酬を決定するに当たっての方針と手続」記載例（スタートトゥデイ（同社ウェブサイトにて開示））

【原則３－１－３．取締役会が経営陣幹部・取締役の報酬を決定するに当たっての方針と手続】
　取締役及び監査役の報酬等については，社内規程等において決定に関する方針を定めておりませんが，株主総会の決議による取締役及び監査役それぞれの報酬総額の限度内で，会社の業績や経営内容，経済情勢等を考慮し，取締役の報酬は取締役会の決議により決定し，監査役の報酬は監査役会の協議により決定しております。なお，報酬決定に関する具体的方針と手続きの開示については今後検討してまいります。[8]

---

8) http://s3-ap-northeast-1.amazonaws.com/image-contents/wp/wp-content/uploads/2017/06/CG_20170627.pdf（平成30年4月30日閲覧）

ウ 「取締役会が経営陣幹部の選任と取締役・監査役候補の指名を行うに当たっての方針と手続」記載例

(ア) 代表取締役CEOが候補者を提案し，取締役会で決議している例（亀田製菓）

> (a) 取締役候補者の指名方針と手続[9]
>
> 当社の取締役会は，活発な審議と迅速な意思決定ができるよう上限を9名とし，3分の1以上を独立性の高い社外取締役で構成することとしております。
>
> 取締役候補者の指名については，以下の基準に従って代表取締役会長CEOが提案し，株主総会議案として提出しております。
>
> （取締役候補者の指名基準）
>
> （中略）
>
> なお，社外取締役の独立性確保のための基準は，【原則4-9】に記載しておりますので，ご参照ください。

(イ) 取締役会で決定するとした例（ソフト99コーポレーション）

取締役および監査役の候補者については，いずれも社外取締役および社外監査役の参加する取締役会での審議を経て，正式な監査役候補者として株主総会にてその選任理由とともに付議されます。

なお，同社はウェブサイトで公開している，コーポレート・ガバナンス・ポリシーで詳細な情報を公開しています[10]。

(ウ) 指名委員会で決定するとした例（三菱商事）

> 三菱商事では，社外役員・社外委員が過半数を占めるガバナンス・報酬委員会（委員8名中，社外取締役4名・社外監査役1名）で経営者の要件及びその選任に関わる基本方針を審議・確認していることに加え，

---

9) https://www.kamedaseika.co.jp/admin/images/irInfo/upload/556.pdf（平成30年4月30日閲覧）

10) http://www.soft99.co.jp/ir/corporate-governance/corpotate-governance_20170511.pdf（平成30年4月30日閲覧）

執行役員の選任・業務分担等は取締役会での審議を経て決定することとしています。取締役・監査役候補者の選任方針・手続及び個々の選任案は，ガバナンス・報酬委員会で審議し，取締役会で決議の上，株主総会に付議することとしています。詳細については本報告書Ⅱ2．をご参照ください。[11]

---

11) https://www.mitsubishicorp.com/jp/ja/about/governance/pdf/governance_report_j.pdf（平成30年4月30日閲覧）

第3章
社外取締役・社外監査役はどのような者がふさわしいか

第❶ 社外役員としての自覚と熱意をもてる人

1　会社における立ち位置

　社外役員になる人は，まずもって，会社のガバナンスの仕組みにおいて，社外役員の存在が，かくも重視されるに至った経緯について知り，社外役員としての自覚をもつべきでしょう。これまで会社経営に携わってきた人は別として，弁護士，公認会計士，税理士そして学識経験者など一般的に社外役員の候補者と目されている人の多くは，これまで会社に関わったとしても，そのほとんどが，外から傍観者的立場にあったものと思われます。そこで，まずは，社外役員として会社と関わる際の立ち位置をわきまえる必要があります。

　会社法が制定されるかなり前の時代，我が国独自の制度である監査役は，現実には，サラリーマンとしての出世街道を上り詰め，取締役をリタイアした人が，いわば最後のご奉公で会社全体に睨みをきかせるか，あるいは月1回の取締役会で並び大名として居並ぶような感覚で就任していたように思います。かくして，ガバナンスの一つの要であった監査役は，あくまで会社というムラ社会で立身出世を成し遂げた者の最後の花道であり，日本経済の全体の流れなどは，およそ考える必要はありませんでした。

　しかし，今は状況が一変しています。社外取締役は当然のことながら，社外監査役も，自らが日本経済の大きな流れの中で，重要な役割を担っていることを認識し自覚をもっていないと，その役割を十分に果たすことはできません。このことは，就任する側が自覚すべきであると同時に，選定し招聘する側においても肝に銘じておくべきことです。

2 会社を取り巻く壮大な構想

　前世紀末にバブル経済が崩壊したのち，我が国経済は「失われた20年」という長いトンネルを経験しましたが，その後も，成長はおろか，格差社会の泥沼に嵌った感がありました。そうした流れの中で，平成26年（2014年）6月に閣議決定の上公表された「日本再興戦略」改訂2014において，デフレから脱却し，持続的な経済成長を目指す経済政策の第3の矢として成長戦略が掲げられ，マクロ経済の改善を図るとともに，ミクロの企業レベルでの競争力を強化し，その収益力＝「稼ぐ力」を高めていくことが焦眉の急であるとの共通の認識が定着しました。

　こうした認識を基礎づけたものとして挙げられるのが，経済産業省が約1年にわたり取り組んだプロジェクトの成果である平成26年8月公表のいわゆる「伊藤レポート」です。

　これから社外取締役・社外監査役になろうとする人は，是非，さらっとでよいので，この「伊藤レポート」の要旨版に眼を通していただきたいと思います[1]。「伊藤レポート」は多岐にわたる論点に議論が及んでいるため，門外漢の私には手に余りますが，インベストメント・チェーンの活性化なくして，日本経済が，これまでの「持続的低収益性」から脱却できないことは理解できます。上場会社の経営は，顧客市場と資本市場という2つの主たる市場に直面していますが，日本企業の製品・サービスの品質の高さは世界的にも高い評価を得ています。しかし，資本市場に眼を転じると，鶏が先か卵が先かは別として，企業の持続的成長（伊藤レポートでは，「持続的成長」をもって，中長期的，継続的に企業価値を高めることであると定義しています。同26頁）をもたらす長期的な視野に立った革新的な経営判断を促すような資金の流れが形成されていないため，日本企業の競争力の源泉ともいえるイノベーションに向けた投資が行われにくい状況に至っているとのことです。こうした問題意識から，インベストメント・チェーンの構成要素（すなわち，投資家と投資先企業，さらにその間に介在するアセットオーナー，アセットマネージャー，

---

1) http://www.meti.go.jp/press/2014/08/20140806002/20140806002.html

議決権行使助言会社などのプレーヤー）に対し，コーポレートガバナンス・コード（以下「CGコード」といいます）や日本版スチュワードシップ・コード（以下「SSコード」といいます）などによって働きかけて，中長期的な視点による資金の循環を生み出してインベストメント・チェーンの活性化をもたらし，そうした循環の中で個々の企業の企業価値の向上を促し，長期的な視点で見れば，そうした企業価値の向上が配当や株価という形で株主に還元され，その結果として高い投資リターンが産み出され機関投資家への投資リターンが増大し，よって機関投資家への資金の出し手である国民の懐が厚くなり，豊かな経済社会が形成されるとの構想が描かれるに至りました。実現可能性はともかく，なんと壮大な構想でしょうか。「日本再興戦略」改訂2014が打ち出されるのに先立つ2014年（平成26年）2月にSSコードが公表され，同年（平成26年）6月に改正会社法の公布，翌2015年（平成27年）6月のCGコード制定と続き，その後も，この壮大な構想の実現に向けた布石が打たれています。

3　日本経済を活性化する意識

　こうして見ると，社外役員，とりわけ社外取締役という制度は，個々の企業におけるガバナンスにとどまらず，日本経済を活性化する重大な役割を担っていることがわかります。そして，個別企業のレベルでいうと，株価の高騰・下落に一喜一憂することなく，中長期的な視野に基づく経営判断をすることが要請されていると自覚すべきです。とはいえ，日本企業が低成長収益性の呪縛から脱することができるか否かは，個々の具体的企業の努力では如何ともしがたく，インベストメント・チェーンを形成する各プレーヤー，さらにはそれを支えるシステムや基盤を改革できるかに依存しています。しかし，社外役員に就任する以上，そんな雰囲気の中で，個別具体的な局面で期待される役割を果たし，中長期的な視野に立ってイノベーションを実現することができれば，当該企業が持続的成長に向かって進む高揚感を共有できることは疑いなく，これこそが企業のみならず，個々の社外役員のこれからの元気印にもつながること受け合いです。

第❷ 上場会社であることの意識

次に，社外役員として意識していただきたい事柄として，制度的な枠組みがあります。それは，上場会社の役割に対する意識です。先にも触れましたが，上場会社は資本市場に身を置いています。

上場会社とは，その発行する株式が東京証券取引所その他の金融商品取引所に上場されている株式会社ですが，上場会社には，会社法とともに金融商品取引法が相互補完的に適用されます。このうち，金融商品取引法による規制が，先ほどのインベストメント・チェーンとのつながりで重要です。すなわち，金融商品取引法は投資者保護と資本市場の健全性の確保を目的としているところ（同法1条），投資者保護のための制度として開示規制を設けています。投資の対象たる株式の発行会社に係る情報が正しく開示されているとの前提が成り立っているからこそ，リスクに見合うリターンを得ることに正当性が付与される（博打でない）とともに，リスク判断を誤れば自己責任の原則に基づき損失を甘受しなければならないわけです。こうしたことから，企業経営に関与する社外役員としては，自らが経営に関与する上場会社に係る情報が正しく，かつタイムリーに資本市場に提供されることにつき，責任を負っているとの自覚をもつべきです。さらに金融商品取引法は，インベストメント・チェーンを構成する市場参加者に関する情報についても規制をしており，そうした規制により，資本市場の公正・公平・透明性が維持・確保されていることも頭の片隅に置いておくべきでしょう。

以上をまとめると，インベストメント・チェーンを活性化し日本経済の持続的成長に貢献しようというくらいの熱意をもち，攻めのガバナンスを支える積極的ないし果敢な経営判断に参画する意識とともに，相応のリスクテイクに耐える胆力を持ち合わせている人こそ，社外役員たるに相応しいと思います。

第❸ 社外役員としての知識・情報の吸収と判断枠組の受容

1 社外役員として吸収し入手すべき知識と情報

　ところで、以上の自覚と熱意をもっていれば社外役員としての役割を果たせるかというと、それだけでは十分ではありません。少なくとも自らが社外役員に就任する会社のことを知ることが不可欠であり、知るためには多くの時間を要します。したがって、新たな知識や情報を吸収し入手しようという気力と時間があることが社外役員には求められます。決して片手間ではできません。

　では、社外役員が吸収・入手すべき会社に係る知識・情報とは何でしょうか。吸収・入手すべき知識・情報は2つのレベルで考えられます。一つは、議案を判断する際の基準であり、いま一つは、判断対象たる議案に関する会社情報です。

　これらの点に関する説明の予備知識として、以下では、ごく最近までの取締役会における社外取締役の関与について述べます。

　コーポレートガバナンス改革が叫ばれるようになるまでの間、CGコードのようなソフトローは存在しなかったため、取締役会の運営は、もっぱら法律としての商法・会社法の下で行われていました。取締役会は、会社の重要な事項についての意思決定機関という側面が強調され、制度上はともかく運用において、取締役会の監督機能はあまり重視されていませんでした。そこで、社外取締役が選任された場合の役割は、大株主の意向を体した御目付役、あるいは株主間の利害調整の役割が大半でした。少なくとも私が社外取締役に就任した数社ではそうでした。ごく稀な例としては、社外取締役に就任した会社がにわかにMBOを行う事態となり、公正な判断者としての役割を担ったことがありました。かかる事態は、青天の霹靂とはいえ、事業に精通している社内取締役が判断に関与しえないため、もう1人の公認会計士の社外取締役とともに大変苦労しました。結局のところ、会社の事業内容・業績・財務状況、とりわけ直近の業績その他のインサイダー情報などを、著名な会社法学者のアドバイスに基づいて調査の上、その意見書を頂戴して、判断の公

正性を担保しました。このケースでは，もっぱら合理性・公正性・透明性の3つのファクターを判断基準とせざるをえませんでした。

この最後の特異なケースは別として，当時の社外取締役は，取締役会の場を除くと，会社情報（とりわけ非財務情報）に接する機会は少なく，もっぱら取締役会の場で，議案に関連する範囲で，議案の内容やその組み立て，背景・周辺事情，業務プロセスなどの会社に係る情報や財務情報の詳細な内容に係る情報を自ら発問する形で収集していました。

このような限られた情報の下で社外取締役が議案の可否を判断する基準は，もっぱら内容の合理性と手続の合理性や透明性でした（ちなみに，こうした判断基準は後記の第9章第1・2(2)ア(イ)（197頁）および第9章第3・1(1)（209頁）で言及されている経営判断の原則の要請するところです。）。

ところが，今では，社外取締役が議案を判断する際に与えられる情報量は格段に増えています。他方，議案を判断する際に決め手となる最終的な基準（合理性の基準）に変更はないと思いますが，新たな基準が追加されています。このように，判断基準に新たな基準が加わり，判断の材料たる会社情報が増加した原因は，CGコードの制定・実施（コンプライ）にあります。そこで，こうした判断枠組の変容は，社外監査役にも及んでいます。したがって，社外役員としては，いずれも，こうした新たな判断枠組を受容することが必要となります。

2 社外役員として議案を判断する際の基準について

まず，新たな判断基準について説明します。

ア CGコードの制定・実施（コンプライ）によって，取締役会はかつての業務執行をする前段階において，その執行の可否を承認する機関から，業務執行の成果を評価する機関へと軸足を移しつつあります。そうはいっても，M＆A案件などの大型投資案件や新規事業の立ち上げなどの経営判断を要する事項は，相変わらず取締役会へ上程されます。かつては，前述のとおり，社外取締役の判断基準は，主に合理性・透明性であり，案件について合理的な説明ができることを要しました。

イ　しかし，CGコードを実施（コンプライ）した以降は，抽象的ながら，会社自らが定めた判断基準ないし尺度が提示されていることから，それに依拠しなければなりません。会社の経営理念や中期経営計画などがそれです。確かに，それまでも多くの会社では経営理念ないし社訓・社是などが金看板よろしく床の間に飾られていました。しかし，それらは，精神訓話的な色彩が強く，規範的な要素は皆無に近かったように思えます。ところが，CGコードが制定されて以来，経営理念は，会社のあるべき姿を示すもの，あるいは会社の価値観を示すものという位置付けを得て，会社の役職員が一丸となって，その実現を目指す価値となりました。加えて，中期経営計画も，単に社員（従業員）を鼓舞するためのスローガンとしての役割を脱し，経営陣の業績を事後的に評価するための指標としての位置付けを有するようになりました。このような変化は，CGコードが，取締役会の役割につき，経営の監督というモニタリング機能を重視し，かかる機能を実現するための諸原則を掲げ，さらに，ここが重要なのですが，多くの上場会社が，こうした諸原則のほとんどを実施（コンプライ）したからにほかなりません。CGコードの諸原則を上場各社の取締役会がその決議をもって承認したため，その内容は定款の定めと同じように，会社自らが定めた自治的な法規範として，会社を規律することになりました。言い換えると，CGコードを取締役会において承認した会社においては，CGコードで定めている諸原則に従って会社実務を運営しなければなりません。したがって，社外取締役を含むすべての取締役および監査役は，その善管注意義務の内容として，CGコードの諸原則を実施（コンプライ）した取締役会決議を遵守すべき法的義務を負うに至ったわけです。

　ウ　このようにして，経営理念や経営戦略，そしてそれらの具体的内容が盛り込まれた中期経営計画などは，CGコードを介して各社の自治規範・行為規範としての位置付けを有するに至りました。しかも，そのようにして定められた中期経営計画などに依拠して執行部の業績評価をする仕組みまでもが定められたことから，これまでは社長の腹の内にあって周囲からも計り知りえなかった事項の決定プロセスが透明性をもった手続の下で実施されると

いう手続面の整備までも行われることとなりました。このようにCGコードでは，これまで闇の中にあった事項が，一方において，内容的に明確なものとなり，他方において，手続面が透明化されることとなったのです。

エ　こうしたことから，社外役員としては，こうした会社の自治規範・行為規範の存在と内容を知ることが不可欠です。経営理念，経営戦略さらには中期経営計画などを知り理解していれば，抽象的とはいえ，それらが議案に対する判断の拠り処となるので，単に合理性の基準に依拠して議案に対峙するよりは，判断枠組がより個別具体的になった結果，判断するに際し安心感があります。たとえば，国内で事業展開してきた企業が突如海外へ進出する場合，中期経営計画の中で，そうした展開の布石が明らかにされていることがあります。そこで，「なるほど，こうしたビジネス展開の準備として，こうした手を打つのか」とわかるわけで，執行部の意思決定プロセスの検証がしやすくなるわけです。ちなみに，中期経営計画などは，社外取締役においては，自らがその承認決議に参画する機会もあるため，自らが会社の自治規範・行為規範の定立に参画する役割も担うことになり，その役割は極めて大きいのです。

3　社外役員として議案を判断する際の情報について

次に，話を議案の判断材料たる会社情報に移します。

ア　以前は，社外役員への就任が決まると，業界本などで，当該会社の業容や業界での位置付けなどを知って，取締役会での判断のための情報を得ていました。しかし，最近では，ネットなどで当該会社のみならず同業他社の財務情報や非財務情報など膨大な会社情報を入手できます。さらに，CGコードの影響もあり，新任の社外役員に対し，自社に関する研修や事業所・工場見学など盛りだくさんの情報提供がなされます。加えて，個別の議案については，社外役員の情報不足を補うために，多くの会社では事前説明会が実施されています。そこでは，ビジネスの最前線に立っているピカピカの優秀な社員が議案に関する詳細な説明を丁寧にしてくれるため，社外役員の側でいろいろな質問をすれば，的確な情報を得られることは必定です。こうしたこ

とから，とかく情報の膨大さに幻惑されて，事の本質を見誤るおそれすら，なしとしません。そうした場合には，それまでの自己の培った職業上の知見を駆使して，事の本質に辿りつくまで，ともかく「なぜ」「なぜ」と探究する貪欲さが必要となります。取締役会では，時間的制約から十分な理解に達するまで質疑ができないときでも，事前説明であればそれは可能です。ともかく，腑に落ちるまで疑問を解消させないと，満足のいく結論に至らず，なぜ議案に賛成したかを第三者に対し説明することはできません。

　イ　さらに，加えていいますと，議案の提出者は当然のことながら，執行部です。執行部は会社組織を見ればわかるように，事業ごとにピラミッド型の階層を構成し，当該事業分野に精通した社員がひしめいています。そうした人々の中で，経営層からのトップダウン，下からの情報提供・ボトムアップなど，多くの時間とマンパワーが費やされて１つの議案の叩き台ができ上がり，さらに経営会議などの経営層での協議で揉まれた末に，議案として取締役会に提出されます。このように取締役会に提出された議案は，多くの情報群の中から厳選されたものが一定のフィルターを通し濾過された，いってみれば綺麗に盛り付けられた料理です。そのため，多くの削ぎ落とされた情報や食材の切れ端が除かれていますが，こうして取り除かれた結果，説明資料から外れた情報の中にも，判断をする上で重要な情報があったりします。どうしても腑に落ちずに，事前説明会で担当者に対し根気よく質問をしていると，突如納得いく説明に出くわすことがあります。そうすると，取締役会での無用な議論を避けることができるわけです。逆に，経営会議で議論の末に外された情報が取締役会での議論の末に浮上し，異なった結論に至ったこともあります。したがって，社外役員には，こうして埋もれていた情報に根気強くアプローチし，それを炙り出すくらいの執拗さも必要だと思います。

第❹　コーポレートガバナンス・コードへの理解

　ア　前述本章第３・２（64頁）のように，法的には，CGコードの諸原則を取締役会がその決議をもって実施（コンプライ）したことに基づいて，経

営理念や経営戦略は，取締役・取締役会が従うべき自治規範・行為規範としての位置付けを獲得するに至ったわけですが，CGコードにおける開示については，金融商品取引法上の開示や会社法上の開示とはやや異なった面があります。CGコードの説明に際し触れられるところですが，ここでは，「ガバナンスにおける開示の位置付け」という観点から若干触れることにします。

　イ　会社法は比較的小規模な会社も対象としているので，コストベネフィットの観点から，開示の範囲を限定し，追加的な開示は金融商品取引法に委ねていると考えるのが一般的です。また，金融商品取引法による開示は，前述本章第2（62頁）のように，もっぱら投資者保護，すなわち投資意思決定にとって重要な情報を提供することが目的ですので，こうした目的に見合った情報の開示が求められています。

　ウ　ところで，GCコードをよく見ると，その規制している内容は，これまで金融商品取引法による開示において力点が置かれていた財務情報の開示を補完するものだけではありません。むしろ，経営者の考え方や意思さらには経営者による分析や事業の見方，さらには株主総会から付与されている報酬枠をどのように使っているか，どういう方針の下で分配しているかなどの非財務情報を開示させ，そうした開示情報を基準にして，取締役会のみならず株主・投資主その他の市場関係に，経営陣のパフォーマンスを評価させようとしているのです。言い換えれば，経営陣による経営の透明性を高め，その依って立つ考えを明確ならしめることによって，そうした考えどおりに経営が行われているか否かを誰の眼から見てもわかるようにしているわけです。こうした考え方こそが，ガバナンスを強化することによって経営の効率化を達成させようとしているCGコードの考え方なわけです。

　エ　こうした見方でCGコードを見ると，たとえば原則2-1において，中長期的な企業価値向上の基礎となる経営理念を策定すべきとした上で，そうして策定した「会社の目指すところ（経営理念等）や経営戦略，経営計画」を開示すべきことを原則3-1「情報開示の充実」で定め，それらを踏まえて，原則4-1「取締役会の役割・責務(1)」は，「取締役会は，会社の目指すところ（経営理念等）を確立し，戦略的な方向付けを行うことを主要な役

割・責務の一つと捉え，具体的な経営戦略や経営計画等について建設的な議論を行うべきであり，重要な業務執行の決定を行う場合には，上記の戦略的な方向付けを踏まえるべきである。」と定めています。これらによれば，「会社の目指すところ（経営理念等）」が会社経営の戦略的方向付けの指針となり，それをベースに具体的な経営戦略や経営計画等を策定し開示の上，それに基づき重要な業務執行の決定を行うべきとされています。

オ この「会社の目指すところ」＝「経営理念等」とは，会社の存在意義（レゾンデートル）であり，会社が中長期的な視点に立って実現しようとする価値であって，その会社を経営する目的そのものにほかなりません。CGコードを実施（コンプライ）した会社は，それぞれの経営理念を達成するために，各会社ごとに個別具体的な経営戦略や経営計画を策定し，それに即して重要な業務執行が決定するという経営上の仕組みを採用することを宣言し，その会社の役職員は，その仕組みの下で，各会社ごとの目指すところの実現のために全社一丸となるのです。

カ このような会社経営の仕組み，とりわけガバナンスにおいて重要な役割を果たすべき社外役員にとって，それぞれの個別の会社ごとに異なる経営理念等を十分に理解し，それを自らの判断基準に落とし込むことは最低限必要なことなわけです。そこで，あくまで一般論ですが，いかに立派な経営者としての実績や経歴をもっていたとしても，個別会社ごとの経営理念等に理解を示さず，自らの信念や経験だけを拠り所として社外役員としての職責にあたろうとする頭の堅い人は，社外役員には不向きなわけです。

第❺ 職業上の実績と人柄

さて，経営理念等を判断枠組にするといっても，個々の議案や職務遂行上出くわす案件は，かかる抽象的な枠組みだけでは十分な判断基準となりえないことは当然です。こうなると，自らの職業において蓄積された知見と経験に基づいて形成された合理性の基準に依拠するしかほかに方法はありません。逆に社外役員を選び委嘱する立場では，前述した自覚と熱意と意識をもって

おり，かつ必要な知識・情報を吸収しCGコードで示された判断枠組を受容しえる人であることは最低限必須として，次のステップとしては，その人の職業上の実績と人柄の2つを重要な資質として問うことになります。そこでまず，社外役員に相応しい人柄の点から見てみます。

1　人柄 ── 柔軟性

　ア　今のご時世は，ともかく価値観が多様化し，いろいろな価値観が併存しています。自分と正反対の価値観も当然のことながら許容する必要があります。しかも自らが社外役員を務める会社は，「経営理念」に示された一定の価値の実現のために存在するわけでして，それ自体は抽象的なレベルにとどまるために，自らの価値観に抵触しないとしても，企業が製品やサービスを提供しようとする場合，様々な社会のニーズと向き合い，さらに当該ニーズを形づくる諸々の価値観ごとの優先順位を判断することになります。そうした際に，何よりも重要なのは，柔軟性です。多様性を特徴とする社会において，そのニーズを的確に発見するためには，柔軟な思考・価値判断が必要です。

　イ　ところで，大企業病の一つに，幾重にもわたる重層的な組織を経た決定は，とかく安定的あるいは確実に収益をあげる商品・サービスを選択してしまい，そこそこ，ほどほどに儲かるが，決定的なヒット商品は生まれないというのがあります。同じような思考ないし価値観の人が，自らの思考ないし価値観に依拠して判断すれば，次第に，そうしたスタンダードから外れる選択肢はなくなります。そのムラ社会で通用している価値観に基づいて商品開発を行い新規事業に臨めば，会社の常識は世間の非常識という商品やサービスを，飽きもせず反省もなく次々と生み出し続けるという結果が生じてしまいます。

　ウ　こうした失敗を回避するためにも，経営陣に社外役員が加わっていると有益です。社外役員は，その資格要件に照らしても，当該企業における，いろいろな意味での経験は乏しいことが前提となっています。そうであるからこそ，当該企業の色に染まっていないフレッシュな発想と価値観で，会社

の意思決定を独立の立場から客観的に検証することができるわけです。ここにこそ，社外役員の存在価値があります。何よりも，当該会社というムラ社会を形成する人々の常識に染まらず，むしろ，それとは全く別異のものの見方ができ，かつ多様な考え方を柔軟に受容できる人が，取締役会という経営の意思（経営理念を始めとする経営戦略・経営計画など）を定め，かつ経営を監督（モニタリング）する機関に参画することこそ，社外役員制度の核心だと思います。

2　職業上の実績

　次にどのような職業上の実績を有している人が社外役員に相応しいかについて述べます。

　ア　まず，社外取締役ですが，社外監査役と異なり，取締役会における経営判断（経営上の意思決定）に関与するとともに，経営そのものをモニタリングするのがその役割ですから，やはり自ら経営に携わっていたことのある人がベストです。業種は問いません。事業上何らかの関連があるに越したことはありませんが，全くの異業種でも差し支えありません。また，自らが経営者たる地位になくとも，たとえば，経営企画部門で長年にわたり経営戦略の立案に携わっていた人なども適任です。これらの人は，経営というものを知っているからです。これまで多くの経営者と話をして思うことは，会社を経営することと個別具体的な業務上の判断をすることとは，全くの別物と考えていた方が間違いないということです。適確な業務上の決断を下して，部下をやる気にさせ，業績を上げることができても，組織に目標を与え，人材その他の経営資源をその目標達成に導くことができるかというと，そうではありません。野球の名選手が必ずしも名監督でないのと同じです。自ら経営を実践し，その要領を会得している人は，全く違う業種の会社でも，ツボというか勘どころを押さえることができるため，事業上の意思決定に対し優れたアドバイスをするとともに，経営戦略の立案に当たっても，適確な指摘をすることができます。端で見ていて，「なるほど」と思うことが多いのは，経営者あるいはそれに準ずる位置にあった人たちです。

第3章　社外取締役・社外監査役はどのような者がふさわしいか

　このような経営者とは趣きを異にしますが，経営学とかマーケティングなどを専攻している大学教授・准教授などもなかなか鋭い指摘をされます。多少，抽象論や評論的な発言をされることもありますが，やはり社外取締役には適任でしょう。また，経営コンサルタントや経営に係るアドバイス業務を長年経験された方も，より実務的・実践的な視点を提供してくれるので，職業上の実績という点ではお薦めだと思います。

　イ　これに対し，社外監査役は，違った切り口で取締役会等に臨み職務を遂行するので，職業という点では複数の選択肢が考えられます。というのは，社外監査役は，その職務内容が，経営そのものというより，業務遂行に係るシステムの組み立てや業務遂行の仕方などが法令・定款等のルールに違反していないか，あるいは著しく不合理な点が認められないか，という「規律からの逸脱」をチェックすることが主となるからです。これから，どこにどのように経営資源を配分するかという視点ではなく，現実に行われた事業遂行に対し，主に，後から見て問題がなかったか否かという視点で，事後的にチェックすることが中心になります。こうした観点に照らせば，世上よくいわれるように，弁護士，公認会計士，税理士などの職業上の経験と知見を有する人が，そういう役割に相応しいと思われます。さらにいうと，弁護士の場合，やはり企業法務といわれる分野で仕事をしてきた人であって，かつ会社という組織の運営にも法的観点からアドバイスをしてきた経験のある人が最も相応しいと思います。とはいえ，M&A事案や倒産事件の専門弁護士などは，常に変化する状況の下での判断には長けている人が多いので，昨今のように経営環境が大きく変化する状況の下では，そうした変化に迅速・適確に対応できるという視点は有用だと思います。

　また，公認会計士や税理士の方々は，やはり日々数字を扱っていることから，取締役会に提出される資料のうち，とりわけ財務資料などの分析あるいは見方には鋭い視点をもっておられる方が多いので，社外監査役の人選にとっては，外せない職業でしょう。私などは自ら社外監査役をやっていて，公認会計士や税理士の方々の鋭い指摘によって，新たな視点から考えるための知見を得たことは数知れません。

ウ　以上に触れた職業上の経験と知見を有する方以外にも，その職業上の経験や知見が社外監査役に相応しい方は数多くおられると思います。要は，これまで述べてきた役割を十二分にこなせればいいわけですので，社外監査役に就任された折には，是非とも全力を尽くし，力を発揮していただきたいと思います。

第4章
社外取締役・社外監査役就任の検討と準備

第❶ 社外取締役・社外監査役就任への打診

　コーポレートガバナンス・コード（以下「CGコード」といいます）やスチュワードシップ・コード策定の影響もあり，従来から選任されてきていた社外監査役に加えて，社外取締役を複数選任する上場会社が増えてきています。たとえば，東証１部上場会社では，複数の独立社外取締役を選任する割合が平成22年では12.9％に過ぎなかったのが，平成29年には88.0％まで上昇しています。また，平成29年のJPX日経400採用企業に限ればその割合は96.0％となり，主要な企業における社外取締役選任は定着した段階といえるでしょう。また，上場企業における監査役会設置会社では，会社法上社外監査役が義務付けられており，一定数の社外監査役が選任されています。

　このように，上場会社において，社外取締役・社外監査役を選任する企業が急速に増えていく中，選任する企業にとって，適切な社外取締役・社外監査役候補を見つけることはなかなか難しいことです。

　従来は，取引金融機関や，取引先，顧問弁護士，顧問公認会計士などを通じて適切な人材を探すことが多かったものです。このため，社外取締役・社外監査役就任への打診は知人等を通じて行われることも多く，こうした紹介者から，これから述べるようなスケジュールや，やっておくべきことについての情報を得ることも多かったものです。

　このような知人を通じた紹介というルートは今後も引き続き多いと考えられますが，近時の急速な社外取締役・社外監査役の増加に伴い，紹介会社を通じて，あらかじめ当該会社に登録した者に社外取締役・社外監査役就任へ

第4章 社外取締役・社外監査役就任の検討と準備

の打診が来るということも増えてきています。このような場合は，当該紹介会社からの情報に加えて，公表情報等から候補者自ら情報を獲得し準備を進めていくことも必要になっていくものと思われます。

なお，東京証券取引所の「東証上場会社コーポレート・ガバナンス白書2017」（以下「コーポレートガバナンス白書」といいます）では，独立取締役と会社との関係についてまとめていますが，「該当なし」が60.4％と一番割合が高いですが，その次に「その他取引先」が22.8％と高く，社外取締役の供給源として，一定程度メインバンクや大口取引先が役割を果たしているといえるでしょう。

独立社外取締役と会社との関係（本人・近親者）

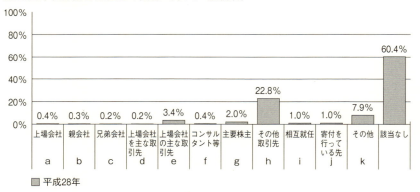

（コーポレートガバナンス白書82頁）

なお，社外取締役，社外監査役の就任の打診を受けた場合には，次のような流れで，就任の受諾について検討するかと思いますので，以下，おおむねこの流れに沿って検討したいと思います[1]。

---

1) 日本弁護士連合会司法制度調査会 社外取締役ガイドライン検討チーム『「社外取締役ガイドライン」の解説』（商事法務，第2版，2015）80頁～89頁

```
       社外取締役・社外監査役就任の打診
                    ↓
       経営陣の社外取締役・社外監査役への期待の確認
                    ↓
       社外取締役としての十分な活動時間の確保ができるかの確認
                    ↓
              会社規程等ルールの確認
                    ↓
           責任限定契約，D&O保険加入の確認
                    ↓
                会社概要の把握
        （ただし，このステップは，打診を受けた時から継続的に行われること
                  になると思います。）
                    ↓
                 就任の受諾
```

第❷ 経営陣の社外取締役・社外監査役への期待の確認

　社外取締役・社外監査役就任の打診を受けた場合，株主や経営陣が社外取締役・社外監査役に何を期待しているのかを把握することは重要です。

　特に，主要企業において社外取締役の採用が一般化してきたことに伴い，社外取締役・社外監査役といった社外役員が具体的にどのような役割を果たすか，投資家を中心に注目されてきています。

　社外監査役は，会社法上の義務付けのほか，監査役としての役割が法定されていることに加え，社外監査役の職務内容も各企業においてある程度固まっているといえます（ただし，近時，任意委員会等においてより積極的に活用していこうという動きが出てきています）。

　これに対して，社外取締役の義務付けのない我が国では，経営陣が社外取締役を招聘する場合，コーポレートガバナンスの一歩として捉えていること

が多いです。すなわち，終身雇用の色彩が強い日本企業にとって，社外取締役が自らの知識，経験，識見に基づいて社内取締役と違った目で経営を見て，様々な意見を述べることがコーポレートガバナンスに資すると考えられることが多いです。また，法定，任意のいずれの形態をとるかにかかわらず，監査委員会，報酬委員会，指名委員会で委員長等，重要な役割を社外取締役に担わせる企業も増えてきています。

そうした中で，社外取締役・社外監査役候補は，期待された役割にふさわしい発言を自分ができるのか就任前に確認するべきです。特に，上場企業の場合，コーポレート・ガバナンス報告書に目を通し，当該会社が社外取締役・社外監査役候補にどのような役割を期待しているのか確認することは必須でしょう。

なお，上場会社の場合は，CGコード原則3-1により，情報開示の充実が求められており，それに沿った情報開示がなされます。具体的には，CGコード各原則で開示を求めている事項のほか，(i)会社の目指すところ（経営理念等）や経営戦略，経営計画，(ii)CGコードの各原則を踏まえた，コーポレートガバナンスに関する基本的な考え方と基本方針，(iii)取締役会が経営陣幹部・取締役の報酬を決定するに当たっての方針と手続，(iv)取締役会が経営陣幹部の選任と取締役・監査役候補の指名を行うに当たっての方針と手続，および，(v)取締役が上記(iv)を踏まえて経営陣幹部の選任と取締役・監査役候補の指名を行う際の，個々の選任・指名についての説明が開示されることになります。社外取締役就任に当たってはかかる開示事項を十分理解し，経営陣の社外取締役への就任に対する期待等について把握する必要があります。

なお，指名委員会等設置会社のみならず，監査役会設置会社および監査等委員会設置会社においても，指名委員会・報酬委員会が設けられる場合がありますが，当該企業がそうした委員会を設けている場合，そもそも自分が委員会に入ることを期待されているのか，期待されているとすると，どの委員会でどのような役割を期待されているか把握することも重要です。

報酬や条件についてこの段階で確認しておくことも，就任後の期待ギャップを避けるという意味でも有意義であると思われます。

第❸ 社外取締役としての十分な活動時間の確保ができるかの確認

1　現在の業務状況の確認

　社外取締役・社外監査役について，会社のリスク管理や中長期の成長のために積極的な役割を果たしているかという点について，投資家等から注目されるようになってきています。

　社外取締役・社外監査役は，上場企業においては，多くの会社では月1回以上ある取締役会に出席することは当然ですが，取締役会上程事項の資料を事前に読み込み，不明点については担当取締役に質問するなど，取締役会の事前準備に相当な時間を使うことになります。また，取締役会以外にも，任意委員会の委員に就任した場合はその委員会への事前準備，出席，子会社や事業所，工場への視察，社外監査役であれば棚卸の立ち会いの時間の確保も必要となります。さらに，就任した会社に組織再編行為やいわゆる不祥事が発生した場合には，社外取締役・社外監査役は相当な時間を費やさなければならないこととなります。

　このように，社外取締役・社外監査役がその役割を十分に果たすためには，社外役員として活動する時間を十分に確保することが必要です。一方，社外取締役・社外監査役は，会社経営者，弁護士，学者や公認会計士といった本業をもっている場合が多いです。このため，社外取締役・社外監査役就任の打診を受けた場合には，役割を果たすために十分な時間を確保できるか，現在の職務状況等から検討することが必要です。

　なお，会社の事業報告書では，おおむね以下の事項について開示され，社外役員の取締役会での活動状況について投資家等に情報提供がなされています。

・その事業年度における主な活動状況（次に掲げる事項を含む）
　イ　取締役会（監査役会，監査委員会含む）への出席状況
　ロ　取締役会（監査役会，監査委員会含む）における発言の状況
　ハ　その社外役員の意見により会社の事業の方針又は事業その他の事項に係る決定が変更されたときは，その内容

> ニ　その事業年度中に，法令・定款違反事実その他不当な業務執行が行われた事実があるときは，各社外役員がその事実の発生の予防のために行った行為及びその事実の発生後の対応として行った行為の概要

　現在，上場企業の社外役員の取締役会出席率は，90％を大きく超える状況となっています。一方，たとえば，ある社外取締役の取締役会出席率が75％を下回り合理的な説明のない場合，当該社外役員の再任決議案に反対する旨を明らかにする議決権行使助言機関もあるなど，取締役会への出席率の低い社外取締役へ厳しい評価がなされていますが，これはある意味当然のことでしょう。

2　他社との兼任状況の確認

　近時，社外取締役へのニーズが高まっていることから，すでに他社の社外取締役・社外監査役に就任している人物に別の会社から社外取締役・社外監査役就任の打診がある場合や，複数の会社から社外取締役・社外監査役就任の打診がある場合もあります。

　このような場合，複数の会社の社外取締役・社外監査役を兼任することが可能かという点を検討する必要があります。

　検討に当たっては，前述1の充分な時間が確保できるかという点に加え，兼任会社の取締役会等の重要日程スケジュールが重ならないことが確保できるか，という日程確保の可否も検討する必要があります。また，兼任する会社間で，利益相反関係や競業関係がある場合には，はたして兼任する複数の会社いずれに対しても善管注意義務を果たしうるか十分検討する必要があります。

　他社との兼任状況について，議決権行使助言機関の中には，上場企業で業務を執行する者が3社以上，または，業務を執行しない者が6社以上の上場会社にて，取締役または監査役を兼任する場合，基本的に該当する取締役または監査役の選任議案に反対を助言するとしているものがあります。

複数の社外取締役・社外監査役への就任を検討する場合は，自分では業務量を考え物理的に兼任が可能だと判断できるとしても，かかる議決権行使助言機関等の投資家の目線を意識することは必要でしょう。もっとも，取締役会等の重要日程が重ならないようにするためには，実際には兼任会社数は，6社よりも相当程度絞る必要がある場合が多いと思われます。

　なお，コーポレートガバナンス白書では，独立社外取締役・独立社外監査役の兼任状況について，以下の表にまとめており，4社以上独立社外取締役・独立社外監査役を兼任しているケースは，1％未満となっています。このように，社外取締役・社外監査役の兼任数はかなり限定されている状況になっているため，多数の会社の社外取締役・社外監査役を兼任する場合には，職務に十分な時間を費やすことができている旨を説明できるようにしておく必要があるでしょう。

独立社外取締役・独立社外監査役の兼任状況

兼任数	人　数	構成比率
6社	1人	0.0%
5社	7人	0.1%
4社	54人	0.6%
3社	193人	2.0%
2社	913人	9.7%
1社	8,287人	87.6%
合　計	9,455人	100%

（コーポレートガバナンス白書102頁）

第❹ 会社規程等ルール等の確認

1　社外取締役の自社株保有の是非

　社外取締役が自社株を保有することに対して，社外取締役も取締役であり，企業価値を高めるという役割がある以上，自社株を保有し経済的リスクを共

有すべきだという考えがあります。一方、社外取締役が自社株を保有することで、自社株の損失リスクを避けようというインセンティブが働き社外取締役に期待されるモニタリング機能が損なわれるおそれがあるとして、社外取締役が多数の自社株を保有することは望ましくないという考えもあります。

どのような考えを取るかは、社外取締役に就任する会社によって異なると思われますので、事前に確認しておくことが望ましいでしょう。

(1) 自社株保有・売買ルール

社外取締役の自社株保有ルール、自社株売買ルールには各社様々なものがあり、その中で届け出義務等のルールを定めている場合、当該ルールについて提示を求め確認する必要があります。

(2) 法的規制

上場会社の社外取締役の株式売買に関する法的規制としては、インサイダー取引規制（金商法166条、167条ほか）、金融商品取引法上の規制（売買報告書提出義務（同法163条）、6か月以内短期売買利益返還の請求（同法164条）、保有有価証券を超えた空売りの禁止（同法165条））等があり詳細な規制がなされていますので、内容を確認しておく必要があります。

会社関係者のインサイダー取引規制の概要は、以下のようなものです。

会社関係者などのインサイダー取引規制
① 「会社関係者」または「第一次情報受領者」が
② その会社の株価に重大な影響を与える「重要事実」を知った場合、
③ その重要事実が「公表」される前に、
④ 「株券等の売買等」をしてはならない。

ここで重要事実とは以下のようなものですが、社外役員は就任企業の重要情報には常に触れていると考えても過言ではないでしょう。

投資者の投資判断に大きい影響を与える可能性のある重要な会社情報
　○　決定事実…会社の意思決定により発生する重要情報
　○　発生事実…会社の意思によらずに発生する重要情報

> ○ 決算情報…会社が公表済みの業績予想値の大幅修正等の情報
> ○ バスケット条項…上記のほか，上場会社の運営，業務または財産に関する重要な事実であって，投資者の投資判断に著しい影響を及ぼすもの

　なお，いわゆる，役員持株会といった，役員持株会，従業員持株会，取引先持株会による定時・定額の買付は，金融商品取引法166条6項でインサイダー取引の例外になっているため，社外役員になった場合には役員持株会に入ることで自社株を購入することはできます。しかし，会社関係者（社外取締役，社外監査役もこれに含まれます）でなくなった後1年以内の者も元会社関係者としてインサイダー取引規制の対象となることから，在職中はもとより，退職後1年間は役員持株会で購入した株式の売却は事実上困難であることに留意が必要でしょう。

2　独立性のルールの確認

　社外取締役・社外監査役に就任するに当たっては，就任予定の会社から，会社が採用する独立性のルールを提示してもらうとともに，会社が独立性判断に必要な情報を提供する必要があります。会社は，東証の独立役員のルール，会社法のルールといったルールを参考に，自社ルールを策定していると思われますが，社外取締役就任の検討に当たっては，会社から提示されたルールを理解しておくことが必要です。

　ここで，上場会社においては，東証の独立役員ルールを参照していることが多いと考えられますが，その場合の独立性では，一般株主と利益相反が生じるおそれがないことが求められています。親会社子会社の役員，従業員，取引先の役職員，顧問先などの場合は独立役員の要件を満たさない可能性があります。

　上場会社においては，証券取引所の独立性ルールについて上場会社による独立性ルール設定を認めているとともに，上場会社が独立性ありと判断した場合でも，一定の場合は開示が必要としています。日本証券取引所が公表し

たイメージ図は，以下のようになっています[2]。

(参考) 独立性基準と属性情報の記載の全体イメージ　概念図

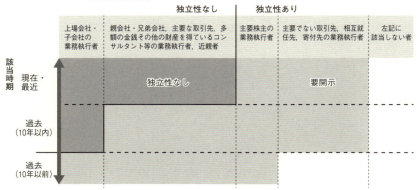

なお，近時，株主に対して議決権行使についての助言を与える会社等が存在し，議決権の行使に対して一定の影響を与えていますが，そのような会社が求める社外取締役の独立性基準としても，大株主，取引先や顧問先における勤務経験等を挙げている場合があります。

独立性ルール抵触の有無について，適切な判断を行うためには，過去の経歴について，社外取締役・社外監査役が正しい情報を提供する必要があり，特に古い経歴についてはついうっかり提供し忘れる可能性もあることから，十分注意が必要です。

なお，コーポレートガバナンス白書では，独立社外取締役の独立性判断基準の主なキーワードを分析して，以下のように公表しています。

独立社外取締役の独立性判断基準の主なキーワード

項　目	社　数	当該比率
原則4-9を実施している会社	2,148社	100%
定量基準あり	297社	13.8%

---

2)「独立役員の確保に係る実務上の留意点（2015年6月改訂版）」9頁（http://www.jpx.co.jp/equities/listing/ind-executive/tvdivq0000008o74-att/20150513-2.pdf）

■主要な取引先	255社	11.9%
連続売上高の2%	192社	8.9%
連続売上高の1%	13社	0.6%
■主要な借入先	93社	4.3%
連結総資産の2%	66社	3.1%
■弁護士・コンサルタント等	241社	11.2%
1,000万円	151社	7.0%
1,000万円または2%	34社	1.6%
■寄附	163社	7.6%
1,000万円	93社	4.3%
1,000万円または2%	15社	0.7%
■大株主	202社	9.4%
10%	184社	8.6%
5%	13社	0.6%

（コーポレートガバナンス白書86頁）

第5　責任限定契約，D&O保険加入の確認

1　責任限定契約の締結

　社外取締役は，社外者としての立場から，その法的責任については，自らのコントロールの下に対応が可能な範囲に限定されるべきです。したがって，社外取締役に就任する場合には，当該会社に対して責任限定契約の締結を要請することが望ましいです。

　もっとも，現在多くの企業では，社外取締役就任に当たって，責任限定契約を締結するというルールを設けていることが多く，就任依頼企業から責任限定契約締結の説明があることが多いと思われますが，仮に当該会社にとって初めての社外取締役招聘だといった理由により責任限定契約締結のための制度がない場合には，責任限定契約制度の導入も含めて当該会社と交渉することが望ましいです。

2　会社役員賠償責任保険（D&O保険）

　株式会社は，社外取締役が希望する場合には，社外取締役の保険料負担で会社役員賠償責任保険（D&O保険）へ加入できるよう適切な処置をとることが望ましいです。

　D&O保険についても，責任限定契約同様，すでに制度導入済みの企業が多いと思われますが，仮に就任を検討している企業がD&O保険に加入していない場合は，加入を要請することも検討すべきでしょう。

第❻　会社概況の把握

1　会社概況把握の必要性

　社外取締役がモニタリング機能を発揮するには，企業内容を十分理解する必要があります。その際，前任の社外取締役から話が聞けるのであれば有用ですが，就任検討段階では困難な場合もあります。その場合でも，有価証券報告書，計算書類，事業報告，事業報告書等の閲覧等を通じ企業概況を把握しておくことは有用です。これは，就任後の活動を円滑に進める前提となります。もっとも，社外取締役就任の諾否を決定するまで時間がほとんどない場合も想定でき，この場合の概況把握はポイントを絞って行わざるをえません。

　社外取締役就任を検討するに当たって，会社概要を把握することは必要ですが，時間的な制約が大きいことから，検討可能な情報を速やかに入手することが重要となります。具体的には，当該会社や証券取引所のホームページ，EDINETなどがあります。

2　把握すべき概要

　把握すべき内容として，以下のような事項が考えられます。なお，時間的な制約等によって入手できる情報量や種類が限定される場合もあることに留意が必要です。

(a) 業界状況
　・業界内の競争状況
　・取引先や顧客との関係等
(b) 社業の確認
　・事業の概況
　・当該企業の評判
　・当該企業の事業所の所在地
　・当該企業の企業グループの構成やグループ各社の位置付け
　・主要な取引先，株主構成
　・ガバナンス機構
　・主要な投資計画
　・メインバンクの把握を含めた資金調達構造
　・関連当事者との人的，資本的関係の理解も有用な場合がある
(c) 取締役，監査役，会計監査人等の状況の把握
　・当該企業の取締役，監査役，会計監査人の構成
　・過去に任期途中で辞任・解任された役員等の有無およびその理由
(d) 経営陣の人物確認
　・過去に発生した不祥事に対してどのような対応を行ってきたのか等のヒアリング
　・当該企業の企業理念や行動指針

第7 就任受諾後の手続

　以上のような検討を経て，社外取締役・社外監査役の就任を受託した場合，就任予定会社は選任プロセスに入ります。就任の打診を受ける前後で，就任予定者の履歴，プロフィール等について，就任予定会社に提出しているケースが多いと思われますが，取締役会議案，適時開示，有価証券報告書等に経歴が記載され投資家にとっても重要な情報となりますので，就任年度，辞任年度など再確認しておいた方が良いでしょう。

　さらに，社外取締役・社外監査役候補者は，就任承諾時点で，株主総会，

取締役会といった重要日程について，日程を確保する必要があります。
　一般的に，上場会社において取締役選任議案が可決されれば，重要な人事として適時開示されます。
　また，株主総会に選任議案が上程されることから，何らかの形で選任の株主総会に出席することが多いと思われ，社外取締役・社外監査役として選任される株主総会にも出席できるように日程調整をしておく必要があります。

第❽　補欠監査役について

　補欠監査役選任制度とは，法令または定款で定める監査役の数が，次期定時株主総会までの間に死亡等の理由により欠けることになる場合に備え，あらかじめ定時株主総会または臨時株主総会で監査役の補欠を選任しておき，監査役の死亡等により法令または定款で定める数を欠いた時は，あらかじめ選任されている「補欠監査役」が「監査役」に就任することができるという制度です。補欠監査役を定めることにより，監査役の人数が法令・定款で定める事態になっても，臨時株主総会を開催することなく，速やかに監査役を補充することができます。

　補欠監査役制度は，定款で定める必要があります。上場会社で，監査役会設置会社であり，かつ監査役を法令定款で定めた数ちょうどの人数を選任している会社は，導入している場合が多いです。これは，いざという場合の臨時株主総会招集の手続を省略しようという趣旨によるものと思われます。

　補欠監査役への就任を受諾する場合，実際に監査役に就任する事態になることは少ないと考えられますが，現実に就任する場合は，緊急かつかなり就任する会社が混乱している状況下で監査役に就任しなくてはならないことが考えられるため，補欠監査役であったとしても就任の受諾については慎重に判断すべきです。

第5章
社外取締役・社外監査役が会社に確認しておくべきこと

第❶ はじめに

　株主総会で選任された直後から円滑にその職務を執行するために，あらかじめどのようなことを会社に確認し，準備をしておけばよいのでしょうか。

　この問題に関し，「期待される役割の確認」（第2），「大まかな年間スケジュールと負担の確認」（第3）の2点について，以下に記載をします。

　筆者は，勤務先会社の監査委員会および監査役会の事務局において，監査委員会および監査役の職務を補助すべき使用人の役割を担っています。また，監査委員以外の社外取締役との間でも，監査委員会や監査役，監査役会の監査活動に任意でご参加をいただく機会や，取締役会の事前議案説明の場に同席する機会を通じて，接点があります。以下では，そうした実務での経験も織り込みながら，検討をしていきます。

　なお本章の記載においては，特に断りのない限り，監査役会設置会社かつ会計監査人設置会社を前提とします。また，文中，意見にわたる部分は筆者個人の意見であり，その所属する組織や団体のものではありません。

第❷ 「期待される役割」の確認

1　「期待される役割」に関する現状

　社外監査役に関しては，平成5年の法改正により導入が強制されて以来25年を経過しています。したがって，比較的，その職務の内容についてはイメージがされやすいのではないでしょうか。

第5章　社外取締役・社外監査役が会社に確認しておくべきこと

　一方，社外取締役に関しては，ややこれと異なるように思われます。社外取締役の選任は，平成27年5月に東京証券取引所が公表したコーポレートガバナンス・コード（以下「CGコード」といいます）の原則4-8で，「独立社外取締役は会社の持続的な成長と中長期的な企業価値の向上に寄与するように役割・責務を果たすべきであり，上場会社はそのような資質を十分に備えた独立社外取締役を少なくとも2名以上選任すべきである。」と記載されたことをきっかけに，急速に増加しています。日本取締役協会の「上場企業のコーポレート・ガバナンス調査」[1]によれば，東証1部の社外取締役選任企業の比率は，平成26年の調査では74.4％であったところ，平成29年の調査では99.6％と，ほぼすべての企業が選任済みとなっています。今や，社外取締役（あるいは独立取締役）の人数や取締役総数に占める割合に注目が集まりつつある状況です（非上場の会社においても，同様の傾向にあるものと思われます）。

　会社が，それまでの社内出身者の取締役で構成される取締役会，すなわち，長年にわたり手をたずさえて会社の発展に貢献し，その能力や気心も知れた者たちで構成される取締役会と決別し，あえて会社の事業に関しての知識や経験が明らかに少ない社外取締役を迎え入れることとした背景には，社内での何らかの検討があり，その中で，社外取締役に対して期待する役割についても，一定の整理がなされているはずです。したがって，自身に就任を要請した理由や，自身に期待することは何かについて，確認を行うべきだと考えられます。

　平成29年3月に経済産業省から公表された「コーポレート・ガバナンス・システムに関する実務指針（CGSガイドライン）」[2]では，社外取締役活用に向けた検討ステップが9段階にわたって示されており，第1ステップの「自社の取締役会の在り方を検討する。」に次ぐ第2ステップとして，「社外取締役に期待する役割・機能を明確にする。」ことを位置付けています。[3]

---

[1]　http://www.jacd.jp/news/odid/cgreport.pdf
[2]　19頁以下および50頁以下「別紙2：社外取締役活用の視点」。
[3]　経済産業省のコーポレート・ガバナンス・システムの在り方に関する研究会「社外役

第2 「期待される役割」の確認

　社外取締役の選任が一定程度まで進んだこの段階で，このようなガイドラインが示されているということは，これまでは社外取締役の選任を先行させた上で，社外取締役が参加する取締役会を運営しながらその利点を見出し，自社なりの，よりよいコーポレートガバナンスを実現しようとする考え方が相応に存在することを示しているようにも思われます[4]。また，そうした会社の態度は，平成25年の日本再興戦略で，社外取締役の機能を積極的に活用することによるコーポレートガバナンスの強化がうたわれ，それ以降，政府レベルで短期間で推進されてきた経緯を勘案すれば，決して不自然なこととも思われません。

　以上のような点を踏まえると，社外取締役や社外監査役に就任しようとしている会社に対して，会社が自らに期待している役割を確認しても，あいまいな回答にとどまったり，あらゆる期待を列挙されたりするかもしれません。しかしながら，不明確ながらも期待するところを聴取することは，その後に取締役会や監査役会に参加する心構えを形成し，具体的な準備を行うに際して，重要な作業であると考えられます。

　会社が期待する役割は，取締役会の機能に対する考え方（たとえば，マネジメント・ボード，モニタリング・ボードのいずれを指向するか），会社のこれまでの歴史（たとえば，会社の生い立ちや，近時の不祥事発生の有無），事業展開上の課題，事業に対する法的規制の有無，すでに選任されている社外役員がいる場合にはその活動状況などによって，多種多様なものがあると思われます。また，会社の社外役員に対する期待の内容は，経年により，確実に変化していきます。

　そこで以下では，自らに期待されている役割を確認するに当たり，その参

　　員等に関するガイドライン」（平成26年6月）8頁でも，「企業は，非業務執行役員の人選に当たって，非業務執行役員に期待する役割を，非業務執行役員及び株主に対して明らかにすべきである。」と提言しています。
　4）インターネット上の記事では，「受入れ側の経営方針が明確でなく，どんな人材にどんな役割を担ってもらうか，試行錯誤したままの企業が，上場会社の8割を占める。引き受けた側も，求められる役割が分からず戸惑っている。まずは中長期の経営方針を明確にし，遂行にどんな人材が必要か検討する必要がある」との日本取締役協会・松本茂執務室長の発言が紹介されています（https://www.businessinsider.jp/post-160710）。

考として，そのバリュエーションを整理します。

2　社外取締役に期待される役割
(1)　コーポレートガバナンス・コード上の「期待される役割」
　まず，CGコードにおいて，社外役員に対してどのような役割が期待されているのかを確認すると，以下のとおりとなります。

【原則4－7．独立取締役の役割・責務】
　上場会社は，独立社外取締役には，特に以下の役割・責務を果たすことが期待されることに留意しつつ，その有効な活用を図るべきである。
　(ⅰ)　経営の方針や経営改善について，自らの知見に基づき，会社の持続的な成長を促し中長期的な企業価値の向上を図る，との観点からの助言を行うこと
　(ⅱ)　経営陣幹部の選解任その他の取締役会の重要な意思決定を通じ，経営の監督を行うこと
　(ⅲ)　会社と経営陣・支配株主等との間の利益相反を監督すること
　(ⅳ)　経営陣・支配株主から独立した立場で，少数株主をはじめとするステークホルダーの意見を取締役会に適切に反映させること

　上記は，上場会社に適用されるものですが，上場会社に提出が義務付けられている「コーポレート・ガバナンスに関する報告書」に，社外取締役の役割や期待する事項を記載することは求められていません。しかしながら，たとえば同報告書の一項目である「コーポレート・ガバナンスに関する基本的な考え方」の項において明記されていたり，ある程度の推測がつく記述がなされている場合があります。

(2)　会社法上求められている役割
　上記(1)は，会社法により求められる役割と法定外のものとが混在しています。すなわち，その役割を果たさない場合に法的な責任が生じうるものと，そうでないものがあります。また，非上場会社に適用されるものでもありません。そこで，次に，会社法により求められている（あるいは，求められる

可能性がある）社外取締役の役割を整理します。

　ア　会社法では，社外取締役の職務の内容について特に定めはなく，その要件（会社法2条15号）として，現在および過去において会社の業務の執行などを行う者ではないことなどが定められているのみです[5]。したがって，会社法上は，「業務の執行」を除き，社外取締役は社外取締役以外の取締役と同様に，取締役会の構成員として，以下の役割が与えられていることとなり，その責任についても，会社法の明文上は差異がありません。

会社法362条
2　取締役会は，次に掲げる職務を行う。
　一　取締役会設置会社の業務執行の決定
　二　取締役の職務の執行の監督
　三　代表取締役の選定及び解職

　イ　これは，会社法においてその設置が義務付けられていないことに起因しています。平成27年に施行された会社法の改正内容の検討の過程では，社外取締役の設置の義務付けがテーマの一つであったことから，その役割を法律上定めることについても検討がなされています[6]。そこでは，以下のような整理がなされています[7]。今後の法改正で，社外取締役固有の職務の内容として定められる可能性があるので，参考になります。

5）なお会社法327条の2で，社外取締役を設置しない場合には，公開会社かつ大会社であって有価証券報告書提出会社である場合に，定時株主総会で社外取締役を置くことが相当でない理由を説明することが求められています。
6）神田秀樹「会社法制の見直し」金判1383号1頁
7）法務省民事局参事官室「会社法制の見直しに関する中間試案の補足説明」（平成23年12月）2頁。公益社団法人商事法務研究会会社法研究会第8回（平成28年9月1日開催）研究会資料10の1頁もほぼ同様ですが，これに「③　経営効率の向上のための助言を行う機能（助言機能）」が追加記載されています。

① 経営全般の監督機能
　(a) 取締役会における重要事項の決定に関して議決権を行使すること等を通じて経営全般を監督する機能
　(b) 経営全般の評価に基づき，取締役会における経営者の選定・解職の決定に関して議決権を行使すること等を通じて経営者を監督する機能（経営評価機能）
② 利益相反の監督機能
　(a) 株式会社と経営者との間の利益相反を監督する機能
　(b) 株式会社と経営者以外の利害関係者との間の利益相反を監督する機能

(3) 上記以外に想定される役割

　以上のほか，次に記載するような役割が挙げられています（上記の(1)(2)と一部重複する事項や，それらを敷衍するようなものを含みます）。

・ 業務執行に係る決定の局面等において，一般株主の利益保護を踏まえた行動をとること[8]。
・ 社外取締役・取締役の主たる職務は，経営者（業務執行者）の「監督」である[9]。
・ 財務情報の信頼性を高める[10]。
・ 経営者の報酬を成果に応じた合理的なものとする[11]。
・ 適切なリスク管理体制を構築する[12]。
・ ① 外部者への説明を通じて経営の透明度が高まり，開かれた経営への第一歩となりうる。

---

[8] 東京証券取引所上場制度整備懇話会「独立役員に期待される役割」（平成22年3月）6頁
[9] 日本取締役協会「社外取締役・取締役会に期待される役割について（提言）」（平成26年3月）2頁
[10] 注9に同じ。
[11] 注9に同じ。
[12] 注9に同じ。

> ②　独立取締役の職歴・経験・知識等を活かし、外部の立場から経営戦略に対して助言を行うことが期待される。
> ③　取締役と従業員との一体性に風穴を開けることにより、特に会計不正や利益操作、違法な業務の摘発や抑制等の監督機能の回復が期待される。
> ④　戦略の決定に関与することにより経営に対する理解が深まり、選任・解任権を通じた経営者の交代や報酬の決定を通じたモニタリングにより、経営全体に対する監督機能が発揮される。
> ⑤　外部関係者とのコミュニケーションや交渉の窓口としての機能を果たすことが期待される。
> ⑥　独立取締役が関与することにより広義の利益相反問題について手続上および実体上適切な対処がなされることが期待される[13]。
> ・　内部通報制度の通報ルート[14]
> ・　相談役や顧問起用の審査[15]

(4)　まとめ

以上をまとめると、社外取締役に期待する役割のバリュエーションは、以下のとおりと考えられます。

> ア．業務の執行の決定に際し、一般株主をはじめとするステークホルダーの立場から、社内取締役にはない職歴・経験・知識を有する者として意見を述べ、決定の内容の合理性を審査し、取締役として賛否を判断すること。
> イ．取締役の職務の執行に対し、
> 　(ア)　独立した外部者の視点から、その公正性（適法性）を監視すること

---

[13] ①～⑥につき、神作裕之「取締役会の独立性と会社法」商事法務2007号52頁以下
[14] 「公益通報者保護法を踏まえた内部通報制度の整備・運用に関する民間事業者向けガイドライン」（平成28年12月）5頁
[15] 平成30年1月4日付日本経済新聞

第5章 社外取締役・社外監査役が会社に確認しておくべきこと

　　(イ)　自らも関与して決定した戦略[16]に沿って，職務の執行が効率的に行われているかを監視すること
　　(ウ)　職務の執行の成果を評価すること（さらに，代表取締役や業務を執行する取締役等の選任・解任，報酬の決定に関して権限または意見を申し述べる権限がある場合は，それを行使すること）
　ウ．会社の業務執行上の助言を行うこと[17]
　エ．その独立性を活用し，会社と外部との間に位置し，外部とのコミュニケーションを確保したり，利益相反問題に対処すること

　そのいずれについても，社外取締役の存在をいわば触媒として，会社の持続的な成長を実現するために会社内部で十分な意見交換を行わせ，株主などのステークホルダーに対する説明責任を果たす（あるいは，果たすことができる状況を作出する）ことを通じ取締役の責任を免責し，「攻め」「守り」の両面において，より積極的な業務の執行を可能とする目的を有するものと理解されます。

3　社外監査役に期待される役割
(1)　コーポレートガバナンス・コード上の「期待される役割」

　社外取締役に関する検討と同様に，まず，CGコードにおいて，社外監査役に対してどのような役割が期待されているのかを確認します。
　CGコードでは，監査役と，それらから構成される監査役会の役割として，

---

[16]　会社の持続的成長のための戦略であり，キャッシュ・フローの増大を目的としたものだけでなく，会社のコストを極小化するためのリスク管理面での戦略を含みます。
[17]　なお，この行為が社外取締役の要件である「非業務執行性」（会社法2条15号）に抵触しないかという問題がありますが，経済産業省のコーポレート・ガバナンス・システムの在り方に関する研究会「コーポレート・ガバナンスの実践　～企業価値向上に向けたインセンティブと改革～」（平成27年7月）の「別紙3　法的論点に関する解釈指針」6頁の記載にしたがって，実務上，社外取締役による任意の委員会への就任・経営上の課題への意見具申，企業不祥事における第三者委員会への就任・再発防止策の提言などが行われているのではないかと考えられます。ただし，実際にこのような打診をされた場合には，念のため，業務の執行に該当しないと考える会社の法的見解について確認する必要があると思われます。

第2 「期待される役割」の確認

以下のとおり示されています。

> 【原則4‐4．監査役及び監査役会の役割・責務】
> 　監査役及び監査役会は，取締役の職務の執行の監査，外部会計監査人の選解任や監査報酬に係る権限の行使などの役割・責務を果たすに当たって，株主に対する受託者責任を踏まえ，独立した客観的な立場において適切な判断を行うべきである。
> 　また，監査役及び監査役会に期待される重要な役割・責務には，業務監査・会計監査をはじめとするいわば「守りの機能」があるが，こうした機能を含め，その役割・責務を十分に果たすためには，自らの守備範囲を過度に狭く捉えることは適切でなく，能動的・積極的に権限を行使し，取締役会においてあるいは経営陣に対して適切に意見を述べるべきである。

(2) 会社法上求められている役割

　会社法において，社外監査役の定義から，過去において会社の業務の執行を行う者などではないことが定められています（会社法2条16号）。加えて，社外監査役に限らず，監査役に共通の資格要件として，現在において会社の業務の執行などを行う者ではないことなどが定められています（同法335条2項）。したがって，監査役の職務に，「業務の執行」は入りませんし，取締役会で議決権を有していないため，「業務の執行の決定」も，その職務ではありません。

　監査役の職務は，取締役の職務の執行を監査し，監査報告を作成することになります（同法381条1項）。そして，監査の対象となる「取締役の職務の執行の内容」に応じて，会計監査とそれ以外（業務監査）の2つに分けて説明されることが多く，前者は，会計監査人の監査の方法または結果が相当でないかどうかの監査（会社計算規則127条1号），後者は，取締役の職務の執行に関し，不正の行為または法令もしくは定款に違反する重大な事実があったかどうかの監査と，いわゆる内部統制システム（リスク管理体制）が相当であるかどうかの監査（会社法施行規則129条1項3号，5号）が，その主た

る内容となります。

> 会社法381条　監査役は，取締役（会計参与設置会社にあっては，取締役及び会計参与）の職務の執行を監査する。この場合において，監査役は，法務省令で定めるところにより，監査報告を作成しなければならない。

　すべての監査役は，個人として監査役の権限を有し，その権限を行使することで，監査役の職務を果たすこととなります。ただし会社の規模が大きい場合などには，監査役個人の監査活動では監査がしきれず，取締役の職務の執行全般を対象として監査意見を形成することが困難と考えられるため，監査役会と常勤監査役の設置が義務付けられ（会社法328条1項，390条3項），監査役会において各監査役の監査の職務の分担を決め，その監査結果に関する情報を交換することで，監査役の職務執行上の注意義務を軽減することができます。[18]
　一般的には，社内出身の常勤監査役が，その業務経験や知識，社内で構築した人脈などを用い，取締役の職務の執行状況や会計監査人の監査の状況を常時監査し，その監査結果が監査役会で他の監査役に共有されることとなります。常勤ではない社外監査役は，特定の調査活動に関して分担をもたず，常勤監査役から提供される情報と取締役会への出席を通じ，監査意見を形成していくことが通常です。
　以上のとおり，会社法においては社外監査役に対して，社内出身の監査役と同様の「取締役の職務の執行の監査」という役割を要求していますが，役割を限定的にする仕組みが用意されており，実務においてもそれを用いている場合が多いということができます。

(3) まとめ

　社外監査役も，社外取締役と同様に高度な専門性や知識・経験を有してい

---

[18] 江頭憲治郎『株式会社法』（有斐閣，第7版，2017）541頁

ることから，社外取締役への期待の例と同様の期待があると考えられます。ただし，社外取締役との性質上の違いから社外監査役に該当しないものなどが除かれ，これに監査役としての固有の業務が加わることとなります。

その結果，以下のようになると考えられます。

ア．業務の執行の決定に際し，一般株主をはじめとするステークホルダーの立場から，社内取締役にはない職歴・経験・知識を有する者として参考意見を述べること。

イ．取締役の職務の執行に対し，
　(ア) 監査役会で決定した職務の分担に従い，独立した外部者の視点から，その公正性（適法性）を監査すること
　(イ) 取締役会が決定した戦略に沿って，職務の執行が効率的に行われているかを監査すること[19]

ウ．会社の業務執行上の助言を行うこと

エ．その独立性を活用し，会社と外部との間に位置し，外部とのコミュニケーションを確保したり，利益相反問題に対処すること

4　補　足

一般的には，社外取締役は，その経営者や専門家としての経験や知識に期待され，個別の業務の執行の決定の局面だけでなく，中長期的な経営計画や企業買収等，企業価値の増加に向けた「攻め」の事項に対して，大所高所に

---

[19] 監査役の職務は適法性の監査にとどまるが，指名委員会等設置会社における監査委員会や監査等委員会制度における監査等委員会の場合には妥当性の監査もする権限も有すると説明されることがあります（注18江頭570頁，591頁，前田庸「商法等の一部を改正する法律案要綱の解説［Ⅲ］」商事法務1623号23頁など）。

　他方，監査制度により監査の内容に相違はないとする見解もあります（「攻めのガバナンスと監査の実効性―監査制度間の比較を踏まえて―」（監査役649号24頁　田中亘発言），澤口実ほか「わが国における「監査」の展望」商事法務2121号31頁）。

　また，監査委員会や監査等委員会は妥当性を監査する権限を有するが，監査役についても，実際問題としては，妥当性にかかわる事項についても監査権限を有することはほとんど変わりはない，とする見解もあります（神田秀樹『会社法』（弘文堂，第20版，2018）243頁，252頁，256頁）。

　ここでは監査役の職務を広く捉える見解によっています。

立った意見が期待される例が多いと思われます。

他方，社外監査役については，社内出身の監査役とともに，取締役の職務の執行状況を事後的に監査することとなります。こうした職務の性格から，個別の事業分野のリスク管理状況や，内部統制に具体的な支障が生じた個別事項の改善状況を確認することなどを通じ，会社のリスク管理体制の十分性を確認すること，それに不足がある場合には指摘をすることが期待される場合が多いと思われます。

会社が期待する役割が具体的に明示されなくても，以上を基準として念頭に置き，会社と対話を行うことで，イメージの共有が図りやすくなると考えられます。

第❸ 大まかな年間スケジュールと負担の確認

1　社外取締役・社外監査役の活動内容

自らに期待されている役割の確認や推測の次に，社外取締役・社外監査役としての活動にどの程度の時間を要するのかについてイメージをすることが必要であると思われます。

(1)　選任直後の活動（事業内容に関する説明会）

CGコードの原則4-14で，「上場会社は，個々の取締役・監査役に適合したトレーニングの機会の提供・斡旋やその費用の支援を行うべき」と記載されたことをきっかけに，特に新たに選任された社外取締役や社外監査役を対象として，その選任直後に説明会が開催されることが多くなっているようです。具体的には，会社の財務状況や業務の内容，会社の組織，社外取締役や社外監査役の活動を補助する組織の有無や補助の内容，会社が認識している喫緊の課題，会社が所属する業界の動向などがテーマとなると思われます。

社外取締役や社外監査役は，会社法上の社外性のみならず，証券取引所の規則から求められている会社からの独立性も満たしている場合が大半ですので，会社が営む事業になじみがなく，取締役会やその事前説明で用いられる用語に初めて接触することも多く，取締役会の議案の背景にまで深い理解が

及ぶためには時間を要します。付議する側はこうしたことが極力起こらないよう留意をするものの，会議資料については，限られた時間内で有効な意見交換が行われるようにするため議案審議の要点を簡潔に示したコンパクトなものとする必要があり，一定の限界が生ずるのも事実です。

　このため，こうした会合がある場合には，極力参加することが望ましく，会社の雰囲気や事務局の陣容，人柄を知る上でも，貴重な機会となります。

　なお，仮にこうした機会が設定されていなくても，定款や取締役会規定，監査役会規定，内部統制の基本方針に関する規定等の基本規程のほか，会社がクライアントに説明や交付する自社の事業内容説明書，前年度の株主総会の参考資料などの提出を求め，目を通しておいた方がよいでしょう。

(2) 日常的な活動（取締役会・監査役会）

　活動の基本は，社外取締役の場合には取締役会への出席，社外監査役の場合には取締役会と監査役会への出席になります。決算期を除けば，月１回の頻度で開催され，１回あたりで２時間程度を要する例が多いようです[20]。

　また，取締役会・監査役会で実効性のある意見交換が行われるようにするため，これらの会合の前に事前説明がなされるケースや，資料の事前配布がなされるケースも多いのではないかと思われます（CGコード補充原則４-12①(i)でも推奨されています）。

　その結果，社外取締役の場合には少なくとも月１日，社外監査役の場合には少なくとも月２日程度の関与が生ずることとなります。

(3) 日常的な活動（社内の取締役会・監査役会以外の会合への参加）

　ア　法定外の会合への参加（指名委員会，報酬委員会等）

　会社から，社外取締役や社外監査役の業務経験や専門性を期待され，法定外の社内の会合に委員として参加を求められる場合があります。典型的な例としては，社外取締役・社外監査役を主要な構成員として，取締役の人選や

---

[20] デロイトトーマツ「コーポレートガバナンスに関するアンケート調査結果2017年版」では，取締役会については，年間開催回数「13〜15回」，１回あたりの平均的な所要時間は「１時間以上２時間未満」が最大値。監査役会等（監査等委員会・監査委員会を含む）については，年間開催回数「10〜14回」，１回あたりの平均的な所要時間は「１時間以上２時間未満」が最大値。

第5章 社外取締役・社外監査役が会社に確認しておくべきこと

報酬について助言する指名委員会や報酬委員会が挙げられます（CGコード補充原則4-10①でも，それが推奨されています）。その位置付けとしては，取締役会からの諮問事項に対して当該会合で検討を行い，その検討結果を取締役会に答申するという形式が多いと思われ，取締役会ではその答申の内容を参考に，意思決定を行うことになります。

この場合，就任した社外取締役や社外監査役の負担の度合いは，当該会合に諮問される内容に左右されます。開催の時期としては，指名委員会等設置会社の指名委員会や報酬委員会に代替する会合であれば，指名委員会の場合は，定時株主総会の具体的な準備が開始される時期（おおむね，開催日の3か月前）前後，報酬委員会の場合は，定時株主総会の前後に，集中的に開催される例が多いと思われます。

イ　法定外の会合への参加（内部通報窓口）

会社の要請から参加が想定される場合としては，上記アの場合のほか，内部通報窓口としての役割が挙げられます。法令違反などの行為に関する通報窓口が社内だけに設置された場合には，通報者が不利益を受けたり，通報を受けた調査が正当になされない可能性があります。弁護士事務所に設置された場合も，通報が社内の所管部署に回付されるのであれば，その懸念は払拭されません。

このため，独立性を有した社外取締役や社外監査役が窓口となって通報を受け付けるか，あるいは受付自体は社内の通報窓口が担当するものの，通報の事実の連絡を受け，その後の通報内容に係る調査の状況を確認するものです。

仮に内部通報制度が有効に機能しなければ，通報者はマスコミや所管官庁の手を借りた救済を求める結果となり，会社の負担すべきコストは極めて大きくなります。したがって，通報内容について調査を行い，それにより明らかになった事実を早期に正しく受け止め，自らの手で内部統制システムの不備を解消することが重要ですが，その前提は，社員が内部通報制度に信頼を置く（調査の公正性と通報者の保護が確保されている）ことにあります。内部

通報制度は相当数の会社が導入済みですが,[21] 政府内では認証制度を導入しようとする動きもあり,今後,社外取締役や社外監査役の活躍が期待されるところです。

　ウ　役職員との意見交換,社内施設の実地調査

　会社に対する理解を深めるため,また,取締役の職務の執行の監督または監査を目的として,代表取締役,事業部門・リスク管理部門を所管する取締役・執行役員のほか,部長,グループ会社の社長などから,業務の執行の状況の説明を受ける機会や,意見交換を行う機会が設定される場合があります。また,会社幹部を集め,向こう１年ないし６か月の会社経営の方針を説明する会合に参加が可能な場合があります。

　取締役会の構成員や取締役会での説明機会がある執行役員については,日常的な接触の機会がありますが,そうではない社員との面談や意見交換は,それを通じ,経営トップのメッセージの伝わり方や会社全体の風土を感じる上で,貴重な機会となります。また,不正な行為は,会社の中枢から目が届きづらいところから生ずることが多く,グループ会社や海外拠点の責任者と面談する機会は,それにより「見られている」という意識をもたせる効果が大きいので,リスク管理活動としても有効と考えられます。

　また,社内施設の見学が,年間活動計画に組み入れられている場合があります。歴史の長い会社の場合,会社の起源や精神を象徴するような施設があることもあり,会社の成り立ちや社是を理解できる機会となります。また,取締役会で審議する設備投資計画を実感として理解できることにつながります。

　エ　社外役員会議

　現在は,上場会社（東証１部）でも,独立取締役が取締役会の３分の１以上で,かつ３人以上の会社は19.2％,独立取締役が過半数を占める会社は

21）消費者庁「平成28年度　民間事業者における内部通報制度の実態調査報告書」11頁によれば,調査対象事業者全体では46.3％が導入済み,うち従業員3,000人超の事業者では99.2％が導入済み。同29頁によれば,社外取締役または社外監査役が通報窓口の設置部門となっている率は3.5％。

2.8％という状況であり、[22] 独立取締役と少数の業務執行者とで構成される米国の取締役会との乖離はいまだ大きい状況です。米国型取締役会の是非はともかくとして、社外取締役や社外監査役とその補助を行う社内の担当者とのコミュニケーションが不全であったり、社外役員が少数であるために孤立化し、せっかくの経験や専門性が活用できなかったり、希望する情報が入手できなかったりすることも想定されます。こうした事態に備え、また、社外役員間の監督・監査の分担や協働を協議・確認する場として、社外役員のみの会合が設定されている場合があります。

オ　経営会議等

以上とは別に、社外取締役や社外監査役が、取締役会に向けた社内討議の会合に参加したいと希望することも想定されます。多くの会社では、取締役会へ付議する事項について、事前の社内会議を経由せずに付議されることは通常なく、社員の職位に応じて数段階の会合があり、それらでの審議を通じて業務執行組織全体のコンセンサスを作成し、情報を共有した上で、取締役会に付議するというプロセスをとります。その過程で、業務執行者間の議論が尽くされるため、取締役会が単に社外取締役から承認を得る場、社外役員へ報告を行う場となってしまう可能性があります。

社外役員のうち社外監査役については、監査役会での常勤監査役からの情報提供や意見交換により、情報を多く有していることが通常と思われます。しかしながら、監査役は取締役会においては議決権をもっていません。

一方、社外取締役にはこうした事情がないので、上記のような取締役会の運営は、より深刻な問題となります。このため、社外取締役として、付議事項に対する本質的な理解を深め、執行体の中で行われた実質的な議論を知るために、経営会議などの社内会議に参加したいと希望することがあると考えられます。

こうした要請を会社が拒める合理的な理由はないと思われますが、[23] 問題の本質は、要請に対して会社がどのように対応すべきかではなく、そうした要

---

22) 注1を参照。
23) 渡邊肇「社外取締役になる前に読む話(8)」（商事法務ポータル、2018）

請を会社が取締役会の機能不全を指摘されたものとして捉え，取締役会の運営をどのように変えるかという点にあると思われます。

社外役員としては，遠慮なくこうした要請を行い，それでもなお状況に変化がないようであれば，取締役会での業務の執行の決定や取締役の職務の報告に関し，必要な情報が提供されていないとして，取締役会で善処を求めたり，監査役と連携を行い，監査役の監査意見を述べてもらうことも必要になると思われます。

(4) **有事の活動**

会社やそのグループ会社に不祥事が発生した場合，それが一定規模以上のものであるときは，社外取締役や社外監査役は，会社（社外監査役の場合には，常勤監査役または監査役スタッフ）からその第一報と対応方針の連絡を受け，その内容を確認するとともに対応方針の妥当性について検討することとなります。特に監査役においては，そうした不祥事は内部統制システムの不備からきていることが通常であることから，その事態の内容と社内外への説明や連絡の状況，把握した事態に基づく原因分析，類似した原因に基づく未発見事態の有無の確認，内部統制システムの不備の治癒状況を個別に監査していくこととなり，その規模がきわめて大きい場合には，監査役会で共有し，監査役としての対応を協議することも生じます。

さらに，会社の事態把握の方法や事態処理に係る時間軸に問題があると判断される状況があれば，社内の調査委員会や社外者に調査を委ねる第三者委員会の設置を取締役会に要請したり，自らが設置することとなります[24]。社外監査役は監査役会での上記の議論に参加することとなるほか，社外取締役や社外監査役が，その独立性からそうした委員会の委員に就任する例もみられています。

以上のほか，MBOを行おうとした場合に，株主と経営者との間に生ずる利益相反を回避する目的から，社外役員が買付者との間で交渉を行うなどの場合も，有事の活動として想定されます。

[24) 日本監査役協会「監査役監査基準」27条

(5) まとめ

以上のとおり，コーポレートガバナンスに対する取組みの強化とともに，社外取締役や社外監査役に対する期待も増加し，その拘束時間も増加していると思われます[25]。

したがって，社外取締役や社外監査役への就任の要請を受けたり，あるいはそれを受諾した場合には，選任後の具体的な活動内容を想像し，それ以外の活動との関係をどうするかについて，検討をしておく必要があります[26]。

2 社外役員の年間スケジュール（社外監査役を中心として）

以上に記載した社外役員の活動について，年間でのスケジュールとしてイメージするために，筆者がその補助活動を行っている監査役会の年間スケジュールに，必要な変更・アレンジを加えて，次頁以下に示します。

このため社外監査役の活動内容が中心となりますが，監査役は取締役会への出席を義務付けられていますし，前述1の(3)ウの「役職員との意見交換，社内施設の実地調査」は，監査役会事務局が主催し，社外取締役に参加を案内しているため，下記の表に掲載をしています。また，(1)に記載した「事業内容に関する説明会」も記入しています。なお，(3)イの「内部通報窓口」に関しては，監査役会は通報窓口ではありませんが，監査役会にて通報内容に係る調査の状況を月次で確認をしています。

したがって，下記の表では，社外取締役において想定される活動のうち「指名委員会，報酬委員会等」「社外役員会議」が反映されていない点に留意をしてください。

---

[25] インターネット上の記事では，社外取締役の拘束時間について，上場企業において月平均で約100時間，アメリカでは約250時間であるとの株式会社プロネッド社長の話が掲載されています（https://www.businessinsider.jp/post-160710）。

[26] なお，グラス・ルイスは「2017年度版議決権行使助言方針」の中で，「6社以上の上場会社にて，取締役または監査役を兼務する場合，基本的に該当する取締役または監査役の選任議案に反対助言とする。」としています。

第3 大まかな年間スケジュールと負担の確認

月	監査役会	取締役会	役職員との意見交換	その他
6月 （定時株主総会後）	・議長選定 ・常勤監査役選定 ・特定監査役選定 ・監査役報酬協議 ・監査計画検討 ・常勤監査役活動報告	出席		
7月	・監査計画決議 ・会計監査人監査計画報告 ・会計監査人報酬同意検討 ・内部監査結果報告徴収 ・常勤監査役活動報告	出席 ・監査役会より監査計画説明	・部長ヒアリング	・事業内容説明会
8月	・会計監査人監査経過報告 ・会計監査人報酬同意決議 ・常勤監査役活動報告	出席	・部長ヒアリング	・事業内容説明会
9月	・会計監査人との意見交換 ・下期内部監査計画説明徴収 ・常勤監査役活動報告	出席	・部長ヒアリング	
10月	・監査結果中間とりまとめ案検討 ・内部監査結果報告徴収 ・常勤監査役活動報告	出席	・内部統制部門役員ヒアリング ・海外拠点長ヒアリング ・部長ヒアリング	
11月 （第1回）	・監査結果中間とりまとめ ・中間期会計監査結果報告徴収	出席 ・監査役会より監査結果中間	・代表取締役との意見交換	

	・中間配当金案審査	とりまとめ説明		
11月 (第2回)	・常勤監査役活動報告	出席	・グループ会社ヒアリング	
12月	・監査計画見直し検討 ・会計監査人再任・不再任検討開始 ・常勤監査役活動報告	出席	・事業担当役員ヒアリング ・グループ会社ヒアリング	・社内施設への実地調査
1月	・監査計画見直し決議 ・内部監査結果報告徴収 ・常勤監査役活動報告	出席 ・監査役会より監査計画見直し説明	・事業担当役員ヒアリング ・グループ会社ヒアリング	
2月	・会計監査人監査経過報告 ・常勤監査役活動報告	出席	・事業担当役員ヒアリング ・グループ会社ヒアリング	
3月	・上期内部監査計画説明徴収 ・会計監査人期末監査計画報告 ・監査役候補者同意 ・常勤監査役活動報告	出席	・グループ会社ヒアリング	
4月	・内部監査結果報告徴収 ・常勤監査役活動報告 ・事業報告，計算書類受領 ・内部統制状況確認結果報告受領・監査結果とりまとめ案検討	出席	・海外拠点長ヒアリング	

第3　大まかな年間スケジュールと負担の確認

5月 (第1回)	・会計監査結果報告徴収 ・監査結果とりまとめ ・監査報告書作成 ・決算配当金案審査 ・会計監査人再任（不再任）決議 ・定時株主総会議案審査	出席 ・監査役会より監査結果とりまとめ説明	・代表取締役との意見交換	
5月 (第2回)	・内部監査部のリスクアセスメント報告徴収	出席		
6月 (上中旬)	・次年度監査計画検討	なし	・部長ヒアリング	

109

第6章
社外取締役・社外監査役の職務

第❶ 本章の目的

　会社法は，社外取締役・社外監査役固有の職務を定める規定を置いていません。そこで，社外取締役・社外監査役の役割を理解するためには，まず取締役・監査役の基本的な職務を知った上で，かかる職務の中で特に社外取締役・社外監査役が重要な役割を果たすべき職務は何か，社外取締役・社外監査役はいかなる点に留意して職務を行うべきかを考えていくことになります。本章は，かかる検討プロセスのいわば出発点となるべく，社外取締役・社外監査役に関連性を有する取締役・監査役の職務を会社法の定めをもとに整理することを主たる目的としつつ，以下の2点にも言及するものです。

　①　会社の機関設計との関連性

　社外取締役・社外監査役は会社の機関の一つであり，その職務は常に当該会社の他の機関との関係で考えなければなりません。社外取締役または社外監査役に就任しようとする者が自らの役割を理解するためには，まず，当該会社が会社法に定められている機関設計のうちのいかなる機関設計を採用しているか，そして，それぞれの機関にいかなる役割が与えられているかを知る必要があります。

　そこで，本章では，まず会社法の定める機関設計を概観し，しかる後にそれぞれの機関設計との関係で社外取締役・社外監査役の職務を整理することとしました。

　②　コーポレートガバナンス・コード

　取締役・監査役の役割，社外取締役に求められる役割に関しては，証券取

第6章　社外取締役・社外監査役の職務

引所が定めるコーポレートガバナンス・コード（以下「CGコード」といいます）に多くの原則が置かれています。CGコードは，法的拘束力はないものの，コンプライ・オア・エクスプレイン規範，すなわち遵守しない場合に遵守しない理由の説明を求める規範として，適用対象となる上場会社にとって重要な意味を有する規範となっています。

　そこで，本章においては，会社法および関係法令の定めのほか，CGコードの定めも適宜参照しています。

> ※コーポレートガバナンスとは
> 　コーポレートガバナンス，すなわち，どのような形で企業経営を監視する仕組みを設けるかという問題は，不正行為の防止の観点だけでなく，企業の収益性，競争力の向上の観点からも近時，世界的に議論され，政府もコーポレートガバナンスの強化を重点課題と位置付け，平成26年6月に閣議決定された「日本再興戦略」改訂2014における成長戦略（第3の矢）の冒頭部分においてコーポレートガバナンス改革への言及がなされました。この「日本再興戦略」の定めたスケジュールに従い，平成27年3月5日，金融庁と東京証券取引所を共同事務局とする「コーポレートガバナンス・コードの策定に関する有識者会議」が上場会社向けに「コーポレートガバナンス・コード原案」を策定し，各証券取引所により規範化され[1]，平成27年6月1日から適用開始となりました。
> 　コードは，5つの基本原則（①株主の権利・平等性の確保，②株主以外のステークホルダーとの適切な協働，③適切な情報開示と透明性の確保，④取締役会等の責務，⑤株主との対話），基本原則をより具体化した30の原則，それをさらに具体化した38の補充原則から成り立っており，すべての上場会社が適用対象となっています。
> 　コーポレートガバナンス・コードには，プリンシプルベース・アプローチと，コンプライ・オア・エクスプレイン規範が採用されています。
> 　プリンシプルベース・アプローチ（原則主義）は，ルールベース・アプローチ（細則主義）に対するもので，抽象的な原則のみを示し，関係

---

1) 有価証券上場規程（東京証券取引所）445条の3，同規程別添

> 者がその趣旨・精神に照らして適切に解釈することを想定するものです[2]。
> 　コンプライ・オア・エクスプレイン規範とは，各原則を遵守するか，遵守しない場合は遵守しない説明を求めるという形の規範であり[3]，かかる説明はコーポレート・ガバナンス報告書の所定欄に記載されることとされています[4]。遵守も，遵守しないことの理由説明もない場合は，企業行動規範の違反として実効性確保措置（有価証券上場規程第5章）の対象となります[5]。

　なお，社外取締役・社外監査役の職務の全体像を理解するためには，社外取締役・社外監査役の責任（責任の原因，範囲，免除等）を理解することも必要ですが，この点に関しては第9章（195頁以下）に委ね，本章においては言及していません。

第❷　会社の機関設計

1　はじめに

(1)　3つの機関設計

　すべての株式会社を対象とした場合，会社法が定める機関設計の種類は極めて多様ですが[6]，会社法2条5号に定義される公開会社（全株式譲渡制限会社以外の株式会社。上場会社はこれに含まれます）であり同法2条6号に定義される大会社（最終事業年度の貸借対照表上の資本金の額が5億円以上または負債の合計額が200億円以上の株式会社）でもある株式会社に当てはまる機関設計は，①監査役を置き監査役会を設置する株式会社（監査役会設置会社），②監査等委員会を設置する株式会社（監査等委員会設置会社），②指名委員会等（指名委員会，監査委員会，報酬委員会）を設置する株式会社（指名委員会等設置会

---

[2] CGコード（原案）序文10項
[3] CGコード（原案）序文11項
[4] 有価証券上場規程（東京証券取引所）436条の3
[5] 有価証券上場規程（東京証券取引所）502条1項2号
[6] すべての株式会社を対象とした機関設計の種類については，神田秀樹『会社法』（弘文堂，第20版，2018）182頁参照。

社) の3種類となります（いずれの会社にも会計監査人が置かれます）。本節では，この3種類の機関設計について説明することとします。

(2) 3つの機関設計の相違点

　監査役会設置会社，指名委員会等設置会社，監査等委員会設置会社のいずれにおいても，株主総会で3名以上の取締役が選任され（会社法331条5項），取締役により構成される取締役会が設置されます（同法362条1項）。そして，取締役会により選定された業務執行役員（監査役会設置会社・監査等委員会設置会社においては代表取締役と業務執行取締役，指名委員会等設置会社においては代表執行役と執行役）が，会社の業務を執行し（同法363条1項等），取締役会は，「会社の業務執行の決定」と「取締役の職務の執行の監督」の役割を担います（同法362条1項1号，2号）。

　3つの機関設計の相違点は，もっぱら，(i)取締役会は，「会社の業務執行の決定」と「取締役の職務の執行の監督」という2つの役割をどのような形で担うかという点と，(ii)いかなる機関が「取締役の職務執行に対する監査」を行うかという点にあります。以下においては，かかる相違点に焦点をあて，3つの機関設計について説明することとします。

2　監査役会設置会社

(1) 「会社の業務執行の決定」と「取締役の職務執行に対する監督」

　監査役会設置会社における取締役会は，会社法362条4項各号に掲げられた重要な業務執行の決定を取締役に委任することができません（同項柱書）。また，取締役の職務の執行の監督も，もっぱら取締役会が行います。そこで，取締役会は，同項各号に掲げられた重要な業務執行の決定を自ら行うとともに，取締役の職務の執行の監督は，業務執行担当者から報告を受け，必要な指示，注意を与えるという形で行うこととなります[7]。

　平成14年商法改正までは，すべての株式会社が監査役会設置会社であったところ，当時，ほとんどの会社において取締役全員が業務執行を担当してい

---

7) 前田雅弘「コーポレート・ガバナンスと社外取締役の位置づけ」ジュリ1495号21頁

たため，上述のような形で行われる監督では，監督する者とされる者が同一であり監督機能が十分に果たされないのではないか，また，同項各号に掲げられた重要な業務執行につき取締役会の決定を要するとすることは，迅速な経営判断を阻害するのではないかとの批判がありました。

　このような批判を受け，取締役会は重要な業務執行の決定についても業務執行者に委任できることとし，取締役会の機能を，業務執行の成果を事後的，総体的に評価する監督機関としての機能に特化させるという「モニタリング・モデル」が提唱され，かかるモデルを採用した機関設計として，平成14年商法改正において指名委員会等設置会社が導入されました。また，平成26年会社法改正において，「モニタリング・モデル」とまではいえないもののモニタリング機能を強化した監査等委員会設置会社が導入されました。

　監査役会設置会社における取締役会については，会社法362条4項各号に掲げられた重要な業務執行についての決定は自ら行いつつ，その監督機能を強化する方策として，社外取締役設置の義務付けが議論されてきましたが，平成14年商法改正でも，平成26年会社法改正でもそれは見送られました[8]。その代わりに，平成26年会社法改正において，監査役会設置会社であって株式についての有価証券報告書提出会社である会社が社外取締役（要件は，後述の3「指名委員会等設置会社」において記載しています）を置いていない場合には，取締役は，「社外取締役を置くことが相当でない理由」を株主総会で説明しなければならないこととなりました（会社法327条の2）。この規制と，後述のCGコードによる独立社外取締役設置の要請により，監査役会設置会社における社外取締役の設置は強力に促進されることとなりました。

(2) **取締役の職務執行に対する監査**

　監査役会設置会社においては，株主総会で選任される3名以上の監査役（会社法335条3項）が，会社の業務執行を監査し（同法381条1項），かかる監査役が監査役会を構成します（同法390条1項）。監査役は，会社の業務執行から離れた立場であることが求められ，当該会社，その子会社の取締役，支

---

8) 注7前田22頁，23頁

配人その他の使用人，または子会社の会計参与，執行役を兼ねることが禁止されます（同法335条2項）。また，監査役の半数以上は社外監査役でなければなりません（同条3項）。従業員から昇格する社内監査役では，かつての上司である業務執行者に対して厳しい監査を行うことができないのではないかとの懸念に対応する制度であり，社外監査役の資格として以下の要件が会社法上定められています（同法2条16号）。

イ　その就任の前10年間当該株式会社またはその子会社の取締役・会計参与（法人のときは，その職務を行うべき社員。以下同じ）・執行役・支配人その他の使用人であったことがないこと。

ロ　その就任の前10年内のいずれかの時において当該株式会社またはその子会社の監査役であったことがある者にあっては，当該監査役への就任の前10年間当該株式会社またはその子会社の取締役・会計参与・執行役・支配人その他の使用人であったことがないこと。

ハ　当該株式会社の親会社等（自然人に限る）または親会社等の取締役・監査役・執行役・支配人その他の使用人でないこと。

ニ　当該株式会社の親会社等の子会社等（当該株式会社およびその子会社を除く）の業務執行取締役等でないこと。

ホ　当該株式会社の取締役・支配人・その他の重要な使用人または親会社等（自然人に限る）の配偶者・二親等内の親族でないこと。

3　指名委員会等設置会社

(1)　機関設計の概要

モニタリング・モデルを採用した新しい機関設計として平成14年商法改正により導入された指名委員会等設置会社においては，取締役会が取締役の中から監査・指名・報酬の3つの委員会の委員（それぞれ3名以上でかつ過半数が社外取締役）を選定し，それぞれの委員により構成される監査委員会・指名委員会・報酬委員会が設置されます（会社法400条1項〜3項）。この場合の社外取締役の資格要件は以下のとおりです（同法2条15号）。

イ　当該株式会社またはその子会社の業務執行取締役（同法363条1項各号の

取締役および当該株式会社の業務を執行したその他の取締役をいう。以下同じ）・執行役・支配人その他の使用人（以下「業務執行取締役等」という）でなく，かつ，その就任の前10年間当該株式会社またはその子会社の業務執行取締役等であったことがないこと。
ロ　その就任の前10年内のいずれかの時において当該株式会社またはその子会社の取締役・会計参与（法人のときは，その職務を行うべき社員。以下同じ）・監査役であったことがある者（業務執行取締役等であったことがあるものを除く）にあっては，当該取締役・会計参与・監査役への就任の前10年間当該株式会社またはその子会社の業務執行取締役等であったことがないこと。
ハ　当該株式会社の親会社等（自然人に限る）または親会社等の取締役・執行役・支配人その他の使用人でないこと。
ニ　当該株式会社の親会社等の子会社等（当該株式会社およびその子会社を除く）の業務執行取締役等でないこと。
ホ　当該株式会社の取締役・執行役・支配人その他の重要な使用人または親会社等（自然人に限る）の配偶者・二親等内の親族でないこと。

(2)　「会社の業務執行の決定」と「執行役等の職務執行に対する監督」

　指名委員会等設置会社においては，取締役会は会社法416条1項1号および同条4項ただし書に掲げる会社の基本事項を除き重要な業務執行の決定を執行役に委任できます。取締役の業務執行の決定についての役割がこのように限定されることにより，取締役会の役割は監督機能に特化されることとなりました。

　また，株主総会に提出される取締役の選任・解任に関する議案の内容を決定する権限は指名委員会に（会社法404条1項），執行役等の報酬等の内容を決定する権限は報酬委員会に（同条3項）属します。業務執行者の業績を「指名」と「報酬」を通じて事後的に評価することは，モニタリング・モデルにおける取締役会の監督機能の中核であるところ，それについての決定権限を，業務執行者から独立性を有する社外取締役が過半数を占める両委員会に委ねることで，取締役会の監督機能が強化されることとなりました。

さらに，各委員会の委員（3名以上）の過半数を社外取締役とすることにより，社外取締役が最低2名存在することとなるため，「指名」・「報酬」を通じた評価以外の取締役会自体が行うべき監督機能もかかる社外取締役の存在によってより強化されることになります。

(3) 執行役等の職務執行に対する監査

　指名委員会等設置会社においては，監査委員である取締役と監査委員会が，執行役および取締役の職務執行を監査し，監査役会設置会社における監査役および監査役会と同様の機能を果たします。監査委員である取締役は，その過半数が社外取締役でなければならないだけでなく，監査役と同様の兼任規制を受けます。これにより，監査役と同等の独立性が確保されています。

4 　監査等委員会設置会社

(1) 機関設計の概要

　平成14年商法改正により導入された指名委員会等設置会社は，モニタリング・モデルに沿った機関設計として期待されましたが，これを採用する会社は少数にとどまっています。その原因としては，日本においては，取締役候補者の指名を社外取締役が過半数を占める指名委員会に委ねることを敬遠する経営トップが多いということなどが挙げられています[9]。

　このような状況を踏まえ，取締役会の監督機能を強化しつつも，日本の会社にとってより採用しやすい機関設計として，平成26年会社法改正において監査等委員会設置会社が導入されました。

　監査等委員会設置会社においては，株主総会で，取締役とは別に，3名以上でかつ過半数が社外取締役である「監査等委員となる取締役」が選任され，「監査等委員となる取締役」により構成される監査等委員会が設置されます（同法329条2項，331条6項）。この場合の社外取締役の資格要件は，指名委員会等設置会社における社外取締役のそれと同じです。

---

9) 松山遙『はじめて学ぶ社外取締役・社外監査役の役割』（商事法務，2017）53頁

(2) 「会社の業務執行の決定」と「取締役の職務執行に対する監督」

　監査等委員会設置会社における取締役会の権限は，原則として監査役会設置会社のそれと同じですが，定款で定めた場合または取締役の過半数が社外取締役である場合，会社法399条の13第1項1号および4項ただし書に掲げる会社の基本事項を除き重要な業務執行の決定を取締役に委任することでき（同条5項，6項），これによって取締役会の役割を監督機能に特化させることができます。

　また，監査等委員会には，監査等委員である取締役以外の取締役の選解任，辞任および報酬等についての意見を決定する権限が与えられ（同法399条の2第3項3号），監査等委員会が選定した監査等委員はかかる意見を株主総会で述べることができることとなりました（同法342条の2第4項，361条6項）。社外取締役が過半数を占める監査等委員会に「指名」と「報酬」についての意見表明という形での業績評価の権限が与えられることで，指名委員会・報酬委員会に「指名」・「報酬」の決定権限が与えられる指名委員会等設置会社ほどではないにしても，取締役会の監督機能の強化が図られています。

　さらに，監査等委員会の委員（3名以上）の過半数を社外取締役とすることにより，社外取締役が最低2名存在することとなるため，取締役会自体が行うべき監督機能もかかる社外取締役の存在によって強化されることになります。

(3) **取締役の職務執行に対する監査**

　監査等委員会設置会社においては，監査等委員である取締役と監査等委員会が，取締役の職務執行を監査し（会社法399条の2第3項1号），監査役会設置会社における監査役および監査役会と同様の機能を果たします。監査等委員である取締役は，前述のとおりその過半数が社外取締役でなければならないだけでなく，監査役と同様の兼任規制を受けます。これにより，監査役と同等の独立性が確保されています。

5 独立役員制度
(1) 独立役員を確保する義務

　平成21年，東京証券取引所は，一般株主の保護のため，上場会社に対して定める「企業行動規範」の「遵守すべき事項」として，独立役員を1名以上確保することを定め（有価証券上場規程（東京証券取引所）436条の2），また，独立役員に関して記載した「独立役員届出書」を同取引所に提出することを求めました（有価証券上場規程（東京証券取引所）施行規則436条の2）。上場会社が「遵守すべき事項」に違反した場合，実効性確保措置が適用されます（有価証券上場規程（東京証券取引所）502条1項2号）。

　独立役員とは，一般株主と利益相反が生ずるおそれがない会社法上の社外取締役または社外監査役をいい（有価証券上場規程（東京証券取引所）436条の2），「一般株主と利益相反が生ずるおそれがない者」か否かは，上場会社において実質的に判断する必要があるとされていますが，たとえば，東京証券取引所は，一般株主と利益相反の生じるおそれがあると判断する場合の基準として，以下のような要素を挙げています（上場管理等に関するガイドラインⅢ5(3)の2）。

　a　当該会社を主要な取引先とする者もしくはその業務執行者または当該会社の主要な取引先もしくはその業務執行者
　b　当該会社から役員報酬以外に多額の金銭その他の財産を得ているコンサルタント，会計専門家または法律専門家（当該財産を得ている者が法人，組合等の団体である場合は，当該団体に所属する者をいう）
　c　最近において次の(a)から(c)までのいずれかに該当していた者
　　(a)　aまたはbに掲げる者
　　(b)　当該会社の親会社の業務執行者（業務執行者でない取締役を含み，社外監査役を独立役員として指定する場合にあっては，監査役を含む）
　　(c)　当該会社の兄弟会社の業務執行者
　d　次の(a)から(f)までのいずれかに掲げる者（重要でない者を除く）の近親者
　　(a)　aから前cまでに掲げる者

(b) 当該会社の会計参与（社外監査役を独立役員として指定する場合に限る。当該会計参与が法人である場合は，その職務を行うべき社員を含む。以下同じ）

(c) 当該会社の子会社の業務執行者（社外監査役を独立役員として指定する場合にあっては，業務執行者でない取締役または会計参与を含む）

(d) 当該会社の親会社の業務執行者（業務執行者でない取締役を含み，社外監査役を独立役員として指定する場合にあっては，監査役を含む）

(e) 当該会社の兄弟会社の業務執行者

(f) 最近において(b)，(c)または当該会社の業務執行者（社外監査役を独立役員として指定する場合にあっては，業務執行者でない取締役）に該当していた者

(2) **取締役である独立役員を確保する努力義務**

平成26年，東京証券取引所は，当取引所が上場会社に対して定める「企業行動規範」の「望まれる事項」として，取締役である独立役員を1名以上確保するよう努めることを定めました（有価証券上場規程（東京証券取引所）445条の4）。

6 コーポレートガバナンス・コードによる独立社外取締役設置の要請

CGコード原則4－8は，上場会社は，「独立社外取締役を少なくとも2名以上選任すべき」ものと定めています。

「独立社外取締役」となるためには，前述5(1)で説明した独立役員の要件を備えている必要がありますが，現実に独立役員として届出がなされている必要はありません[10]。

---

10) CGコード（原案）「主なパブリックコメント（和文）の概要及びそれに対する回答」No.10

第❸ 社外取締役の職務・義務

【職　務】
1　取締役会等の構成員としての職務
(1)　社外取締役の職務と取締役会等の職務

　監査役会設置会社において，取締役は，①取締役会で代表取締役または業務執行取締役の一人として選任された場合，会社の業務を執行し（会社法363条1項），②取締役会の構成員として，取締役会の審議，決定に参加し，取締役会の職務を果たさせます。社外取締役は，代表取締役または業務執行取締役として選任されることがないので（同法2条15号），その職務は，もっぱら取締役会の構成員としての活動となります。

　監査等委員会設置会社においては，取締役は，①取締役会で代表取締役または業務執行取締役の一人として選任された場合，会社の業務を執行し（同法399条の13第1項），②取締役会の構成員として，取締役会の審議，決定に参加し，取締役会の職務を果たせるとともに，当該取締役が監査等委員である場合は，監査等委員会の構成員として当該委員会の職務を果たさせます。社外取締役は，代表取締役または業務執行取締役として選任されることはないので，その職務は，もっぱら取締役会の構成員としての活動となり，当該社外取締役が監査等委員である場合は，監査等委員会の構成員としての活動がそれに加わることになります。

　指名委員会等設置会社においては，会社の業務執行は，取締役会が選任した執行役がこれを行い（同法418条1項），取締役は，取締役としての立場では業務を執行せず，取締役会の構成員として，取締役会の審議，決定に参加し，取締役会をしてその職務を果たせしめます。また，当該取締役が指名委員，監査委員または報酬委員である場合は，取締役会とともに当該委員会の構成員として当該委員会の職務を果たさせます。そこで，社外取締役の職務は，取締役会の構成員としての活動のほか当該社外取締役が所属する委員会の構成員としての活動ということになります。

　本項は，監査役会設置会社における取締役会，監査等委員会設置会社にお

ける取締役会と監査等委員会，指名委員会等設置会社における取締役会と3つの委員会のそれぞれの職務の概要を説明することによって，それぞれの会社における社外取締役の職務の内容を明らかにするものです。

(2) **監査役会設置会社における取締役会の職務**

　ア **会社法が定める職務**

　　(ア) **業務執行の決定**

　取締役会は当該会社の業務執行の決定を行うことになっています（会社法362条2項1号）が，法律により取締役会で必ず決定しなければならない事項以外の事項の決定は，代表取締役等に委任することができます。監査役会設置会社においては，以下の事項について取締役会が自ら決定しなければならず，その決定を代表取締役等に委任することはできないとされています。

　　① 会社法362条4項に掲げる事項
　　　(i) 重要な財産の処分および譲受け
　　　(ii) 多額の借財
　　　(iii) 支配人その他の重要な使用人の選任および解任
　　　(iv) 支店その他の重要な組織の設置，変更および廃止
　　　(v) 会社法676条1項に掲げる事項その他の社債を引き受ける者の募集に関する重要な事項として法務省令で定める事項
　　　(vi) 取締役の職務の執行が法令および定款に適合することを確保するための体制その他株式会社の業務の適正を確保するために必要なものとして法務省令で定める体制の整備
　　　(vii) 会社法426条1項の規定による定款の定めに基づく会社法423条1項の責任の免除
　　　(viii) その他重要な業務執行の決定
　　② 会社法362条4項に掲げる事項以外の事項で，法令により取締役会の決議事項と定める事項[11]

　上記①の法定の決定事項の「(i)重要な財産の処分および譲受け」，「(ii)多額

---

11) 江頭憲治郎『株式会社法』（有斐閣，第7版，2017）413頁参照

の借財」,「(viii)その他重要な業務執行の決定」は,文言自体からは該当基準は明らかではありませんが,これらの決定事項については,その該当基準について判例等が集積しており,個々の会社は,それらを参考に具体的な取締役会付議事項を定めるのが通例です。そこで,当該会社において取締役会が決定する業務執行の決定事項は,実際には当該会社が定める付議事項によることになります。ただし,当該会社が定める付議事項が,上記の法定の決定事項をカバーしていない場合は,当該付議事項の定めに従って取締役会決議を経ずになされた業務執行が法令違反となり,社外取締役を含む取締役に任務懈怠の責任が生じる可能性が生じます。その意味において,社外取締役は,法定の決定事項およびその該当基準について留意が必要です。

　上記①の法定の決定事項の「(vi)取締役の職務の執行が法令および定款に適合することを確保するための体制その他株式会社の業務の適正を確保するために必要なものとして法務省令で定める体制」は,いわゆる「内部統制システム」とよばれるものであり,会社法施行規則100条1項および3項に掲げる体制を含むものです。大会社であるところの監査役会設置会社は,内部統制システムの大綱を取締役会において決定しなければならず(会社法362条5項),業務執行を担当する取締役は,取締役会の決定した大綱に従って,業務執行として内部統制システムを現実に構築・運用します。

※内部統制システム

(ア) 原　則
① 取締役の職務の執行に係る情報の保存および管理に関する体制
② 損失の危険の管理に関する規程その他の体制
③ 取締役の職務の執行が効率的に行われることを確保するための体制
④ 使用人の職務の執行が法令および定款に適合することを確保するための体制
⑤ 次に掲げる体制その他の会社ならびにその親会社および子会社からなる企業集団における業務の適正を確保するための体制
　イ　子会社の取締役,執行役,業務を執行する社員,会社法598条1項の職務を行うべき者その他これらの者に相当する者(ハおよびニ

において「取締役等」という)の職務の執行に係る事項の会社への報告に関する体制
　　ロ　子会社の損失の危険の管理に関する規程その他の体制
　　ハ　子会社の取締役等の職務の執行が効率的に行われることを確保するための体制
　　ニ　子会社の取締役等および使用人の職務の執行が法令および定款に適合することを確保するための体制
(イ)　監査役会設置会社では，さらに以下のような体制が求められる。
①　監査役がその職務を補助すべき使用人を置くことを求めた場合におけるその使用人に関する事項
②　①の使用人の取締役からの独立性に関する事項
③　監査役の①の使用人に対する指示の実効性の確保に関する事項
④　次に掲げる体制その他の監査役への報告に関する体制
　　イ　取締役および会計参与ならびに使用人が監査役に報告をするための体制
　　ロ　子会社の取締役，会計参与，監査役，執行役，業務を執行する社員，会社法598条1項の職務を行うべき者その他これらの者に相当する者および使用人またはこれらの者から報告を受けた者が監査役に報告をするための体制
⑤　④の報告をした者が当該報告をしたことを理由として不利な取扱いを受けないことを確保するための体制
⑥　監査役の職務の執行について生ずる費用の前払または償還の手続その他の当該職務の執行について生ずる費用または債務の処理に係る方針に関する事項
⑦　その他監査役の監査が実効的に行われることを確保するための体制

(イ)　取締役の職務執行の監督

　取締役会は，取締役の職務の執行の監督を行います(会社法362条2項2号)。
　取締役会が決定した事項は，代表取締役および業務執行を担当する代表取締役以外の取締役が執行するわけですが，その執行は取締役会の決定に反するものであってはならないので，取締役会に，その執行が取締役会の決定に

従い適切に行われているかを監督する権限が与えられているのです。

　取締役会による取締役の職務執行の監督は，以下のような方法で収集された職務執行の状況についての情報をもとに，取締役会において審議・検討し，その適否を判断することにより実施されます[12]。

　①　業務執行を担当する取締役からの職務執行に関する報告

　かかる報告は，取締役会による監督の基礎となるものであり，業務執行を担当する取締役に，3か月に1回以上，自己の職務の執行状況を取締役会に報告することを求めています（会社法363条2項）。

　②　会社の業務・財産についての調査

　かかる調査権は，個々の取締役にではなく，取締役会にあると解するのが通説です[13]。

　③　内部統制システムの活用

　内部統制システムは，業務執行を監督するための会社内部のシステムであり，取締役会が取締役の職務執行を監督するに当たって，かかるシステムの活用が不可欠です[14]。内部統制システムの運用状況と結果の報告は，当該部門を担当する取締役からの定期的な職務執行報告と並んで，取締役会による監督の基礎となる重要な情報となります。

　(ウ)　代表取締役の選定・解職，業務執行取締役の選定

　取締役会は，取締役の中から，少なくとも1名の代表取締役を選定しなければならず（会社法362条2項3号，同条3項），また，当該会社の業務を執行する取締役を選定することができます（同法363条1項2号）。また，取締役会は，その決議をもって，代表取締役をいつでも解職することができます（同法362条2項3号）。

　取締役会は，かかる選定・解職を代表取締役等に委任することはできません。

---

12) 落合誠一編『会社法コンメンタール8―機関(2)』（商事法務，2009）218頁〔落合誠一〕
13) 注11江頭417頁
14) 注12落合219頁〔落合誠一〕

イ　コーポレートガバナンス・コードが要請する職務

(ア)　要請の基本的方向性

CGコード（原案）はその冒頭において，コーポレートガバナンスを「会社が，株主をはじめ顧客・従業員・地域社会等の立場を踏まえた上で，透明・公正かつ迅速・果断な意思決定を行うための仕組み」と定義付け，株主への配慮に加え，顧客・従業員・地域社会等，株主以外のステークホルダーへの配慮を重視し，また，「迅速・果断な意思決定を行うための仕組み」ということで，不正行為の防止（健全性）といった側面だけでなく，会社の持続的成長と中長期的な企業価値の向上を図る（いわゆる「攻めのガバナンス」）ことに重点を置いています[15]。

CGコードは，このように意味付けられたコーポレートガバナンスを実現するため，取締役会の役割・責務について様々な原則を置いています。

まず第4章「取締役会等の責務」において，取締役会の役割・責務についての基本的な原則が置かれています（基本原則4，原則4－1，4－2，4－3，補充原則4－1①～③，4－2①，4－3①②）。また，第1章「株主の権利・平等性の確保」，第2章「株主以外のステークホルダーとの適切な協働」，第3章「適切な情報開示と透明性の確保」，第5章「株主との対話」における諸原則の中においても，それぞれの目的を達するための取締役会の職務に関する記載がなされています。

これらの諸原則においてCGコードは，取締役会の機能について基本的には事後的なモニタリング機能を重視しつつも，攻めのガバナンスを達成するため，またステークホルダーの利益を守るため，一定の業務執行の決定についてはむしろ積極的な関与を求めています。

以下においては，これらの諸原則において要請されている取締役会の職務の基本的部分を，業務執行の決定に関するものと取締役の職務執行の監督に関するものとに分けて列挙します。

---

[15]　CGコード（原案）序文7項

⑷　業務執行の決定に関する役割・責務についての要請
　　①　「取締役会等の責務」（第4章）において掲げられている原則
　基本原則4は，「会社の持続的成長と中長期的な企業価値の向上を促し，収益力・資本効率の改善を図るため」に取締役会が果たすべき3つの役割・責務を掲げますが，業務執行の決定に関する役割・責務は以下の2つです。
〈基本原則4⑴〉企業戦略等の大きな方向性を示すこと
・会社の目指すところ（経営理念等）を確立し，戦略的な方向付けを行うことが取締役会の主要な役割・責務の一つと捉え，具体的な経営戦略や経営計画等についての建設的な議論を行い，重要な業務執行の決定を行う場合には，かかる戦略的な方向付けを踏まえること（原則4－1）。
・取締役会自身として何を判断・決定し，何を経営陣に委ねるのかに関連して，経営陣に対する委任の範囲を明確に定め，その概要を開示すること（補充原則4－1①）。
〈基本原則4⑵〉経営陣幹部による適切なリスクテイクを支える環境整備を行うこと
・経営陣からの健全な企業家精神に基づく提案を歓迎しつつ，かかる提案について独立した客観的立場から多角的かつ十分な検討を行い，承認した提案が実行される際には，経営陣幹部の迅速・果断な意思決定を支援すること（原則4－2）。
・経営陣の報酬について，中長期的な会社の業績や潜在的リスクを反映させ，健全な企業家精神の発揮に資するようなインセンティブ付けを行うこと（原則4－2）。
　　②　その他の章において掲げられている原則
「株主の権利・平等性の確保」（第1章）
・いわゆる政策保有株式として上場株式を保有する場合，主要な政策保有について中長期的な経済合理性や将来の見通しを検証すること（原則1－4）。
・いわゆる買収防衛策の導入・運用について，その必要性・合理性を検討し，適正な手続を確保すること（原則1－5）。
・支配権の変動や大規模な希釈化をもたらす資本政策（増資，MBO等を含む）

について，既存株主を不当に害することのないよう，その必要性・合理性を検討し，適正な手続を確保するとともに株主に十分な説明を行うこと（原則1－6）。

「株主以外のステークホルダーとの適切な協働」（第2章）
・株主以外のステークホルダーとの適切な協働やその利益の尊重，健全な事業活動倫理などについて，会社としての価値観を示し，その構成員が従うべき行動準則を策定・改訂すること（原則2－2）。

「株主との対話」（第5章）
・株主との建設的な対話を促進するための体制整備・取組みに関する方針を検討・承認し，開示すること（原則5－1）。

　　㈦　取締役の職務執行の監督に関する役割・責務についての要請
　　　①　「取締役会等の責務」（第4章）において掲げられている原則

基本原則4が掲げる，「会社の持続的成長と中長期的な企業価値の向上を促し，収益力・資本効率の改善を図るため」に取締役会が果たすべき3つの役割・責務のうち，監督に関するものは以下の役割・責務です。

〈基本原則4(3)〉独立した客観的な立場から，経営陣・取締役に対する実効性の高い監督を行う
・適切に会社の業績等の評価を行い，その評価を経営陣幹部の人事に適切に反映すべきである（原則4－3）。
・適時かつ正確な情報開示が行われるよう監督を行うとともに，内部統制やリスク管理体制を適切に整備すべきである（原則4－3）。
・経営陣・支配株主等の関連当事者と会社との間に生じ得る利益相反を適切に管理すべきである（原則4－3）。

また，基本原則4(1)の役割に関連する監督的役割として，以下の役割が求められています。
・中期経営計画の実現に向けて最善の努力を行い，目標未達に終わった場合には，その原因や自社が行った対応の内容を十分に分析し，株主に説明を行うとともに，その分析を次期以降の計画に反映させること（補充原則4－1②）。

・会社の目指すところ（経営理念等）や具体的な経営戦略を踏まえ，最高経営責任者等の後継者の計画（プランニング）について適切に監督すること（補充原則4-1③）。

　② その他の章において掲げられている原則

「株主の権利・平等性の確保」（第1章）

・会社がその役員や主要株主等との取引（関連当事者間の取引）を行う場合には，そうした取引が会社や株主共同の利益を害することのないよう，またそうした懸念を惹起することのないよう，あらかじめ，取引の重要性やその性質に応じた適切な手続を定めてその枠組みを開示するとともに，その手続を踏まえて監視（取引の承認を含む）を行うこと（原則1-7）。

「株主以外のステークホルダーとの適切な協働」（第2章）

・株主以外のステークホルダーとの適切な協働やその利益の尊重，健全な事業活動倫理についての行動準則を国内外の事業活動に浸透させ，遵守されるようにすること（原則2-2）。

・従業員等が，不利益を被る危険を懸念することなく，違法または不適切な行為・情報開示に関する情報や真摯な懸念を伝えることができるよう，また伝えられた情報や懸念が客観的に検証され適切に活用されるよう，内部通報に係る適切な体制整備を実現し，その運用状況を監督すること（原則2-5）。

「適切な情報開示と透明性の確保」（第3章）

・開示・提供される情報が，株主との間で建設的な対話を行う上での基盤となることも踏まえ，そうした情報（とりわけ非財務情報）が，正確で利用者にとってわかりやすく，情報として有用性の高いものとすること（基本原則3）。

(3) **監査等委員会設置会社における取締役会と監査等委員会の職務**

　ア　取締役会の職務

　取締役会の職務は，原則として監査役会設置会社における取締役会と同じですが（会社法399条の13第1項～4項），(i)取締役の過半数が社外取締役である場合，取締役会決議により，会社法399条の13第1項1号および5項ただ

し書に列挙されている事項（経営の基本方針，監査等委員会の職務の執行のために必要な事項，代表取締役・業務担当取締役の選解任等重要な業務執行組織に係る事項，内部統制システムに係る事項等を含みます）を除く重要な業務執行の決定を取締役に委任することができ（同条5項），また，(ⅱ)取締役会決議により会社法399条の13第1項1号および5項ただし書に列挙されている事項を除く重要な事項の決定を取締役に委任できる旨を定款で定めることができます。

　CGコードは，いずれの機関設計を採用する会社にも当てはまるものとされ，監査役会設置会社を想定して取締役会に関する原則が置かれていますが，監査役会設置会社以外の上場会社は，自らの機関設計に応じて所要の読み替えを行った上で適用することが想定されています[16]。したがって，監査役会設置会社における取締役会について言及した諸原則は，内容的には，監査等委員会設置会社の取締役会にも当てはまると考えられます。

　イ　監査等委員会の職務

　監査等委員会は，取締役の職務執行の監査に関する職務（会社法399条の2第3項1号，2号等）と，経営評価に関する一定の職務（同項3号）を担います。

　前者は，監査役の職務に相当するものであり，後述の第5「『監査等委員たる社外取締役』・『監査委員たる社外取締役』の職務」（145頁以下）の項において述べることにします。

　後者の具体的な職務は以下のとおりです。

　　① 監査等委員以外の取締役の選任等についての意見の決定・陳述

　監査等委員会は，監査等委員である取締役以外の取締役の選任（不再任）・解任・辞任についての意見を決定します（同法399条の2第3項3号）。また，監査等委員会が選定する監査等委員は，株主総会において，その意見を述べることができます（同法342条の2第4項）。

16）CGコード（原案）序文14項

② 監査等委員以外の取締役の報酬等についての意見の決定・陳述

監査等委員会は，監査等委員である取締役以外の取締役の報酬等についての意見を決定します（同法399条の2第3項3号）。また，監査等委員会が選定する監査等委員は，株主総会において，その意見を述べることができます（同法361条6項）。

(4) **指名委員会等設置会社における取締役会と指名委員会，監査委員会および報酬委員会の職務**

ア　取締役会の職務

(ア)　業務執行の決定

取締役会は，会社法416条1項1号および4項ただし書に列挙されている事項を除く重要な業務執行の決定を取締役に委任することができます（同条4項）。指名委員会等設置会社における取締役会において取締役に委任することができない事項は，監査等委員会設置会社における取締役会において取締役に委任することができない事項と基本的に同じであり，経営の基本方針，監査委員会の職務の執行のために必要な事項，執行役の選解任・代表執行役の選定解職・各委員会を組織する取締役の選定解職等重要な業務執行組織に係る事項，内部統制システムに係る事項等が含まれます。

CGコードにおける監査役会設置会社を想定した取締役会に関する原則は，所要の読み替えを行った上で，指名委員会等設置会社における取締役について適用されます。

(イ)　執行等の職務執行の監督

取締役会は，執行役，取締役，会計参与の職務の執行を監督します（会社法416条1項2号）。

(ウ)　指名委員会・監査委員会・報酬委員会の権限

指名委員会，監査委員会，報酬委員会の権限は，取締役会の権限から除かれます。

イ　指名委員会の職務

指名委員会は，株主総会に提出する取締役の選任・解任に関する議案の内容を決定します（会社法404条1項）。

ウ　監査委員会の職務

監査委員会は，執行役，取締役，会計参与の職務の執行を監査します（会社法404条2項1号）。かかる監査委員会の職務は監査役の職務に相当するものであり，後述の第5「『監査等委員たる社外取締役』・『監査委員たる社外取締役』の職務」（145頁以下）の項において述べます。

エ　報酬委員会の職務

報酬委員会は，執行役，取締役，会計参与が受ける個人別の報酬等（職務執行の対価として付与される新株予約権，退職慰労金を含みます）の内容を決定します（会社法404条3項）。

報酬委員会は，執行役等の個人別の報酬等の内容に係る決定に関する方針を定め，その方針に従い，個人別の報酬等の内容を決めなければならず（同法409条1項，2項），その際，報酬等を確定金額とする場合は個人別の額，不確定金額とする場合は個人別の具体的な算定方法，金銭でない場合は個人別の具体的内容を，自身で決定しなければなりません（同条3項）。

2　各取締役（社外取締役を含む）の職務

取締役の職務の主要な部分は取締役会等の構成員としての職務ですが，以下のような取締役個人としての職務もあります。

(1)　株主総会における説明

取締役は，株主総会において，株主から特定の事項について説明を求められた場合には，当該事項について必要な説明を行わなければなりません（会社法314条）。

(2)　判例により認められた職務

ア　監視義務

判例上，取締役は，他の代表取締役または取締役の行為が法令（善管注意義務・忠実義務の一般的規定を含みます）・定款を遵守し適法かつ適正にされていることを監視する義務を負うとされています。最判昭和48年5月22日民集27巻5号655頁は，「取締役会を構成する取締役は，会社に対し，取締役会に上程された事柄についてだけ監視するにとどまらず，代表取締役の業務執

行一般につき，これを監視し，必要があれば取締役会を自ら招集し，あるいは招集することを求め，取締役会を通じて業務執行が適正に行われるようにする職務を有する」としています。

イ　内部統制システム整備義務

大阪地判平成12年9月20日判時1721号3頁は，代表取締役および業務担当取締役が内部統制システムを構築すべき義務を負うとともに，他の取締役は，代表取締役および業務担当取締役が内部統制システムを構築すべき義務を履行しているか否かを監視する義務を負うとしました。

3　社外取締役に特に求められる役割

(1)　コーポレートガバナンス・コードにおける社外取締役の位置付け

CGコード原則4－6は，「取締役会による独立かつ客観的な経営の監督の実効性を確保すべく，業務の執行には携わらない，業務の執行と一定の距離を置く取締役の活用を検討すべきである」としています。取締役会は，原則4－3において「独立した客観的な立場」から経営の監督を行うことが求められているところ，経営陣の一員として業務執行の一端を担う取締役に「独立した客観的な立場」からの経営の監督を求めることは容易ではないとの判断から，非業務執行取締役の活用による「経営の監督と執行の分離」の推進を求めたのです。かかる「経営の監督と執行の分離」を推進し，経営の監督における取締役会の独立性および客観性を真に確保するために，経営陣から独立した社外取締役の活用が求められることとなりました[17]。

もっとも，CGコードは，独立社外取締役を選任しさえすれば会社の成長が図られるという考え方には立っておらず[18]，独立取締役に「会社の持続的な成長と中長期的な企業価値の向上に寄与するように役割・責務」を果たすことを求め，会社には，かかる役割・責務を果たす資質のある独立社外取締役を少なくとも2名以上選任することを求めています（原則4－8）。

---

17)　油布志行ほか「『コーポレートガバナンス・コード原案』の解説〔Ⅳ・完〕」商事法務2065号47頁
18)　CGコード（原案）原則4－8　背景説明

(2) コーポレートガバナンス・コードが期待する社外取締役の役割・責務

　CGコードは、このような独立社外取締役活用の意義を踏まえ、独立社外取締役に期待される具体的な役割・責務として以下のようなものを挙げています（原則4-7）。

① 経営の方針や経営改善について、自らの知見に基づき、会社の持続的な成長を促し、中長期的な企業価値の向上を図る、との観点からの助言を行うこと。
② 経営陣幹部の選解任その他の取締役会の重要な意思決定を通じ、経営の監督を行うこと。
③ 会社と経営陣・支配株主等との間の利益相反を監督すること。
④ 経営陣・支配株主から独立した立場で、少数株主をはじめとするステークホルダーの意見を取締役会に適切に反映させること。

　以上のうち、②ないし④は、経営陣から距離を置く独立社外取締役として特に期待される監督機能であるといえますが、①は取締役会の助言機能に係る役割であることに留意が必要です。これは、CGコードが、会社の持続的成長と中長期的な企業価値の向上を図る「攻めのガバナンス」を重視していることと整合しており、独立社外取締役は、「自らの知見」に基づき経営の方針等についてアドバイスすることも期待されています。

　なお、CGコードは、独立社外取締役が取締役会における議論に積極的に貢献できるよう、たとえば独立社外者のみを構成員とする会合を定期的に開催するなどして、情報交換・認識共有を図ること（補充原則4-8①）、また、たとえば、互選により「筆頭独立社外取締役」を決定することなどにより、経営陣との連絡・調整や監査役または監査役会との連携に係る体制整備を図ること（補充原則4-8②）を求めていることにも留意が必要です。

【義　務】

1　善管注意義務

　会社と取締役の関係は、一般に委任に関する規定に従います（会社法330条）。したがって、取締役は、その職務を執行するにつき（業務担当取締役と

して業務を執行するについて，また取締役会の構成員としてその職務を遂行するについて），善良な管理者としての注意義務（善管注意義務）を負います（民法644条）。

善管注意義務の水準は，その地位・状況にある者に通常期待される程度のものとされ，特に専門的能力を買われて取締役に選任された者については期待される水準は高くなるといわれています。[19]

なお，会社法は善管注意義務については定めず，355条において，「取締役は，法令及び定款並びに株式会社の決議を遵守し，株式会社のために忠実にその職務を行わなければならない。」と定めています。かかる規定について，判例は，「商法254条3項（現会社法330条），民法644条に定める善管義務を敷衍し，かつ一層明確にしたにとどまり，通常の委任関係に伴う善管義務とは別個の高度な義務を規定したものではない。」と解しています。[20]

2　会社と利益が相反する取引に関する義務

(1)　競　業

取締役が自己または第三者のために会社の事業の部類に属する取引（競業）をしようとするときは，その取引につき重要な事実を開示して取締役会の承認を受けなければなりません（会社法356条1項1号，365条1項）。実務上，取締役が競業会社の代表取締役になる場合には，包括的に承認を受けるのが通例とされています。[21]

競業を行った取締役は，取締役会の承認の有無にかかわらず，遅滞なくその取引につき重要な事実を取締役会に報告しなければなりません（同法365条2項）。

(2)　利益相反取引

取締役が自己または第三者のために会社と取引（直接取引）をしようとするとき，または取締役が取締役の債務を保証することその他取締役以外の者

---

19)　東京高判昭和58年4月28日判時1081号130頁
20)　最判昭和45年6月24日民集24巻6号625頁
21)　注11江頭439頁

との間において会社と当該取締役との利益が相反する取引（間接取引）をしようとするときは，その取引につき重要な事実を開示して取締役会の承認を受けなければなりません（会社法356条1項2号，3号，365条1項）。

会社を代表する者が当該取締役でなくとも取締役会の承認が必要です[22]。

利益相反取引を行った取締役は，取締役会の承認の有無にかかわらず，遅滞なくその取引につき重要な事実を取締役会に報告しなければなりません（同法365条2項）。

第4　社外監査役の職務・義務

【職　務】
1　会社法の定める職務
(1)　取締役の職務執行の監査

監査役は，取締役[23]の職務の執行を監査します（会社法381条1項）。

　ア　監査の対象

「取締役の職務の執行」とは，取締役が取締役としての地位に基づいて行うすべての行為を意味し，業務の執行には限られません[24]。

取締役の職務執行の監査のうち，会計の監査は会計監査人が第一次的に行い，監査役は会計監査人の監査を前提として会計監査を行います。すなわち，監査役は，会計監査人の監査報告の内容を調査して，その監査の方法または結果が相当でないと認めた場合のみ，その旨およびその理由を自己の監査報告に記載します（会社計算規則127条2号）。

　イ　監査の範囲

　　(ア)　原　則

監査の範囲について，取締役の職務執行が法令・定款に適合しているかど

---

22) 注11江頭444頁
23) 会計参与設置会社にあっては取締役および会計参与の職務が監査の対象となりますが，本節においては会計参与設置会社ではないことを前提に説明します。
24) 注12落合394頁〔吉本健一〕

うかの監査(適法性の監査)のほか、その妥当性についての監査も含むのかという点について議論がありますが、妥当性の監査は含まれないと解する説が有力であり[25]、かかる説によれば、この点が、取締役会による「監督」と監査役による「監査」の差異となります。

もっとも、取締役の善管注意義務違反の有無は監査の対象に含まれ、取締役の職務執行の不当性が一定限度を超えると善管注意義務違反として違法となるので、有力説の立場に立っても、実質的には妥当性に関わる事項も監査の範囲に含まれるともいわれています[26]。

(イ) 内部統制システムについての監査

大阪地判平成12年9月20日判時1721号3頁は、監査役は、取締役が内部統制システムの整備義務を履行しているか否かを監査する義務があると判示しています。

(2) **監査の報告**

監査役は、法務省令の定めるところにより監査報告を作成しなければなりません(会社法381条1項)。

監査報告の具体的内容については、会社法436条1項を受けて、事業報告およびその附属明細書について、会社法施行規則129条が、計算書類およびその附属明細書について、会社計算規則127条が定めています。

※事業報告およびその附属明細書に関する監査報告の内容
① 監査役の監査の方法およびその内容
② 事業報告およびその附属明細書が法令または定款に従い当該株式会社の状況を正しく示しているかどうかについての意見
③ 当該株式会社の取締役(当該事業年度中に当該株式会社が委員会設置会社であった場合にあっては、執行役を含む)の職務の遂行に関し、不正の行為または法令もしくは定款に違反する重大な事実があったときは、その事実

---

25) 注12落合394頁〔吉本健一〕
26) 注11江頭532頁

④ 監査のため必要な調査ができなかったときは、その旨およびその理由
⑤ 会社法施行規則118条2号に掲げる事項（内部統制システムの整備に関する決定または決議の内容の概要および内部統制システムの運用状況の概要）がある場合において、当該事項の内容が相当でないと認めるときは、その旨およびその理由
⑥ 会社法施行規則118条3号に規定する事項（当該株式会社の財務および事業の方針を支配する者の在り方に関する基本方針についての事項）または同規則128条3項に規定する事項（当該株式会社とその親会社等との間の所定の取引についての事項）が事業報告の内容となっているときは、当該事項についての意見
⑦ 監査報告を作成した日

※計算書類およびその附属明細書に関する監査報告の内容
① 監査役の監査の方法および内容
② 会計監査人の監査の方法または結果を相当でないと認めたときは、その旨およびその理由（会社計算規則130条3項に規定する場合にあっては、会計監査を受領していない旨）
③ 重要な後発事象（会計監査報告の内容となっているものを除く）
④ 会計監査人の職務の遂行が適正に実施されることを確保するための体制に関する事項
⑤ 監査のため必要な調査ができなかったときはその旨およびその理由
⑥ 監査報告を作成した日

(3) 調査権

ア 取締役・使用人等に対する報告請求権

監査役は、いつでも取締役、支配人その他の使用人に対して事業の報告を求めることができます（会社法381条2項前段）。

監査役の職務である取締役の職務執行の監査を遂行するために認められた

権限であり，報告の対象は会社の事業全般に及びます[27]。
　　イ　業務および財産の調査権
　監査役は，いつでも会社の業務および財産の状況を調査することができます（会社法381条2項後段）。これも，取締役の職務執行の監査の遂行のために認められた権限であり，調査の対象は，会社の業務および財産の全般であり，会計の帳簿その他の資料の閲覧・謄写も含まれます[28]。
　　ウ　子会社に対する報告請求権・調査権
　監査役は，その職務を行うため必要があるときは，子会社に対しても事業の報告を求め，または子会社の業務および財産の状況の調査をすることができます（会社法381条3項）。
　ここでいう子会社とは会社法2条3号に定義される株式会社等をいいます。
　子会社に対する報告請求および調査は，監査役の職務遂行に必要な場合に限られ，子会社は，正当な理由があるときは，報告または調査を拒むことができます（同法381条4項）。

(4) **報告義務等**
　　ア　不正行為の取締役会への報告
　監査役は，取締役が不正の行為をし，または当該行為をするおそれがあると認めたとき，法令定款に違反する事実または著しく不当な事実があると認めたときは，遅滞なく取締役会に報告しなければなりません（会社法382条）。
　かかる報告のため，取締役会の招集を請求し，また自ら取締役会を招集することができます（同法383条2項，3項）。
　　イ　取締役会への出席等
　監査役は，取締役会に出席し，必要があると認めるときは意見を述べなければなりません（会社法383条1項）。
　　ウ　株主総会への報告
　監査役は，取締役が株主総会に提出しようとする議案・書類その他法務省令で定めるものを調査しなければならず，法令・定款違反または著しく不当

---

27) 注12落合398頁〔吉本健一〕
28) 注12落合398頁〔吉本健一〕

な事項があると認めるときは,その調査の結果を株主総会に報告しなければなりません(会社法384条)。

⑸ 差止請求・会社代表等

ア 差止請求

監査役は,取締役が会社の目的の範囲外の行為その他法令・定款違反の行為をし,またはこれらの行為をするおそれがある場合には,その行為によって会社に著しい損害が生じるおそれがあるときは,その取締役に対し,その行為の差止めを請求することができます(会社法385条1項)。

イ 会社代表

監査役は,取締役と会社の間の訴訟,会社が取締役の責任を追及する訴えの提起の請求を受けた場合,また,会社が株主代表訴訟の訴訟告知・通知および和解に関する通知・催告を受けた場合,当該会社を代表します(会社法386条1項1号,同条2項1号,2号)。

⑹ 監査役会の構成員としての職務

ア 監査役会の意義

監査役は,各自が単独でその権限を行使する,いわゆる独任制の機関です。監査役会は,監査役の独任制を維持しつつ,各監査役の役割分担を決め,情報を共有し意見調整する場として設置されるものであり,監査機関となるものではありません。個々の監査役は,監査機関として上記⑴ないし⑸の職務を行うほか,監査役会の構成員として監査役会の職務に参加し,また,監査役会に対する報告を行います。

イ 監査役会の職務

㋐ 監査報告の作成(会社法390条2項1号)

監査役会は,個々の監査役の報告に基づき,監査報告を作成します。

監査報告を作成する場合,監査役会は,1回以上,会議を開催する方法または情報の送受信により同時に意見を交換できる方法により,監査報告の内容を審議しなければなりません(会社法施行規則130条3項)。

監査役は,ある事項に関する監査役会監査報告の内容と自己の監査報告の内容が異なる場合は,監査役会監査報告の内容を付記することができます

(会社法施行規則130条2項後段)。

　(イ)　常勤監査役の選定, 解職（会社法390条2項2号）

「常勤監査役」とは, ほかに常勤の仕事がなく, 会社の営業時間中原則としてその会社の監査役の職務に専念する者であるとするのが通説です[29]。常勤監査役は, 必ずしも社内出身である必要はなく, 社外出身でも「常勤性」を満たせば常勤取締役となりえますが, 通常は, 社内出身者を常勤監査役とします。

「常勤監査役」の選定・解職は, 監査役の過半数をもって行います（会社法393条1項）。

　(ウ)　監査役の職務執行事項の決定（会社法390条2項3号）

監査役会は, 過半数の決議をもって, 監査の方針, 会社の業務および財産の状況の調査方法その他の監査役の執行に関する事項の決定を行います。かかる決定において, 監査の方針, 年間の監査計画, 監査の方法, 監査業務の分担等が定められます（監査役会規則13条1項参照）。監査業務の分担には, 常勤監査役と非常勤監査役ないし社外監査役の職務分担も含まれ, 一般に, 会社業務, 財産状況の調査は常勤監査役の間で分担することとし, 社外監査役の役割を限定することにより, 社外監査役制度の合理的な運営が図られています。

　(エ)　監査役・会計監査人の選任等についての同意等

監査役会は, 取締役が株主総会に提出する監査役選任議案に同意権を有します（会社法343条1項, 3項）。また, 監査役会は, 取締役に対して, 監査役の選任を株主総会の目的とするよう請求することができ, 監査役の候補者を特定し, その選任に関する議案を株主総会に提出するよう請求することもできます（同条2項, 3項）。

監査役会は, 株主総会に提出する会計監査人の選解任および再任しないことに関する議案の内容を決定します（同法344条1項, 3項）。また, 監査役会は, 取締役が会計監査人の報酬を定めるにあたり同意権を有します（同法

29）注11江頭540頁

399条1項，2項)。

(7) **監査役の監査役会への報告義務**

監査役は，監査役会の求めがあるときは，いつでも職務の執行の状況を監査役会に報告しなければなりません（会社法390条4項）。かかる報告により，監査役間（特に常勤監査役と非常勤・社外取締役の間）の情報格差が是正され情報の共有が図られることが期待されています[30]。

(8) **株主総会における説明**

監査役は，株主総会において，株主から特定の事項について説明を求められた場合には，当該事項について必要な説明を行わなければなりません（会社法314条）。

2　コーポレートガバナンス・コードからの要請

CGコードは，第4章「取締役会等の責務」において，監査役および監査役会の役割・責務について基本的な原則を置いている（原則4－4，補充原則4－1①）ほか，外部会計監査人による適正な監査の確保（補充原則3－2①，補充原則3－2②），適切な情報の入手（原則4－13，補充原則4－13①，補充原則4－13②，補充原則4－13③）に関していくつかの原則を置いています。監査役および監査役会が前述1に掲げた職務を遂行するに当たっては，これらのCGコードからの要請を踏まえて行う必要があります。

(1) **監査役および監査役会の役割・責務**

ア　能動的・積極的な権限の行使

監査役および監査役会は，その役割・責務を果たすに当たって，「株主に対する受託者責任を踏まえ，独立した客観的な立場において適切な判断」を行うべきであり，「自らの守備範囲を過度に狭く捉えることは適切ではなく，能動的・積極的に権限を行使し，取締役会においてあるいは経営陣に対して適切に意見を述べるべき」であるとされています（原則4－4）。

この原則の意味するところについては，日本監査役協会が作成する監査役

---

30) 注12落合471頁〔森本滋〕

監査基準13条2項の「監査役及び監査役会は、取締役会が担う監督機能が会社の持続的成長と中長期的な企業価値の向上を促しかつ収益力・資本効率等の改善を図るべく適切に発揮されているのかを監視するとともに、自らの職責の範囲内でこれらの監督機能の一部を担うものとする。」との定めが参考となります[31]。

イ 常勤監査役と社外監査役、監査役と社外取締役の連携

監査役会は、社外監査役の「強固な独立性」と、常勤監査役の「高度な情報収集力」を有機的に組み合わせて実効性を高めるべきであり、また、「社外取締役が、その独立性に影響を受けることなく情報収集力の強化を図ることができるよう、社外取締役との連携を確保すべきである。」とされており（補充原則4-4①）、常勤監査役と社外監査役、監査役と社外取締役の適切な連携が求められています。

(2) **外部会計監査人による適正な監査の確保のための対応**

外部会計監査人および上場会社は、「外部会計監査人が株主・投資家に対して責務を負っていることを認識し、適正な監査の確保に向けて適切な対応を行うべきである。」（原則3-2）とされているところ、これに関して監査役会は一定の対応を求められています。

① 監査役会は、少なくとも以下の対応を行うべきであるとされています（補充原則3-2①）。
 (i) 外部会計監査人候補を適切に選定し外部会計監査人を評価するための基準の策定
 (ii) 外部会計監査人に求められる独立性と専門性を有しているか否かについての確認
② 監査役会は、取締役会とともに、少なくとも以下の対応を行うべきであるとされています（補充原則3-2②）。
 (i) 高品質な監査を可能とする十分な監査時間の確保
 (ii) 外部会計監査人からCEO・CFO等の経営陣幹部へのアクセス（面

---

31) 中村慎二ほか『コーポレートガバナンス・コードのすべて』（商事法務、2017）137頁

談等）の確保
- (iii) 外部会計監査人と監査役（監査役会への出席を含む），内部監査部門や社外取締役との十分な連携の確保
- (iv) 外部会計監査人が不正を発見し適切な対応を求めた場合や，不備・問題点を指摘した場合の会社側の対応体制の確立

(3) 適切な情報の入手

監査役は，取締役とともに，その役割・責務を実効的に果たすために，「能動的に情報を入手すべきであり，必要に応じ，会社に対して追加の情報提供を求めるべきである。」（原則4－13）とされているところ，さらに以下のようなことが求められています。

① 社外監査役を含む監査役は，「法令に基づく調査権限を行使することを含め，適切に情報入手を行うべきである。」（補充原則4－13①）。
② 監査役は，「必要と考える場合には，会社の費用において外部の専門家の助言を得ることも考慮すべきである。」（補充原則4－13②）。

【義　務】

会社と監査役の関係は，一般に委任に関する規定に従います（会社法330条）。したがって，監査役はその職務を遂行するについて，善良な管理者としての注意義務（善管注意義務）を負います（民法644条）。

監査役には，会社法355条の「法令及び定款並びに株式会社の決議を遵守し，株式会社のために忠実にその職務を行わなければならない。」との定めの適用はありませんが，善管注意義務により法令遵守義務を負うと解されています。

第❺ 「監査等委員たる社外取締役」・「監査委員たる社外取締役」の職務

「監査等委員たる社外取締役」・「監査委員たる社外取締役」は，監査役と違い，取締役等の職務執行の監査を行う権限を与えられておらず，監査等委員会・監査委員会がかかる監査の権限を与えられています。そこで，「監査

等委員たる社外取締役」・「監査委員たる社外取締役」の職務は，もっぱら監査等委員会・監査委員会の構成員としての活動となります。

　監査等委員会・監査委員会の職務はほぼ同じであり，本節においては，会社法の定める監査等委員会・監査委員会の職務の概要を説明することにより，監査等委員・監査委員の職務内容を明らかにします。

1　取締役等の職務執行の監査

　監査等委員会は取締役，監査委員会は執行役および取締役の職務の執行を監査します（会社法399条の2第3項1号，404条2項1号）。

　監査役の監査は適法性監査であり妥当性監査を含まないと解する説が有力ですが，監査等委員会・監査委員会の監査は妥当性の監査を含むと解されています[32]。

　また，監査の方法については，監査役が基本的に自ら監査を行うのに対し，監査等委員会・監査委員会は会社の内部統制部門を通じて監査を行うものとされています[33]。したがって，監査等委員・監査委員の中に，常勤監査役に相当する者を定めることは義務付けられていません。

2　監査の報告

　監査等委員会・監査委員会は，法務省令の定めるところにより監査報告を作成しなければなりません（会社法399条の2第3項1号，404条2項1号）。監査役の監査報告に対応する職務です。

　監査等委員・監査委員は，ある事項に関する監査報告の内容が自己の意見と異なる場合は，自己の意見を監査報告に付記することができます（会社法施行規則131条1項後段）。

---

[32] 注11江頭570頁，591頁
[33] 注11江頭569頁，590頁

3　調査権
(1)　取締役・使用人等に対する報告請求権
　監査等委員会が選定した監査等委員はいつでも取締役，支配人その他の使用人に対して，監査委員会が選定した監査委員はいつでも執行役，取締役，支配人その他の使用人に対して，事業の報告を求めることができます（会社法399条の3第1項，405条1項）。

(2)　業務および財産の調査権
　監査等委員会が選定した監査等委員・監査委員会が選定した監査委員は，いつでも会社の業務および財産の状況を調査することができます（会社法399条の3第1項，405条1項）。

(3)　子会社に対する報告請求権・調査権
　監査等委員会が選定した監査等委員・監査委員会が選定した監査委員は，その職務を行うため必要があるときは，子会社に対しても事業の報告を求め，または子会社の業務および財産の状況の調査をすることができます（会社法399条の3第2項，405条2項）。

4　報告義務等
(1)　不正行為の取締役会への報告
　監査等委員は，取締役が不正の行為をし，または当該行為をするおそれがあると認めたとき，法令定款に違反する事実または著しく不当な事実があると認めたとき，また監査委員は，執行役または取締役が不正の行為をし，または当該行為をするおそれがあると認めたとき，法令定款に違反する事実または著しく不当な事実があると認めたときは，遅滞なく取締役会に報告しなければなりません（会社法399条の4，406条）。

(2)　株主総会への報告
　監査等委員は，取締役が株主総会に提出しようとする議案・書類その他法務省令で定めるものについて法令・定款違反または著しく不当な事項があると認めるときは，その旨を株主総会に報告しなければなりません（会社法399条の5）。

5　差止請求・会社代表等

(1)　差止請求

　監査等委員は，取締役が会社の目的の範囲外の行為その他法令・定款違反の行為をし，またはこれらの行為をするおそれがある場合には，その行為によって会社に著しい損害が生じるおそれがあるときは，その取締役に対し，その行為の差止めを請求することができます（会社法399条の6第1項）。

　監査委員は，執行役または取締役が会社の目的の範囲外の行為その他法令・定款違反の行為をし，またはこれらの行為をするおそれがある場合には，その行為によって会社に著しい損害が生じるおそれがあるときは，その執行役または取締役に対し，その行為の差止めを請求することができます（同法407条1項）。

(2)　会社代表

　監査等委員は，取締役と会社の間の訴訟，会社が取締役の責任を追及する訴えの提起の請求を受けた場合，また，会社が株主代表訴訟の訴訟告知・通知および和解に関する通知・催告を受けた場合，当該会社を代表します（会社法399条の7各号）。

　監査委員は，執行役または取締役と会社の間の訴訟，会社が執行役または取締役の責任を追及する訴えの提起の請求を受けた場合，また，会社が株主代表訴訟の訴訟告知・通知および和解に関する通知・催告を受けた場合，当該会社を代表します（同法408条各号）。

第7章

3つの制度の比較と
社外取締役・社外監査役の役割

　本章では、監査役会設置会社、監査等委員会設置会社、指名委員会等設置会社の3つの制度の内容について比較する過程で、それぞれの社外取締役・社外監査役の役割について検討した後（第1）、社外取締役・社外監査役として留意すべき事項について検討をします（第2）。なお、文中、意見にわたる部分は筆者個人の意見であり、その所属する組織や団体のものではありません。

第❶　監査役会設置会社・監査等委員会設置会社・指名委員会等設置会社の制度内容と社外取締役の役割

1　3つの制度の比較

　まず(1)で、監査役会設置会社、監査等委員会設置会社、指名委員会等設置会社の制度内容を比較した表を記載の上、(2)～(6)で主な相違点を説明し、それぞれの制度における社外取締役・社外監査役の役割を検討します。

(1) 制度内容の比較一覧

項　目	監査役会設置会社	監査等委員会設置会社	指名委員会等設置会社
1．求められる会議体	①株主総会 ②取締役会 ③監査役会	①株主総会 ②取締役会 ③監査等委員会	①株主総会 ②取締役会 ③指名委員会、報酬委員会、監査委員会
2．取締役会の構成	取締役3名以上	取締役4名以上（監査等委員ではない取締役1名以上、監査等委員である取締役3名以上）	取締役3名以上

項　目	監査役会設置会社	監査等委員会設置会社	指名委員会等設置会社
3. 社外取締役の選任	義務はない（ただし，社外取締役を置くことが相当でない理由を説明する必要）	最低2名（監査等委員会に求められる社外取締役員数より）	最低2名（各委員会に求められる社外取締役員数より）
4. 取締役会の職務	①業務執行の決定 ②取締役の職務の執行の監督 ③代表取締役の選定および解職	①業務執行の決定 ②取締役の職務の執行の監督 ③代表取締役の選定および解職	①業務執行の決定 ②執行役・取締役の職務の執行の監督
5. 取締役会の業務執行の決定の内容（主なもの）	①業務の適正を確保するための体制の整備 ②重要な財産の処分および譲受け，多額の借財，重要な使用人の選任および解職，重要な組織の設置，変更および廃止等	①経営の基本方針の決定 ②監査等委員会の職務の執行のため必要な事項 ③業務の適正を確保するための体制の整備 ④重要な財産の処分および譲受け，多額の借財，重要な使用人の選任および解任，重要な組織の設置，変更および廃止等	①経営の基本方針の決定 ②監査委員会の職務の執行のため必要な事項 ③業務の適正を確保するための体制の整備 ④執行役の職務の分掌および指揮命令の関係その他の執行役相互の関係に関する事項
6. 業務執行者	業務執行取締役（代表取締役等）	業務執行取締役（代表取締役等）	執行役
7. 取締役会の業務執行決定権限の委任の可否（委任の相手方＝業務執行者）	できない	一定要件を満たせば，一部について委任できる ※一定要件…取締役の過半数が社外取締役である場合，定款に定めがある場合	一部について委任できる

第1　監査役会設置会社・監査等委員会設置会社・指名委員会等設置会社の制度内容と社外取締役の役割

項　目	監査役会設置会社	監査等委員会設置会社	指名委員会等設置会社
8. 取締役の選任・解任に関する株主総会議案の決定	取締役会が決定	取締役会が決定（監査等委員については，監査等委員会の同意が必要）	指名委員会が決定
9. 取締役等の個人別報酬等の決定	定款の定めまたは株主総会の決議（一般的には取締役会に委任，ただし監査役を除く）	定款の定めまたは株主総会の決議（一般的には取締役会に委任，ただし監査等委員である取締役の報酬等を除く）	報酬委員会が決定（執行役・取締役の報酬等）
10. 監査の実施主体	監査役 ・非業務執行 ・3名以上 ・社外監査役が半数以上 ・監査役会を構成	監査等委員会 ・構成員である取締役監査等委員は非業務執行 ・3名以上 ・社外取締役が過半数	監査委員会 ・構成員である取締役監査委員は非業務執行 ・3名以上 ・社外取締役が過半数
11. 上記の職務の内容	①取締役の職務の執行の監査 ②会計監査人の選任および解任，不再任に関する株主総会提出議案の内容の決定（ただし監査役会が決定）	①取締役の職務の執行の監査 ②会計監査人の選任および解任，不再任に関する株主総会提出議案の内容の決定 ③監査等委員以外の取締役の選任・解任・辞任，同取締役の報酬等について株主総会で述べる意見の決定	①執行役・取締役の職務の執行の監査 ②会計監査人の選任および解任，不再任に関する株主総会提出議案の内容の決定

項　目	監査役会設置会社	監査等委員会設置会社	指名委員会等設置会社
12. 監査の実施主体と取締役会との関係	取締役会から独立 ・監査役は，株主総会決議により選任，株主総会特別決議により解任 ・監査役の任期は4年 ・監査役会は監査役選任議案への同意権あり，監査役は監査役の選任・解任・辞任に対する株主総会での意見陳述権あり ・報酬等は，定款の定めまたは株主総会決議済みの報酬総額内で，監査役間の協議により決定 ・取締役会に対する職務の執行の状況報告義務なし	監査等委員は取締役会の構成員であるが，監査等委員会は取締役会の内部機関ではない ・監査等委員である取締役は，監査等委員以外の取締役と区別して株主総会決議により選任，株主総会特別決議により解任 ・監査等委員の任期は2年 ・監査等委員会は監査等委員である取締役選任議案への同意権あり，監査等委員は監査等委員である取締役の選任・解任・辞任に対する株主総会での意見陳述権あり ・監査等委員である取締役の報酬等は，監査等委員以外の取締役の報酬等と区分し，定款の定めまたは株主総会決議済みの報酬総額内で，監査等委員間の協議により決定 ・取締役会に対する職務の執行の状況報告義務なし	取締役会の内部機関 ・監査委員は，取締役会決議により選定，解職 ・監査委員の任期は1年 ・報酬等は報酬委員会が決定 ・取締役会に対する職務の執行の状況報告義務あり
13. 業務監査の範囲	①適法性の監査 ②内部統制システムの決定・決議,体制の相当性の監査	①適法性の監査 ②内部統制システムの決定・決議，体制の相当性の監査 ③取締役の職務の執行の妥当性の監査	①適法性の監査 ②内部統制システムの決定・決議，体制の相当性の監査 ③執行役・取締役の職務の執行の妥当性の監査

第1　監査役会設置会社・監査等委員会設置会社・指名委員会等設置会社の制度内容と社外取締役の役割

項　目	監査役会設置会社	監査等委員会設置会社	指名委員会等設置会社
14. 監査の方法	監査役会において職務の分担を決定し，それに基づき各監査役が監査 ・常勤監査役の選定を義務付け ・会社は，監査役が監査役の職務を補助すべき使用人を求めた場合にその体制を決定する	監査等委員会が監査 ・常勤の監査等委員の選定は義務付けられていない ・会社は，監査等委員会の職務を補助すべき取締役・使用人に関する体制を決定する	監査委員会が監査 ・常勤の監査委員の選定は義務付けられていない ・会社は，監査委員会の職務を補助すべき取締役・使用人に関する体制を決定する

(2)　取締役会の権限のうち「重要な業務執行の決定」の委任　((1)の表の項番4～7参照)

ア　「マネジメント・ボード」

　監査役会設置会社[1]では，重要な財産の処分・譲受けや多額の借財，重要な使用人の選任・解任などの重要な業務執行の決定を業務執行取締役に委任できません（会社法362条4項）。会社が予定するある取引について「重要な業務執行」に該当しないと判断し，取締役会決議を経ず，たとえば代表取締役の決裁により業務を執行したところ，当該業務から損失が生じた場合に，後日，その執行の決定の過程が違法とされると，経営判断の原則の適用がないことから，損害の填補義務が認められやすくなります。このため，同項への該否に対しては，実務上，慎重な対応を選択し，取締役会決議を行うことが多いと考えられます（裁判例[2]や学説は，画一的な基準を定めることができず，会社の規模，取引の目的や態様，従来の取扱い等の事情を総合的に勘案して判断すべきものという考え方で一致しているとされています[3]）。

---

1)「指名委員会等設置会社・監査等委員会設置会社以外の取締役会設置会社」においても該当する場合がありますが，このように表記します。以下同じ。
2)　最判平成6年1月20日民集48巻1号1頁は，会社の総資産の約1.6％に相当する価額の株式の譲渡について重要な財産の処分に当たらないとはいえないとしています。
3)　野山宏「時の判例」ジュリ1047号82頁。東京弁護士会会社法部編『取締役会ガイドラ

第7章　3つの制度の比較と社外取締役・社外監査役の役割

　監査役会設置会社は，個別の業務執行の決定について取締役会で決定する，いわば事前チェック型の経営モデル（マネジメント・ボード）ですが，上記の法的リスクを最小化するため多数の議案を取締役会で審議するとなると，本来，より時間をかけて審議すべき議題に対する討議時間が不足したり，取締役の職務の執行状況を判断するために必要な報告が十分に受けられなくなる状況が生じえます。また，監査役会設置会社の場合，業務を執行し監督を受ける取締役と監督する取締役とが取締役会内に存在するため，執行と監督の分離が図られづらいという懸念が内在する制度であるところ，こうした状況では，その懸念がより大きくなります。
　イ　「モニタリング・ボード」
　このため，取締役会が重要な業務執行の決定の一部について業務執行者に委任することができるようにしたのが，指名委員会等設置会社および監査等委員会設置会社です。この制度を活用することにより，取締役会は，経営の基本方針の決定や業務執行者がそれに沿った業務執行をしているかの監督，内部統制システム（「業務の適正を確保するための体制」）の決定・見直しや構築した体制の実効性・有効性の監督に集中することができます（事後チェック型の経営モデル。モニタリング・ボード）。
　ウ　まとめ
　以上を踏まえると，あくまで一般論にはなりますが，マネジメント・ボー

イン』141頁（商事法務研究会，改訂版，1993年）では，「目安」として，寄付金と債務免除以外の財産の処分および譲受けについて「会社の貸借対照表上の総資産額の百分の一に相当する額程度」を示しています（ただし，東京弁護士会会社法部編『新・取締役会ガイドライン』（商事法務，第2版，2016年）94頁以下では，「目安」の記載は見当たりません）。
　なお，江頭憲治郎『株式会社法』（有斐閣，第7版，2017年）414頁では，「取締役会決議により，ある金額を超える財産の処分は取締役会に付議すべしと取扱いを明示しておけば，訴訟においてもその基準が尊重される可能性が高い」，森本滋『取締役会の法と実務』（商事法務，2015年）10頁では，「取引行為の重要性の基準についても大幅に緩和することが合理的であろう」とあります。
　「会社法研究会報告書」（商事法務研究会，平成29年3月）15頁以下では，重要な財産の処分および譲受け等の該否と，監査役会設置会社におけるモニタリングモデルの採用についての議論の経過が記載されています。また「会社法制（企業統治等関係）の見直しに関する中間試案」（平成30年2月14日）11頁では，監査役設置会社の取締役会による重要な業務執行の決定の委任に関して，変更案と現行を維持する案とが示されてます。

ドの場合，個別の業務執行に係る取締役会議案が多数となり，社外取締役の特性（＝会社の事業についての知見は少ない一方で，これまでの経営者としての経験や専門家としての通常もちえない視点を有しているという特性）が発揮しづらい状況が生じやすくなります。

他方，モニタリング・ボードを指向する取締役会の場合には，個別の業務執行に係る審議から解放され，会社の方向性に関する議案や，かねて決定した経営の基本方針や内部統制システムに沿った業務執行がなされているか，なされていない場合には問題がどこに所在するかといった議案が多くなり，上述した社外取締役の特性を活かしやすくなります。

(3) **取締役等に対する評価**（(1)の表の項番4，8，9，11参照）

ア　職務の執行の監督と評価

業務執行者およびそれ以外の取締役の職務の執行は，取締役会によって，法令や定款などに違反していないかどうかのほか，それが効率的に行われているか（経営の基本方針に沿ってなされているか）について，監督されます。そしてその監督の結果は，それらの者の活動に対する評価，すなわち，その選任・再任・解任と，報酬等の決定に反映されることとなります。

イ　監査役会設置会社の場合の評価活動

監査役会設置会社の場合，この評価は取締役会の決議により行われます。そして，大半の会社では取締役会の過半数が社外取締役で占められていることはなく，従業員が取締役として登用されるという慣行が継続してきた結果，代表取締役が取締役の選任・解任に係る株主総会議案を事実上決定します。株主は，他の妥当な候補者を提案できるほどの情報やインセンティブがないことから，株主総会では会社提案どおり決定されているのが実態です。報酬等についても，取締役の報酬総額について定款または株主総会の決定で定められており，その個別の取締役への配分は取締役会に委任され，さらに代表取締役に再委任されているのが，一般的といわれています。

したがって社外取締役は，評価活動である取締役会の決議には参加をしますが，多くの場合には，取締役会などでの取締役の職務執行についての意見の表明を通じて，社外監査役の場合は，監査活動の結果の提供を通じて，そ

れぞれ事実上の決定者である代表取締役に対して評価の基礎を提供する形になります。

　ウ　指名委員会等設置会社の場合の評価活動

　指名委員会等設置会社では，指名委員会で株主総会への取締役の選任・解任の議案を決定し，報酬委員会で執行役および取締役の個人別の報酬等を決定することとなります。この権限は指名委員会・報酬委員会に専属し，取締役会で覆すことはできません。両委員会は，取締役会などを通じて対象者の職務の執行を監督し，その結果を基礎として評価を行うこととなります。これは，社外取締役に強く発揮が期待される機能の一つとなります。

　両委員会に所属する社外取締役は，その知見を活用して，独立した立場から，執行役や取締役が正当なリスクテイクの下でキャッシュ・フローの増加に努めることができる（努めた）のか，適切なリスク管理によりコストを縮小させることができる（縮小した）のか，短期的な成果に拘ることなく，経営の基本方針に基づき持続的・長期的な成長を図ることができるのか（図ったか）等の評価活動に加え，経営環境を踏まえた適切な取締役会構成の検討に貢献することが期待されることになります。この局面において，社外取締役は一般株主の立場から行動することになります。

　エ　監査等委員会設置会社の場合の評価活動

　監査等委員会設置会社の場合には，監査役会設置会社と同様の運営になる可能性があります。ただし，監査等委員会は，監査等委員以外の取締役の選任・解任・辞任，その報酬等について意見を決定しなければならず，監査等委員会が選定する監査等委員は，株主総会でその意見を述べることができます[4]。

　したがって，監査等委員会は，少なくとも業務執行取締役から，監査等委

---

[4] 株主総会で意見を述べなければならないとする見解があります。注3森本14頁。
　　なお，日本監査役協会「選任等・報酬等に対する監査等委員会の関与の在り方」（平成29年12月）によれば，アンケート結果が紹介されており，株主総会の経験がある監査等委員会351社のうち，株主総会での意見陳述権を行使したのは127社（36.2％）となっています。また，選任等に関する意見の決議は72.3％で，報酬等に関する意見の決議は59.5％で，それぞれ実施されているとの結果です。

員以外の取締役の人事案と報酬案の提示を受け，その妥当性を検討することになります。そして監査等委員会に所属する社外取締役は，監査活動の結果と取締役会での監督活動を基礎として，指名委員会等設置会社の指名委員，報酬委員と同様の貢献が期待されることになります。

(4) **監査の主体と方法**（(1)の表の項番10，14参照）

　ア　監査役会設置会社の監査（監査役の独任制）

　監査役会設置会社の場合の監査は，あくまで各監査役が個人として監査を実施します。したがって，監査のための権限，監査した結果に問題を認めた場合の是正の権限は，監査役に与えられています（監査役の独任制）。

　監査役会は監査役で構成されますが，位置付けとしては，監査役間の情報共有の場であり，監査の方針や分担を決定するにとどまり，また，その決定に各監査役が従う必要はありません。ただし，監査役会にも，たとえば会計監査人の地位に関する権限など一定の権限と，監査報告作成義務が与えられており，また，監査役会で決定した各監査役の分担については，それが合理的であると判断される限り，自己の分担外の事項については注意義務が軽減されるという効果があります[5]。

　なお，監査役会設置会社は，監査役の半数以上を社外監査役とする必要がありますので，十分な監査を可能とするため，常勤監査役の選定が義務付けられています。以上より，監査役会設置会社の監査は，常勤の監査役が日常的な監査を担当して活動することで監査情報を収集した上で，その情報を監査役会で社外監査役と共有する形が一般的と考えられます。

　社外監査役は，監査役会において，常勤監査役との間でその監査情報に係る評価，今後監査すべき事項について意見交換を行い，常勤監査役に対して次の監査活動を要請したり，自らの監査意見を形成することが通常と思われます。

　なお監査役による監査において，使用人の補助が必要な場合には，監査役が会社にその旨を求める必要があります[6]（監査役からの求めがなくても，補助

---

[5] 注3江頭541頁
[6] 日本監査役協会「役員等の構成の変化などに関する第17回インターネット・アンケー

使用人が用意されることがありますが，会社法上は，上述のとおりの取扱いとなります）。

イ 指名委員会等設置会社・監査等委員会設置会社の監査（組織監査）

指名委員会等設置会社や監査等委員会設置会社における監査は，それぞれ監査委員会，監査等委員会が主体となって実施します。監査委員，監査等委員はその構成員に過ぎず，原則として監査のための調査権限を有していません（ただし，是正のための権限は，各監査委員，各監査等委員に与えられています）。すなわち，委員会という組織が，監査の方針や方法などを決議し，委員会として監査することになります。監査を補助する取締役・使用人は会社が決定し，それに対して委員会として不足があると判断すれば，その補充や修正を会社に要請していくことになります。

また，委員会は過半数が社外取締役で構成される必要があることから，具体的な調査活動を委員会自らが行うことは想定されておらず，会社の内部統制部門・内部監査部門に対して指示する形で行われることが原則となる[7]といわれています。会社法上，監査役会設置会社と異なり，常勤の監査委員，監査等委員の選定は義務付けられていません（ただし，常勤の監査委員や監査等委員を配置し，それらの者に委員会から調査権限を付与し，監査役監査と同様に直接的な監査を併用するケースも多く見られます[8]）。以上の点を指して，監査役監査と対比して「組織監査」といわれることがあります。

監査委員や監査等委員である取締役は，社外取締役かどうかを問わず，監査委員会・監査等委員会において，常勤の監査委員・監査等委員のほか，監査を補佐する取締役・使用人，会社の内部統制部門・内部監査部門から監査

ト集計結果」（平成29年5月）によれば，監査役スタッフ（監査役を補助する使用人）が存在する会社の割合は43.6％，うち専属スタッフが存在する会社は31.1％。
7) 注3江頭571頁。なお，同頁でいう「内部統制部門」とは，内部監査を所管する部署とそれ以外の内部統制機能を所管する部署とを合わせて指しているものと思われます。
　なお同頁では，「独任制の下で内部統制部門に対し指示が複数の者からなされることになると，組織が混乱する」とあります。しかし，監査委員会や監査等委員会でない限り，内部統制部門を利用した監査ができないということではありません。注9参照。
8) 注6の調査結果によれば，監査等委員会の場合，平均委員数3.45人のうち常勤委員数は1.06人。

情報の報告を受け，他の委員との間でその監査情報に係る評価，今後監査すべき事項について意見交換を行い，委員会として次の監査活動を決定したり，監査意見を形成することになります。合議制であるため，自らの監査意見が多数の委員の意見と異なる場合には委員会の監査報告には反映されませんが，付記することができます。

　ウ　まとめ

　以上を踏まえると，監査役監査は監査役が個別かつ直接に監査を行い，指摘すべき事項を抽出するモデルであるのに対し，監査委員会・監査等委員会監査は，会社の内部統制部門・内部監査部門（内部統制システム）からの情報に依拠し，この個別の監査事項に加え，システム自体の有効性や実効性を監査することを通じて，指摘すべき事項を抽出するモデルであると考えられます。ただし，前者においても内部統制システムを利用した監査が相当程度行われており[9)][10)]，経営者において了解する限り，監査に利用することに支障はないことから，この面での差異は必ずしも大きなものではないと考えられます。

　しかしながら，後者の方が，委員である社外取締役が，委員会の決議を通じて監査の手段をもつことになり，その意思を監査に反映させやすくなるため，その特性を活かした監査ができる環境であるということができます。

(5)　**監査機関の職務の内容と監査の範囲**　((1)の表の項番11，13，14参照)

　ア　監査の内容

　前述したとおり，監査等委員会において監査等委員以外の取締役の選任等

---

9)　注6の調査結果によれば，内部監査部門等から平時に監査機関が報告を受けている割合は，監査役（会）設置会社の場合78.4％，指名委員会設置会社の場合100％，監査等委員会設置会社の場合約90％です。
10)　内部監査部門は，経営者にとり，自らが判断して導入したリスク管理体制が有効に機能しているかどうかを第三者的視点から確認するために重要な部門です。一方，経営者が内部統制を無効化しようとした場合，内部監査部門に指示をして内部監査をさせないようにすることもできるという問題があります。このため，「経営者のための監査」から「経営者も対象とする監査」への移行が必要となってきたところ，社外監査役や社外取締役の導入とその機能発揮への期待は，これを後押しするものとなっています（日本取締役協会「リレーブログ」http://www.jacd.jp/news/column-cg/180213_post-180.html参照）。

および報酬等に関する意見の決定も職務の内容になっている点を除けば，監査機関（監査役（会），監査等委員会，監査委員会。以下同じ）の役割は，3つの制度とも同一です。具体的には，取締役（監査委員会の場合には，執行役および取締役）の職務の執行に対する監査とその結果としての監査報告の作成，会計監査人の職務の執行に対する監査とその結果としての会計監査人の選任等に関する株主総会議案の決定の2つです。

前者を業務監査，後者を会計監査と呼称することがあり，前者は会社の内部統制部門を利用して（特に，監査委員会や監査等委員会の場合），後者は会計監査人を利用して，それぞれ監査を実施することになります。

イ　監査の範囲

業務監査の範囲については，監査報告の法定記載事項から，3つの制度とも，①取締役（監査委員会の場合には，執行役および取締役）の職務の執行に関し，不正の行為または法令もしくは定款に違反する重大な事実があったかどうか，②内部統制システムの決議・決定の内容と運用状況が相当かどうかの2点になります（適法性の監査といわれます）。

これに加え，監査委員会と監査等委員会による業務監査には，妥当性の監査が含まれるといわれています[11)][12)]。ここで「妥当性の監査」とは，会社法における定めはありませんが，「経営の効率性の評価ないし業務執行の成果たる業績の評価」[13)]「業務執行が，全体的に見て効率的に行われているかどうか」[14)]を監査するものと説明されています。また，日本監査役協会の監査委員会監査基準では，その21条1項で，「監査委員会は，執行役が取締役会の

---

11) 神田秀樹『会社法』（弘文堂，第20版，2018）252頁，256頁，注3江頭570頁，591頁，前田庸「商法等の一部を改正する法律案要綱の解説［Ⅲ］」商事法務1623号23頁など。
　　他方，監査制度により監査の内容に相違はないとする見解もあります（「攻めのガバナンスと監査の実効性—監査制度間の比較を踏まえて—」監査役649号24頁〔田中亘発言〕，澤口実ほか「わが国における「監査」の展望」商事法務2121号31頁）。
12) この問題の理論面での論点については，太子堂厚子『Q&A監査等委員会設置会社の実務』（商事法務，2016）91〜92頁。以下では，監査委員会と監査等委員会による業務監査には，妥当性監査が含まれるとの考え方に沿って記述します。
13) 久保利英明・中西敏和編『委員会等設置会社への移行戦略』（商事法務，2003）32頁〔須藤修〕
14) 岩原紳作編『会社法コンメンタール9—機関(3)』（商事法務，2014）95頁〔伊藤靖史〕

定めた経営の基本方針及び中長期の経営計画等に従い，健全，公正妥当，かつ，効率的に業務の執行を決定し，かつ，業務を執行しているかを監視し検証しなければならない。」と示しています。

　ウ　まとめ

　以上を勘案すると，監査委員会・監査等委員会による業務監査では，個別の意思決定・執行行為と内部統制システムの決定内容・構築状況等に対して監査し，適法性や相当性の監査意見や，業務の執行の効率性や経営計画等との整合性等に関する監査意見を表明することにより，取締役等の評価（選解任等と報酬等）の基礎となる監査意見を提供することとなります。

　こうした妥当性の監査を含む業務監査においては，社外取締役である監査委員や監査等委員にとって，社内出身の監査委員や監査等委員との情報格差や業務経験の格差が決定的な意味をもつものではなく，その知見が有効な監査に貢献できるものと考えられます。

　一方，監査役（会）による業務監査は適法性の監査にとどまりますので，社外監査役は，その限りにおいて，これまで培ってきた業務経験や専門的知見を発揮することとなります。

(6)　**監査機関と取締役会との関係（各監査機関の位置付け。(1)の表の項番12参照）**

　ア　監査役会設置会社（取締役会から独立）

　監査役会は，株主総会で取締役の職務の執行の監査などを行う者として選任された監査役で構成されており，したがって，取締役会とは独立した機関です。そして，監査役は監査が職務であって，「監査」の定義[15]は会社法ではされていませんが，少なくとも「監督」ではありません。

---

[15] 日本取締役協会「監査等委員会の監査の展望」（2016年10月）では，「「監査」の意義は，役員による「監査」，あるいは上場企業のコーポレートガバナンスに対する社会や市場の期待に基づき，その時々において適切に解釈して運用するのが合理的であろう。」とあります。
　　注11澤口ほか32頁では，「①財務報告の信頼性の確保を中心的な目的としつつも，②法令遵守や③適切なリスク管理の実現をも目的として，会計監査人と内部監査部門の活動を，その選定から関与すること等を通じて指揮または監視し，また，付随・関連した職務を行うのが「監査」となる。」とあります。

すなわち，監査役会は，取締役会の監督機関として取締役の業務執行のモニタリングを行うのではなく，取締役会の横からモニタリングすることになります[16]。よって，取締役会への定期的な報告義務は，会社法上，定められていません。監査結果は，会社に著しい損害を及ぼすおそれがある事実に該当する場合を除き，取締役と必ず共有されるものではなく[17]，取締役の職務の執行の監督や，取締役の選任等や報酬等の検討の参考として供されない可能性があります。

　イ　監査委員会（取締役会の内部機関）

　これに対し，監査委員会は，その構成員が取締役会で選定される取締役会の内部機関であり，監査委員会の職務の執行の状況を取締役会に報告する義務が定められています（会社法417条3項）[18]。そして，これにより取締役会で共有された監査結果の情報が，取締役会の監督活動により得られた情報とともに，指名委員会や報酬委員会での審議の基礎となり，評価，すなわち執行役および取締役の選任等や報酬等に反映されることとなります。

　ウ　監査等委員会設置会社（構成員は取締役だが，取締役会の内部機関ではない）

　最後に，監査等委員会の場合には，その構成員である監査等委員が，監査等委員以外の取締役とは別に株主総会で選任されるため，監査役会と同様に

---

[16] 太田洋「上場会社のガバナンスとコーポレートガバナンス・コード」日本取締役協会編『独立取締役の教科書』（中央経済社，2015）61頁

[17] ただし実務運営上は，一定期間ごとに監査結果の詳細が任意に監査役（会）から取締役会に報告されるとともに，取締役会では監査役より監査結果を踏まえた意見が述べられているものと思われます。
　日本監査役協会の監査役監査基準58条では，「1．監査役及び監査役会は，監査の実施状況とその結果について，定期的に代表取締役及び取締役会に報告する。2．監査役及び監査役会は，その期の重点監査項目に関する監査及び特別に実施した調査等の経過及び結果を代表取締役及び取締役会に報告し，必要があると認めたときは，助言又は勧告を行うほか，状況に応じ適切な措置を講じる。」としています。

[18] なお，取締役会との関係では，監査委員会の運営等に関する規定について，取締役会にて決議することとなっている場合があります（ホームページで公表されているものとして，エーザイ株式会社，HOYA株式会社，野村ホールディングス株式会社，ソニー株式会社）。一方，日本監査役協会公表の監査委員会規則では，監査委員会に改廃権限があります。

取締役会とは独立した機関との位置付けになります[19]。したがって，取締役会の内部機関ではなく，取締役会への報告義務は定められておらず，監査結果の情報が取締役会で共有されることがなくても，会社法には反しません。また，監査等委員である取締役以外の取締役には，議事録の閲覧・謄写権は認められていません。

監査等委員は取締役であり，かつ，その職務として監査等委員以外の取締役の選解任や報酬等に関して株主総会で述べる意見を決定する義務がありますので，監査等委員会の監査結果に加え，取締役会での取締役の職務の監督を通じて得た情報をもって，意見を検討することになります。

エ　まとめ

監査機関の取締役会との関係は，監査役・監査委員・監査等委員の選任・選定の方法の違いを反映しており，以上の記述のとおり，会社法上の扱いは，監査等委員会の場合には，前述(5)での検討の結果と異なり，監査委員会ではなく監査役会に類似したものとなります。この点については，特に社外取締役が監査等委員会の委員長に選定され，委員会の運営を主導する立場に置かれた時には，注意が必要となると思われます。

第❷　社外取締役・社外監査役として留意すべき事項

第1では，3つの制度の主な比較と社外取締役の役割について，検討をしました。

第2では，監査等委員会設置会社や指名委員会等設置会社の社外取締役において留意すべきリスクと，想定される対応策について検討をします（監査役会設置会社の社外監査役が留意すべきリスクにも，適宜，言及します）。検討に当たっては，まず社外取締役の負担面について検討した後（1），社外取締役が活躍する局面に応じて，リスクと対応策を検討します（2〜4）。最後に，経営者による無効化がある場合の対応を検討します（5）。

19）坂本三郎編著『一問一答　平成26年改正会社法』（商事法務，第2版，2015）49頁

第7章　3つの制度の比較と社外取締役・社外監査役の役割

1　監査等委員である取締役，指名委員会・報酬委員会・監査委員会を兼任する社外取締役の職務の負担

⑴　リスクの内容
ア　負担する機能の内容

　監査等委員会設置会社の場合の監査等委員である取締役，指名委員会等設置会社の場合の法定3委員会のすべてを兼任する取締役は，①監査機関の構成員として，取締役（指名委員会等設置会社の場合，執行役と取締役）の職務の執行の監査，②取締役として，取締役（指名委員会等設置会社の場合，執行役と取締役）の職務の執行の監督，③取締役の選任等と取締役（指名委員会等設置会社の場合，執行役と取締役）の報酬等への関与または決定（評価）の3つの機能をすべて担うこととなります。

イ　監査機能

　このうち，まず①については，監査等委員会や監査委員会が通常毎月1回は開催されることに加え，監査活動の一環として経営者（代表取締役，代表執行役）のほか，内部統制部門等を統括する取締役や執行役との意見交換が予定されているとすると，その拘束時間は取締役会のそれよりも多くなることが，容易に想定されます。ただしその分，会社に関する情報は豊富に得られることとなります。

ウ　監督機能

　次に②については，そのほかの取締役と同様ですが，取締役の選任等と報酬等という極めてセンシティブな問題を③で取り扱うこととなるため，たとえば取締役（や執行役）の業務の執行状況の報告においては，会社の経営方針に従い効率的な業務執行が行われているかどうかを中心に情報を偏りなく取得し，公平に判断しなければならないこととなります。

エ　評価機能

　③については，指名委員会等設置会社の場合，当該社外取締役は，兼任する指名委員会・報酬委員会に参加し，取締役の選解任に関する株主総会議案の内容の決定，執行役・取締役の個人別の報酬等の内容の決定に，それぞれ関与することになります。

監査等委員の場合には，監査等委員会において，監査等委員である取締役以外の取締役の選解任等，報酬等について株主総会で意見を述べるかどうか，述べる場合にはその内容について審議されるので，それに参加することになります。したがって，実際に取締役の候補者を選定する監査委員会，あるいは取締役や執行役の個人別の報酬等を決定する報酬委員会の委員よりも，一見，負担は少ないようにも見受けられますが，決してそうではないと考えられます。

　第一に，「意見」の内容は，取締役の選解任や報酬等の株主総会に対する議案に限定されているわけではありません。それぞれの基本方針や決定プロセスに問題や疑問があると判断すれば，積極的に株主総会で意見を表明する必要があるとも考えられますし[20]，そうでなくとも，会社に対して指摘を行い，その改善の助言や勧告を行うことは，必要になると思われます（これは，監査活動ともいいうるかもしれません）。

　第二に，指名委員会や報酬委員会では法定の調査権がないところ，監査等委員会には調査権が付与されています（会社法399条の3）。仮に取締役の選解任や報酬等に関して，改善を求めるべき事情の存在が想定された場合には，当該権利を行使し，その存否を確認する義務があるように思われます。

　以上を勘案すると，株主総会前に取締役会（あるいは，事実上，代表取締役）から取締役の選任議案の内容を示されてから，その適否を検討するのでは不十分であり，少なくとも取締役の指名方針やサクセッションプラン，取締役（や執行役）の報酬決定方法や具体的な評価内容を確認する必要があります[21]。

　　オ　まとめ

　以上から，監査等委員会設置会社の場合の監査等委員である取締役と，指名委員会等設置会社の場合の法定3委員会のすべてを兼任する取締役の負担

---

20) 注4日本監査役協会5頁参照。
21) 注4日本監査役協会17頁以下では，「監査等委員会として確認・評価を行うべき対象とポイント」として，選任等に関しては，①社内規程・制度の検討（任用基準），②サクセッションプラン，③CEO，業務執行取締役候補者の指名プロセスの運用，④取締役会の構成，⑤社外取締役選定の基準，手続，⑥エマージェンシー・プランの6点，報酬等に関しては，①報酬政策全体，②インセンティブの設定，③金額の妥当性の3点を挙げています。

は，相応のものとなると考えられます。

(2) リスクへの対応案

　まずは，社外取締役としての職務の執行に十分に時間の確保ができるよう，本業や他の会社の社外役員との兼務状況を把握し，あらかじめ時間の配分を決めておく必要があります。

　次に，会社に要請して年間のスケジュールを年度の相当期間前に確定させ，特殊事情が生じない限り，そのスケジュールどおりに監査活動，監督活動，評価活動を進行させることも要請する必要があります。

　最後に，監査活動に限らず，当該社外取締役の補助使用人として，社内事情に詳しく，社内での調査能力も高い者の起用を要請するなどの対応も必要となるかもしれません。

2　監査機関による監査結果に対する討議

(1) リスクの内容

ア　監査活動の具体的な内容

　監査は，取締役（や執行役）の職務の執行に関して，不正の行為または法令もしくは定款に違反する重大な事実がないこと（妥当性の監査が監査の範囲に入る場合には，さらに，業務の執行が効率的に行われていること）の合理的な保証を得るためのプロセスであり，監査機関は監査活動により収集した様々な証拠を分析し，心証を形成していくこととなります。会社法の監査報告ではその結果のみが記載され，株主に報告されますが，その過程では多数の証拠とそれに対する評価が個別になされ，とりまとめがなされることが通常と思われます。

イ　説明責任と有効なコミュニケーション

　しかしながら，監査機関は業務の執行者ではないことから，監査により認識した個別事実の理解に相違がある場合や，仮にそれがない場合にも，その評価に誤りがある場合が想定されます。特に，監査機関の構成員の大半が社外取締役（監査役会設置会社の場合には，社外監査役）である場合には，その懸念は払拭できません。そしてこれが修正されないまま，取締役等の評価の

基礎材料となった場合には，正当な評価に結び付きません。

　このため，監査結果の決定のプロセスでは，監査機関が結論を得た監査結果を責任もって説明し，それに対して他の取締役などが疑問の投げかけを行うことができる場を設定することが重要であり，その場にもっとも相応しいと考えられるのが，取締役会となります。

　　ウ　社外監査役・社外取締役である監査等委員が留意すべき事項

　指名委員会等設置会社の場合には，監査委員会は取締役会の内部機関であり，その職務の執行の状況を取締役会に報告することが義務付けられていますが，監査等委員会設置会社の場合にはその義務が課せられていないため，監査結果に対する健全な議論がなされないままとなる可能性があります。監査役会設置会社においても，同様です。

(2)　リスクへの対応案

　監査等委員会や監査役は，会社法上の義務がなくても，一定の頻度で監査の結果ないし経過の報告を行うことを取締役会に求める必要があります。

　そして当該報告を行う取締役会においては，単に報告のみとならないよう，十分な審議時間の確保をあらかじめ要請するとともに，事実の確認や些細な論点に議論が集中しないように，わかりやすい表現で監査の要旨をまとめ，報告を行う必要があります。

　また，監査の結果ないし経過の報告については，取締役会に出席していない執行役や主要な使用人にも取締役会終了後に配布し，それに関する議論の門戸を開ける必要があります。この点は，監査委員においても，同様と考えられます。

3　取締役会での取締役等の職務の執行状況に対する討議

(1)　リスクの内容

　　ア　取締役会での議論の必要性

　取締役会が十分に監督機能を果たし，業務執行者が経営方針に従って効率的に職務を執行したかを確認するためには，必要な情報が取締役会に示され，十分な意見交換や検討を通じて，公正に評価する必要があります。

イ　適正な指標を基準とする評価

　まず，第一に，業務の執行の決定権限を業務執行取締役や執行役に委任すると，取締役会から見て個別の業務執行の決定や決定後の経過の報告がなされなくなることにより，職務の執行の状況が把握しづらくなるというリスクが生じます。

　この課題は，委任の範囲を拡大することで必然的に生ずるものと考えられます。キャッシュ・フローの増大を目指すことが中心となる営業活動については，計数によりその進捗状況を示しやすいのですが，コストを削減することにより企業価値の増大を目指すリスク管理活動は，計数による状況把握が難しい面があります。

　その結果，取締役会における報告や取締役会での意見交換が，営業活動とリスク管理活動の双方にわたりバランスよく，かつ適正に実施されづらくなる傾向になりがちです。

　ウ　「社外役員への説明の場」になる可能性

　第二に，意見交換が不十分となるリスクがあります。取締役会で報告される事項については，上記の監査結果と同様に，責任ある説明とそれに対する健全な疑問の投げかけが必要となりますが，社内出身の取締役においては，経営会議・常務会といった社内の事前討議機関で検討をしているため，取締役会では，社外取締役のお墨付きをもらうという態度になりがちです。また，さらに社外取締役の数が少ない場合には，社外取締役側からの議論の持ちかけが少なくなることが考えられます。

　エ　まとめ

　以上の結果，たとえば，業務執行者の職務執行の結果が，過剰なリスクテイクの結果として生じたものなのか，あるいは単に社外の環境が当該業務にとって追い風だったためなのか，リスク管理にも十分に配意しながらの結果だったのかどうかの把握が不足し，公正な評価につながらないことになります。

(2)　リスクへの対応案

　上記のような，業務の執行の決定権限を業務執行取締役等に委任すること

に伴い発生するリスクについては，職務の執行の成果を適正に把握できるための，いわばモノサシ，指標が必要になります。

また，内部統制システムの運用状況の評価の頻度を上げるよう要請したり，業務執行取締役に対して，重要な業務執行事項に関しアラーム・ポイントを設定させ，定期的に内部統制部門に報告をさせる，取締役会に対する業務の執行状況の報告においては，当該業務執行に対応するリスクの内容と評価を必ず報告させるようにするといった仕組みが考えられます。

また，内部通報制度に不十分な点があれば，その改善を求め，社外に設置した通報窓口から情報が得られる仕組みを用意しておくことも必要となるかもしれません。また，取締役会で多様な意見が出されるよう，社外取締役の増員や社外取締役のもつバックグラウンドの多様性確保を要請するという対応も考えられます。

なお，コーポレートガバナンス・コードの導入に伴い，社外役員の導入，機関設計の見直しなどが行われましたが，その次のフェイズの課題として，攻めと守りの最適なバランスを達成するリスク管理のあり方が課題となっています[22]。こうした新しいリスク管理の手法の検討を促すことも，社外取締役の対応として考えられます。

こうした要請は，社外取締役であるからこそ，従来の会社の慣行や代表取締役・代表執行役との人的関係を意識せずにできるという側面があります。

4　取締役等の評価（選任等および報酬等）に関する情報の確保

(1)　リスクの内容

　ア　監査活動におけるレバレッジ

監査機関による監査活動では，常勤の監査委員による監査活動結果報告や，内部統制部門からの報告の徴収，同部門に対する調査の依頼（あるいは指示），監査委員会を補助する取締役や使用人の活用による情報の収集など，いわば梃子の効いた監査を行うことが可能です。

---

22)　たとえば，情報センサー121号22頁以下（新日本有限責任監査法人，2017年5月）。

イ　必要とする情報の性質による制約

一方，取締役の選解任や報酬等に関する意見形成に際しては，個々の取締役の評価を行うこととなるので，センシティブな情報を扱うこととなり，監査のように多方面から情報収集することは行いづらい面があります。特に，監査等委員会の場合には，監査の職務にたずさわりながら，社外取締役が中心となって作業を行うこととなるため，候補者の人材プールの内容や職務の執行状況をすべて個別に確認していくことには困難さが付きまとうものと考えられます。

(2)　リスクへの対応案

監査等委員会設置会社の場合，監査等委員が会社に要請をして，任意の指名・報酬委員会を設置し，検討事項を指定して検討を行わせ，その結果を監査等委員会に報告させるような仕組みを作るといった対応が考えられます。

ただし，この場合，任意の指名・報酬委員会に対して検討を依頼するに当たっては，十分に留意をする必要があります。

すなわち，任意の指名・報酬委員会での議論を求める場合には，あらかじめ監査等委員会の環境認識や基本方針を示し，議論の枠組みを設定する，あるいは単一の案を作成させるのではなく，複数の案の作成を求める，構成員に社員だけではなく，監査等委員会が指定する外部の第三者を含めるといった，公平性・中立性を保つための仕掛けが必要と考えられます。

5　経営者による社外取締役機能に対する無効化リスク

(1)　リスクの内容

執行と監督を分離し，社外取締役に対して評価権限を委譲することは，特に会社の大株主である経営者や，長期間経営にたずさわり，着実にその企業価値を増加させてきた経営者にとっては，強い抵抗感があるものと想定されます。

社外取締役の活用は，その存在をいわば触媒として，会社の持続的な成長を実現するために会社内部で十分な意見交換を行わせ，株主などのステークホルダーに対する説明責任を果たすことを通じ取締役の責任を免責し，「攻

め」「守り」の両面においてより積極的な業務の執行を可能とする目的を有するものです。しかしながら，その理屈は頭では理解していながらも，特定の論点で社外取締役との間で意見の衝突が生じたり，自らが培ってきた会社の風土に対して注文を付けられると，社外取締役に不信や不満を抱くこととなります。そしてそれは，ある程度において，やむをえないことと考えられます。

そしてそれが高じた場合，経営者が部下に指示をし，社外取締役に対して意図的に情報を伝達しない，社外取締役の活動の補助機能を弱体化させるといったリスクにつながることが想定されます。このリスクは，社外監査役の監査活動についても，同様に当てはまるものと考えられます。

(2) リスクへの対応案

経営者による無効化は，内部統制においてもその限界の一つとされている[23]とおり，社外取締役の機能発揮に対する極めて大きな障害となります。そしてそれを未然に防止する仕掛けはなく，それが認識された場合やそのおそれを認めた場合には，社外取締役が経営者と十分に面談を行い，理解を求める必要があります。

仮にそれでもなお，社外取締役の活動を阻害する要因が除去されない場合には，取締役会に報告し，他の取締役や監査役の協力を求める，内部統制システムの修正案を自らが取締役会に提案する，会社財産に損害が生ずるおそれがある場合などには，当該経営者の解任を取締役会に提案するといった法的手段をとるしかないように思われます[24]。

---

23)「財務報告に係る内部統制の評価及び監査の基準のあり方について」（企業会計審議会，平成17年12月）15頁
24) 注3江頭474頁では，取締役が自己の業務執行権限外の事項に関し会社の損害を疑わしめる事実を知った場合について，「弁護士に相談する，事実を公表すると代表取締役を脅す，あるいは辞任する等しなければ任務懈怠となる場合もあると解すべきである」としています。
　なお，セイクレスト事件（大阪高判平成27年5月21日判時2279号96頁）では，社外監査役が代表取締役の任務懈怠行為について取締役会で取り上げ，疑義の表明や事実関係の報告を求めるなど，監査役としての具体的な行動をとっていましたが，監査役監査規程の定めに従って，会社の資金の流出を防止するための内部統制システムの構築を取締役会に助言・勧告すべき義務を果たしていない，取締役会に代表取締役を解職すべき旨の助言や勧告をすべきところ，していないとして，その責任が認められています。

第8章
社外取締役・社外監査役の具体的実務の内容

本章では、社外役員の具体的実務について説明しますが、まず、社外取締役と社外監査役に共通の事項を述べ、次に、社外取締役、社外監査役の順に、それぞれの職責の中で特徴的な実務内容に触れます。こうしたことから、あくまで、実務の雰囲気をお伝えするにとどまります。

第❶ 共通の実務内容

1　取締役会での審議への参加

社外取締役および社外監査役に共通の実務内容としては、何といっても取締役会に出席して、そこでの議案の審議に参加することが第一です。この審議に参加するに当たって、両者の決定的な違いは、前者は、監査（等）委員会における監査（等）委員たる取締役を含め、取締役はいずれも取締役会の意思形成に参画することのできる議決権を有するという点です。コーポレートガバナンス・コード（以下「CGコード」といいます）が制定される前の段階では、監査役はその役割が適法性の監査にあるとの建て前に縛られて、投資案件などの経営判断に及ぶ事項については、どちらかというと積極的な発言を自制するような雰囲気があったように思われます。

しかしながら、CGコード制定の少し前から、少なくとも「日本再興計画」改訂2014以降においては、社外監査役も、攻めのガバナンスに積極的に参加しようという気運が盛り上がってきたように思います。それ以前も、監査役の役割たる適法性の監査は、単に業務執行の法令定款違反にとどまらず、著しく不当な事項にも及ぶと解されていたことから、「著しい」か否かは程度

の違いだという理由で、業務監査（妥当性の監査）に関しても、相当でない事項について「指摘」することは監査役の職責の範囲内と解されていました。ところが、CGコードの原則4－4「監査役及び監査役会の役割・責務」において、「監査役及び監査役会に期待される重要な役割・責務には、業務監査・会計監査をはじめとするいわば『守りの機能』があるが、こうした機能を含め、その役割・責務を十分に果たすためには、自らの守備範囲を過度に狭く捉えることは適切でなく、能動的・積極的に権限を行使し、取締役会においてあるいは経営陣に対して適切に意見を述べるべきである。」と明記されたことから、経営判断に及ぶ事項について積極的な発言を自制する障害は取り除かれた感があります。

2 事前説明や方針議案の活用

社外役員のほとんどは、一般的に、当該会社の業務に精通していません。そこで、最近では、社外役員の就任後しばらくの間、会社において、会社業務や内部統制システムその他の組織・制度の説明、会社で用いられる独特の用語例の解説、事業所や工場などの見学などを精力的に実施する企業が増えてきました。というより、補充原則4－14①に基づき、ほとんどの会社がこうした機会を設けています。社外役員においては、こうした機会を捉えて、精力的に、眼に見える形での当該会社の業容を知ることが必要です。取締役会の席上での説明だけでは、議案の字面を追うことだけに終始してしまいがちで、適確な意見を述べられないと思います。

こうした予備知識を得てから、取締役会での審議に臨むわけですが、議案の事前説明が行われるのが一般的ですから、ここで基礎知識レベルの情報は収集できます。また事前説明が行われない場合でも、それに代えて、正式の議案として諮る前に、方針説明・事前説明という形の議案を諮るか、あるいは報告事項という形で事前説明が実質上なされることが一般的だと思います。そこで、議案について十分な情報を得た上で、経営理念や中期経営計画などと対照して、当該議案の経営全体における位置付けを考え、取締役会での審議に臨むことになります。また、こうしたプロセスを経ても、なお議案につ

いての視点が定まらないこともあります。そうした場合は，取締役会において，議案が策定されるに至るまでの経営会議やその下の執行会議などで，どのような議論がなされたのかを開示してもらうと，議案を考える上での参考になります。

3　社外役員相互の意見交換

　社外取締役および社外監査役は，いずれも「独立した客観的な立場」（CGコード原則4-3および4-4）を堅持して，それぞれ，経営陣および取締役に対する監督あるいは監査という自らの職責を果たさなければなりません。しかし，それぞれが出席する会議体の違いや情報を入手するルートなどの違いによって，会社情報の量や質に相違が生じます。たとえば，取締役はその職責として取締役その他の幹部人事（後継問題も含みます）や役員報酬の決定などの情報に接する機会が多いですが，監査役の耳には，そうした情報はあまり入りません。これに対し，監査役は，監査役会における常勤監査役による報告を情報源とし，あるいは監査役会としての監査法人との協議の機会を介して，会社の重要な財務情報あるいは内部統制システム違反や不祥事・事故などの情報を得ることが多いのですが，社外取締役は，それらの情報を自ら入手する機会が少ないです。そこで，社外役員相互の情報交換の場を設けて，お互いの有している情報を，機密情報として守秘義務を負っているもの以外は，積極的に情報のやり取りをすべきです。CGコードでは，独立社外取締役について，定期的な会合をもつなどして「客観的な立場に基づく情報交換・認識共有を図るべきである。」（補充原則4-8①）と定めていますが，こうした情報交換・認識共有は，それぞれ役割の異なる社外役員相互においても図ることが望ましく，私の経験に照らしても，実益が大きいことは間違いありません。

4　内部統制システムの適切な構築・運営とその監督・監査

(1)　内部統制システムとは

　私は，法律の専門家で経営を論ずる立場にはないのですが，後述（180・

181頁）するように，CGコードが前提としている経営とは，経営理念に始まる経営の意思を実現するために，経営戦略，経営計画などに具現化するとともに，投資判断その他の互いに複雑に絡み合うプロセスを有機的に連携させた1つのシステムであって，人・モノ・カネ・情報という経営資源を1つの目的の下にまとめ上げるものだと考えています。ちなみに，以前，ある上場会社のもと社長で社外取締役を務めている方が，社長の役割は，社内のベクトルを合わせ一つにまとめて外と闘うことと，会社を好きな人間をどれだけ育てられるか，の2つだと述べておられたことが印象深いです。

　こうした観点で会社を見ると，会社という組織にあっては，それがある程度の規模となったときには，経営の意思が会社全体に行き渡り，社内のプロセスが有機的な一体として連携するシステムとして稼働することが必要不可欠です。こうしたシステムが整備されていれば，末端の工場で起きた事故が速やかに社長の耳に届き，有効な対策を講じることができます。

　こうしたシステムを，会社を巡るリスクという観点から見ると，事業の遂行にあたり日々直面するリスク（COSOのエンタープライズリスクマネジメントフレームワーク公開草案で「ある事象が発生した場合，それが企業の目的達成に悪影響を与える可能性」と定義されるものを指します）を組織的にコントロールし，またコントロールできなかった場合の影響を可能な限り最小化するためのシステムと言い換えることができます。したがって，かかるシステムとは，リスク管理体制のことにほかなりません。

　これらが，会社法において，会社法上の大会社の取締役会に対し，その構築および運用を義務付けている内部統制システムなのです。もともと，内部統制システムという概念は，会計の分野で財務報告の適正を図る目的の下で用いられ，その後，我が国では，取締役相互の監視義務違反を問えないような案件について，大規模な会社における取締役の善管注意義務の一態様として認められるに至ったものです。しかし，そうした内部統制システムの実態は，裁判例やその後の会社法で初めて認められたものではなく，前述のとおり，ある程度の規模の企業においては，経営の意思を社内に貫徹させ，またリスクを管理するために，その経営組織の構成要素として組み込まれていた

ものです。

(2) 内部統制システム検証の視点

したがって，内部統制システムに対する経営者さらには実務担当者の意識は，ある意味，これまでやってきたことだとの気持ちが強いせいか，会社法の下で，内部統制の10項目決議などと呼ばれている会社法施行規則100条1項が定める各体制として，その構築および運用が会社法実務の中で重要な課題として認識されるに至った以降も，その大枠はしっかりした枠組を構築・運用して法の要請には対応しているのですが，内部統制システムの構築・運用の詳細については，実際の会社実務において，なお従前の慣行まかせのところも見受けられ，重要な経営上のシステムとしての機能を高めるという観点での整備が十分でないように思われます。

こうした実態はさておき，CGコードの下において，内部統制システムの構築およびその運用は，経営理念を始めとし，経営戦略や経営計画に具現化される経営の意思（単に社長の意思を意味するものでないことは，社長による不祥事の例を考えれば明らかです）を貫徹させ，さらには役員・従業員が経営の意思の下に自主的自発的に行動し，攻めのガバナンスを実効あらしめる上で，極めて重要な意味を担っているものといえます。内部統制システムの構築・運用に係る取締役の義務は，それを遵守していれば，取締役は善管義務違反の責任を免れるという文脈において用いられることがありますが，そうした後ろ向きの思考でなく，内部統制システムを整備し，その運用の実を高めることによって，積極果敢な経営に資するという発想が必要です。

(3) 内部統制システムの実態把握

とはいえ，社外取締役および社外監査役は，それまで当該会社の組織に組み込まれていなかったため，その就任とともに初めて，当該会社の内部統制システムに向き合うことになります。したがって，就任後速やかに，その内部統制システムの中味を十分に検証しなければなりません。とりわけ監査（等）委員にとっては，会社法上，監査（等）委員会のメンバーとして，その主たる職責である監査を実施するために，取締役会が構築した内部統制システムを形成する内部統制部門を利用する建て付けとなっていることから，

こうした検証は必須です。しかしながら，内部統制システムの詳細にわたる実態については，たとえばグループ会社経営に際しての予実管理一つをとっても，海外の現地法人の予算に係る数値がどのようなレポーティング・ラインの下に，本社の経営企画部門や財務部門さらにはＩＲ部門にもたらされ，それぞれの組織がどのようなプロセスを経て予算を策定するのか，さらに，そうした予算に対する日々の実績の把握がどのようにレポーティング・ラインの下で行われ集約され，それぞれの部門での分析などがどのように統合されていくのかなど，いくつかのポイントごとにレポーティング・ラインを見るだけでも，なかなか理解し難いところがあるのが実情ではないでしょうか。社外役員としては，どこまで詳細にこれらを把握すべきかの問題はありますが，重要な経営上の事項については，効率的・機能的な運用が図られるべきとの観点からの検証が必要と思われます。

ところが，個々の会社ごとに現実に稼働している内部統制システムは，それまでの慣行にも大きく左右されていることから，その実態把握と分析のために社外取締役および社外監査役は相当な労力を要します。社外取締役は，取締役会における内部統制システムの構築・運用を担い，社外監査役は，その構築・運用の監査を担い，それぞれの担う役割は異なりますが，現に稼働している内部統制システムの実態に係る認識・把握という作業においては，全く同じレベルで対応しなければなりません。そこで，現に構築され運用されている内部統制システムがどのような実態となっているかという現状認識を進めるに当たっては，共同で事にあたらないと非効率です。こうした内部統制システムの把握については，内部統制報告書その他の会社作成に係る書類に大枠の記載があるものの，その実態の詳細は，なかなか把握し難いところがあります。そこで，現実に，その運用に携わっている部門に聞くのが近道でありますが，ともすれば縦割りの組織構成がとられていて，部門相互の関係や横串の入り方などの把握が難しいこともあります。そのような場合には，複雑な実態につき顧問弁護士に調査を依頼することも一つの方法です。また，正規のレポーティング・ラインのみならず，それを補完して内部統制システムを実効あらしめ，あるいは是正の方向に導く内部通報制度の内容や

運用実態の把握についても，十分な検証が必要だと思います。

第❷ 社外取締役の具体的実務の内容

1 社外取締役の伝家の宝刀

以下に述べることは，社外取締役の具体的実務という標題からすると，羊頭狗肉と感じられると思います。しかしながら，社外取締役の立ち位置を十分に認識し，その役割を果たす上での伝家の宝刀を見定めておくことも必要だと思います。

(1) 社内取締役と社外取締役の立ち位置

取締役会は，ほとんどの上場会社において，社内役員と社外役員とによって構成されています。その議長は，ガバナンス構造の違いによって，社内か社外か，いずれかより選任されますが，業務執行組織の長は，指名委員会等設置会社を除き，例外なく社内取締役から選任されます。ごく少数の会社では，取締役会は社外取締役のみで構成され，モニタリング機能に徹するというタイプもあるのでしょうが，我が国の上場会社では，取締役会に提出する経営理念・経営計画や議案の策定責任者であるとともに，取締役会の承認を得た経営理念・経営計画や議案の実現あるいは実行の責任者である業務執行組織・ヒエラルキーの頂点に立つ社長は，代表取締役を兼務しています。この点は，我が国の法制下では，指名委員会等設置会社以外では，代表権は取締役にしか付与できない建て付けになっているからです。

ところで，社外役員が取締役会の構成メンバーとなる仕組みは，もっぱらガバナンス強化のために必要と認識された結果，採用されたものです。したがって，今でも，取締役会の構成メンバーの多くは，業務執行組織の頂点に立つ社長以下の各業務執行部門の長たる業務執行者（事業部門あるいは機能部門の責任者）によって占められています。しかも，それらの者は，ほとんどが，その会社に一兵卒から，あるいは中途採用で入社し，サラリーマンとしての出世レースを生き残った者によって構成されるサラリーマン共同体という一種のムラ社会において昇り詰めた少数のエリートです。こうした取締

役会の構成・成り立ちを見れば、否応なしにムラ社会における意思決定プロセスが重視され、ムラ社会が長年にわたって培ってきた価値観の下で、ムラ社会の流儀に基づく決定がなされることは想像に難くありません。

(2) **コーポレートガバナンス・コードの期待する社外取締役像**

こうした次第ですから、これまでの会社法制の下で、取締役会が重要な会社意思の決定をするほかに、取締役の業務執行を監督する役割を担うといっても、監督の実効性が上がるはずがないのです。そこで、CGコードでは、こうした現状を改め、イノベーションを促進させ、攻めの経営の基礎を作るため、経営理念に示される会社の価値観を取締役会において明確に定め、さらにそれを具現化するための経営戦略・中期経営計画を策定させ、それを長期的視野に立って実現するプロセスである経営をシステム化することを狙ったわけです。このような現状打破の切り札が、ムラ社会に新風を吹き込むことを期待された社外役員であり、とりわけ取締役会での意思決定に参画する権限（議決権）をもった社外取締役なわけです。

(3) **伝家の宝刀**

ところで、経営陣の内部において、業務執行の内容と実行あるいは経営戦略や経営計画の策定を巡って意見が対立した場合に、いずれの経営判断をするか、すなわち経営の舵をいずれに切るのかの決着につき、会社法は、最終的には、人事で決着をつける、との仕組みを採用しています。具体的には、経営を巡る意見の対立は、誰を業務執行組織の長たる代表取締役社長に選任するかという人事判断にもっぱら委ねるとの建て付けを採用しているのです。こうした仕組みによれば、取締役会における業務執行組織の長たる社長の選任・解任権限は、取締役会の権限の源と位置付けられるわけです。

このような取締役会制度の建て付けに照らすと、経営の意思を全社的に貫徹するために、経営理念を始めとし、経営戦略や経営計画に具体化される経営の意思を形成し実現する責務を担っている取締役会において、とりわけ客観的かつ独立の立場で、その意思決定に参画する社外取締役においては、株主からの付託に応えて、中長期的な視点での会社の企業価値の向上に貢献すべき職責を果たすために、業務執行組織の長たる代表取締役社長の解任権限

という伝家の宝刀を、常に懐に携えているとの意識を忘れてはならないと思います。

2　取締役会の新たな役割への貢献

(1) コーポレートガバナンス・コードの期待する取締役会の新たな役割

先に（176頁）若干触れましたが、CGコードは、様々な経営上のプロセスにつき、それらの連携を図り、そのシステム化を目指し、そのことによって、それぞれのプロセスの透明化を実現しようとするものです。

すなわち、取締役会は、会社の目指すところ＝会社として実現すべき価値観を経営理念として決定し、それをベースに経営陣が策定した経営戦略さらに中長期の経営計画を承認します。経営陣は、取締役会の承認した経営戦略・経営計画に基づいて、年度ごとに、それらの計画を実行に移すべく個別具体的な業務執行をします。かくして実現された事業の執行状況につき、取締役会は、経営戦略・経営計画等に照らして評価し、その評価を経営陣の報酬さらには人事（選任・解任）に反映させ、経営陣のバトンタッチ（後継）につなげます。こうした循環が繰り返されることによって、中長期的な視点で会社の企業価値の向上がもたらされ持続的な成長が実現します。これがCGコードの描く経営のサイクルですが、このサイクルの重要な節目に登場するのが取締役会です。さらに、CGコードは、この取締役会において、客観的かつ独立の立場の社外取締役が取締役会の過半数を占め、かかるサイクルの駆動役となることを期待しています。

(2) コーポレートガバナンス・コードにおける暫定的措置

とはいえ、CGコードは、ムラ社会を形成するサラリーマン共同体である我が国の会社組織の実態を踏まえると、そうした期待が実現する道程は長いことを念頭に、いわば暫定的措置として、いくつかの補助的システムの導入を提言しています。

ア　任意の諮問委員会の設置

その1つが補充原則4-10①です。すなわち、独立社外取締役が取締役会の過半数に達していない場合には、ガバナンスの充実を図り、取締役会の機

能の独立性・客観性と説明責任を強化するために，経営陣幹部・取締役の指名や報酬などにつき，取締役会の下に社外取締役を主要な構成員とする任意の諮問委員会を設置することを提言しています（CGコードの補充原則4-10①）。

　こうした提言を受け容れ，多くの上場会社では，指名委員会や報酬委員会あるいは人事報酬委員会などの任意の諮問委員会を設けて，社外取締役がこれら委員会を主体的に運営する仕組みを採用しています。

　しかしながら，もともと社外取締役は，その資格要件に照らしても，当該会社の経営陣さらにはその予備軍と面識があることは稀なわけですから，そうした委員としての仕事をこなす基本情報を何ら持ち合わせていないのが一般的です。また，会社役員の人事・報酬体系は，それぞれの会社ごとに，その社歴や業容あるいは従業員の給与体系や昇進システムなどに応じて構成されているため，いずれもそのムラ社会の風土を反映したバラエティに富んだものであることが通常ですので，その内容はもとより，役員報酬の決定の仕組みやプロセスを理解し，その是非を判断することは並大抵のことではありません。そこで，こうした仕組みについて，それらの事項を所轄している担当部署から説明を受け，納得のいくまで理解をしなければならないこととなります。こうした際，多くの会社では，会社役員の人事・報酬に精通したコンサルタントを採用していることも多いので，それらの人々の援助を受けるのは有用です。また，そうしたアドバイスを外部に委ねていない場合には，自らの職責を全うするために，会社に対し，専門家との間でアドバイザリー契約の締結を要請することも必要でしょう。

　いずれにせよ，社外取締役としては，おそらく，それまでの実績の中で，そうした知見を有し，かかる作業を適切にこなせる人は少ないと思われるので，然るべき補助者によって有用適切な助言・指導を仰ぐことが必要です。

　イ　任意の諮問委員会の運営

　また，そうした指名や報酬に係る諮問委員会の運営については，それら委員会が取締役会の下部組織であるため，取締役会決議をもって，その運営ルールが定められています。しかしながら，そうした運営ルールは当該会社の所轄部門が立案しているところ，それらの部門もこれまで，そうしたルー

ルを立案した経験がないので，手探り状態で規則を立案し，それが取締役会の決議をもって，承認されていることが多いと思われます。したがって，自らがそうした委員に就任した場合には，その委員会の役割を十分に果たせるような仕組みになっているのかを吟味すべきです。特に取締役候補の指名であれば，面接等で対応しうるとしても，後継者の選定プロセスとなると，その会社の実情を把握して，適材を選定しうるプロセスとなっているか，当該プロセスの実施の仕方によって社内に無用の軋轢が生ずることはないか，社外に人材を求める道は開かれているか等々慎重なプロセスが必要なため，配慮すべき事項が満載ですので，そうした事項につき，委員会において議論を尽くさなければなりません。そして，必要があれば，委員会規則の修正をもって，より実態に即し，かつ効率的かつ実用的なルールを作らなければなりません。いずれにせよ，こうした委員会の仕組みは，ごく最近になって，実質的な運用がなされるに至っているわけですから，そのプロセスの適正化は十分な検討に値する事項であることに違いありません。

第❸ 社外監査役の具体的実務の内容

1 独任制の機関であることに伴う注意点

　監査役会設置会社においては，監査役全員によって監査役会を組織するものとされていますが（会社法390条1項），その構成員たる監査役は，それぞれ互いに独立して，「取締役の職務の執行を監査する」と定められています（同法381条）。いわゆる監査役の独任制です。これは，たとえ職務分担を定めても，監査役の権限を制約することはできないことを意味しています。こうした独任制は，監査役による監査は，適法性監査に限定されているところ，違法か否かの判断は，多数決になじまないことが理由とされています。したがって，監査役は，自らの見識と責任の下に判断し，監査を実施することになります。こうしたことから，監査役の職務に係る善管注意義務違反の判断において，後に（186頁）述べるように，監査役会の決議に基づいて職務分担が定められた場合は，一定の資格（弁護士，公認会計士，税理士など）に伴

う専門知識に基づく判断が求められる事項について，当該専門知識ゆえに職務分担を定められた社外監査役は，他の監査役と異なって，義務違反ありと判断されることもありうるわけです。この点は，社外監査役の場合，一定の資格を有していることを選任の理由とすることが多いので，特に注意すべきです。みんなで渡れば怖くないは通用しません。

2 監査役会決議に基づく職務分担
(1) 職務分担に係る監査役会決議の意味

　前述したように，監査役は独任制ですので，本来，その権限に基づく監査は，取締役の業務執行全般に及びます。しかしながら，とりわけ上場会社においては，監査の対象となる業務執行の範囲が広汎に及ぶことから，個々の監査役が，すべての範囲をカバーすることは事実上不可能です。しかも重複して調査することで非効率が生ずることもあります。そこで，監査役会設置会社では，監査役会の決議（決定）をもって，各事業年度の初めに，監査方針を定めて，その年度における重点監査項目を定め，それを踏まえ，具体的な監査計画を作成し，各監査役が連携して監査にあたることとし，さらに各監査役の職務分担を定めることができるものとされています（会社法390条2項3号）。こうすることによって，各監査役は組織的かつ効率的に監査を実施することができるわけです。とはいえ，当該職務分担の定めによって，監査役の権限行使が制約されるものでないことは前述のとおりです（同条2項ただし書）。しかも，監査役会設置会社では，必ず常勤監査役を選任しなければならないと定められています。

　このような仕組みをとることによって，監査役会設置会社では，常勤監査役と非常勤監査役，また社内監査役と社外監査役，さらには社外監査役の専門分野ごとの分担が図られ，組織的かつ効率的な監査が実現されることになります。そこで，常勤監査役については，会社内の情報をできるだけ広汎に収集するという観点から，社内の業務に精通し，かつ社内に幅広い人脈を有している人材がまず候補に挙げられます（経理畑の人材か総務畑の人材に偏りがちになると思われますが，前記観点が重要です）。また，これまでの経験でい

うと，公認会計士資格を有する方あるいは裁判官や検察官を長年勤め退官された方などが常勤社外監査役に就任され，社内出身の常勤監査役とペアを組んだ上で，専門性を発揮されると，極めて有用であり，社外監査役として仕事を一緒にさせていただいた折には，心強い限りでした。いずれにせよ，監査役監査は，会計監査人による会計監査の方法および結果の相当性さらには金融商品取引法に基づく内部統制報告書にも及ぶことに照らし，公認会計士の資格を有している方を非常勤社外監査役に選任することは必須と考えます。

　社外監査役にとって，常勤監査役およびペアを組む他の社外監査役の存在は極めて重要ですので，それらの交替時期には，その選任につき，積極的に意見具申をすることも必要です。

(2)　**監査役会における議論の重要性**

　いずれにせよ，監査役会は，このように，立場および役割の違う監査役がそれぞれの役割に応じて収集した情報を交換・共有し，さらに分析をし，さらなる情報収集につなげる場となることが，監査役会の活性化のために最良の方策です。そのためにも，監査役会においては，監査役相互のコミュニケーションを密にし，活発な議論ができる雰囲気づくりが重要です。

　また，監査役会における情報共有の前提となる各監査役の役割分担の決定およびその分担に係る監査の実施は，当該年度の初めにおける監査方針，とりわけ重点監査項目の選定と具体的な監査計画によって大きく左右されるため，これらの事項は監査役会において十分に議論を尽くして慎重に策定しなければなりません。実際には，年度初めに，常勤監査役の策定した監査方針等につき，意見交換がなされる形をとるのが一般的だと思います。しかし，いったん案が固まってしまうと，なかなか修正し難い雰囲気になることもあるため，案の検討段階において，社外監査役の側から，意見交換の場の設定を申し出ることも一案です。また，中期経営計画の変わり目には，業務執行を取り巻くリスクの状況が大きく異なることになることがあるため，従前の監査方針や重点監査項目の見直しにも留意する必要があります。とりわけ昨今ではグローバル展開する企業が増えているため，海外子会社のリスク状況を見定め，内部統制システムを構築する執行部（取締役会）とは異なった視

点で，リスク管理の方法などが適正か否かを監査する必要があります。いずれにせよ，会社を巡るリスクの状況認識を間違えると，見当違いの監査になります。

(3) 職務分担決議の法的効果

ところで，監査役会の決議によって各監査役の職務分担を定めた場合の法的効果については，定められた職務分担の内容が合理的と判断される限りにおいて，各監査役は，自分の定められた職務分担以外の監査業務について，注意義務を軽減されると解されています（なお，他の監査役会決議と異なり，全員一致の決議でないと，職務分担の内容が合理的か否かの判断に当たって，不利に働くことがあると思われます）。とはいえ，監査役会の決議をもって職務分担を定めた場合，まずは，自らの分担業務に専念すべきですが，監査役は独任制であることに鑑み，次の3で述べるように，各監査役間でそれぞれが担当した職務の遂行によって得た情報を常に交換・共有することによって，監査役全員による組織的な監査を実施していないと，注意義務が軽減されないケースも生じると考えられます。

3　監査役会における情報の交換と共有

(1) 一般的な在り方

前述2のとおり，監査役会における担当業務の分担は，あくまで，組織的・効率的な監査を実現するためのものですから，各監査役は，自らが分担した職務によって得た情報はタイムリーに他の監査役に伝達しなければなりません。そこで，監査役会における各監査役による報告は，とても重要な意味をもつことになります。

こうした報告は，主に常勤監査役（複数の場合は，相互の情報交換を踏まえたものになります）が，非常勤の社外監査役に対して行うことが普通ですが，その報告が何らかの事情で滞っているような場合には，事業年度の初めに重点監査項目や年間監査計画を監査役会において定めているわけですから，非常勤の社外監査役においては，受動的に報告を受けるだけでなく，積極的かつ能動的に情報の入手に努める必要があります。

いずれにせよ，監査役会で定期的に実施される常勤監査役による非常勤の社外監査役に対する監査活動報告，その結果としての監査調書の検討およびそれらに基づく意見交換は，個々の監査役における監査のための活動において極めて重要です。とりわけ非常勤の社外監査役にとっては，取締役会における情報の入手はごく限られているため，監査役会における情報共有は，繰り返しになりますが，単に情報を受け取るにとどまらず，年度初めに決めた監査方針や重点監査項目や年間の監査計画などを手掛かりに，自らのアンテナの感度を高めて，積極的かつ能動的に，情報入手のための努力をすべきです。

(2) **社外監査役の役割に応じた活動**

ところで，社外監査役も，稀に，常勤監査役による各部門に対する監査のための活動の一環としてのヒアリングに立ち会うことがあり（常勤の社外監査役の場合は，日常活動の一環として自らヒアリングの主体となります），ごく稀に，内部通報の窓口として単独で従業員に対しヒアリングを実施することがあります。前者の場合，主に常勤監査役が，あらかじめ作成した質問事項表などに基づいてヒアリングをすることが多いと思われますが，社外監査役においても，ヒアリングの過程において疑問に感じたことや何となく違和感のある受け答えなどについては，積極的に発問すべきです。社外という立場ゆえに，疑問に思うことがあっても，こんなことを聞くと「そんなことも知らないのか」と気後れしたり，どこか遠慮してしまったり，あるいは，話を聞いていて，「そんなものか」とか「きっとそうなんだろう」と勝手な思い込みをしてしまうことがありえます。そうすると，さらにもう一歩踏み込んで聞くべきところを，中途半端に止めてしまうということが起こりえます。とりわけ，新任当初はそうです。しかし，そうした気後れ，遠慮，あるいは思い込みは，重要な事実を見逃すことにつながりかねません。

特にコンプライアンス違反が問題となるような事案では，ある部門内では少なからず公知となっていても，部門内の重苦しい雰囲気や張り詰めた緊張感，あるいは風通しの悪さの中で，当該事実が（部門外に対し）表沙汰にならないことがあります。そうした状況下では，社外という当該会社の社風に

染まらず，ムラ社会の慣行などと無関係な立場で，気後れ・遠慮・思い込みを排し，いろいろな視点から虚心坦懐にヒアリングを行えば，思いがけず，真実に遭遇することがあります。さらに，監査役が各部門に対し監査のためのヒアリングを実施する場合，監査の対象部門の長やそれに次ぐ地位の人がヒアリング対象者に選ばれることが多いのですが，むしろ，より現場に近い人に対しヒアリングをすると，現場の声というか新鮮な生の情報に接することができ，有益なことがあります（ただし，多少のバイアスが掛かることがあるので鵜呑みにすることは禁物ですが）。こうした場合，社外であるからこそ，心を開いてストレートに話をしてくれることもあるので，自らの立場を活用して，社内を活性化し，経営理念等の実現に向けた一助とするために，いろいろな情報収集に努めるべきだと思います。それは，決して，粗探しや重箱の隅をつつくのでなく，あくまで，社内の風通しを良くし，また内部統制システムの十分でない部分を見出し，是正するとの意識をもって行えば，「監査」というイメージから生じうる悪しき雰囲気を醸成することはないと考えます。こうした態度は，前述（第3章第4・3（66・67頁））したことにもつながるところです。

4 会計監査人や内部監査室その他の内部統制部門との連携
(1) 会計監査人との連携

　社外監査役が監査のための活動をするに当たり，前述の監査役会での情報収集のほか，極めて重要な意味をもつのが，会計監査人たる監査法人との意見交換です。一般的に，四半期ごとの会計監査人たる監査法人による監査レヴュー結果の報告や決算監査における監査報告などは，会計に係る事項を介して取締役の職務執行状況を把握する絶好の機会となります。また年間監査計画の報告なども，会計監査人が当該会社におけるリスクや監査ポイントをどのように捉えているか，などの考え方を知る上で重要ですので，積極的に意見交換をすると有益です。ともすると，会計監査人たる監査法人による報告は，会計上の事項に絞られがちですが，これは会計監査人の役割に照らすと当然のことで，むしろ，社外監査役としては，取締役の業務執行状況を第

三者である会計監査人たる監査法人を介し，しかも計数という目に見える形で把握できる機会です。したがって，監査法人との協議の際には，会計監査人の視点で主に計数を介して報告される取締役の職務執行の状況につき，自らのアンテナの感度を高めて，さらに突っ込んだ調査をする際の手掛かりを得られるように，注意深く説明に耳を傾ける必要があります。

　また，会計監査人たる監査法人と監査役会との意見交換の場では，たとえば，業務執行に係る不正リスクを軽減するために監査役・監査役会として具体的に講じている方策など特定のテーマについて議論を交わすことがあります。こうした際には，監査役会としても，そうした情報を自ら発信する過程で，自らの行っているプロセスを再確認し，さらには意識を高める機会にもなります。そうした意見交換・議論を通じて，第三者たる監査法人から貴重な意見を得る機会となっているので，是非とも活用したいところです。

(2) **内部監査室等との連携**

　内部監査室（業務監査室）やリスク管理室などの内部統制部門との情報交換・共有は，これまでは，常勤監査役を介して，その監査活動報告の一環として行われることが多かったと思います。しかし，CGコード制定以降，直接の情報交換の場が設けられることも増えており，そうした場を介しての情報の入手は，社外監査役による監査活動においても，今後ますます重要性を帯びることになると思われます。

5　監査委員会・監査等委員会の特色
(1) **監査方法の特殊性**

　会社法において「監査」を担い，監査報告を作成すべき会社機関としては，これまで述べた監査役のほかに，監査等委員会（会社法399条の2）および監査委員会（同法404条2項）があります。監査役はあくまで独任制の機関であって自ら監査権限を行使するのに対し（監査役会は監査業務遂行上の便宜的機関であると位置付けられます），後2者にあっては，監査権限を行使し，監査報告を作成するのは，あくまで監査等委員会および監査委員会という合議制の機関です。この違いは，監査方法の違いを反映したものです。すなわち，

監査等委員会および監査委員会は，独任制の監査役と異なり，あくまで合議制の機関として，取締役会が設ける内部統制システムを構成する内部統制部門を通じて，監査を行うものとされているためです。したがって，監査等委員および監査委員にとっては，内部統制システムが適切に構築され，かつ運用されていることが，自らの監査権限を適切に行使する上での必須の前提条件となっているのです。

(2) 内部統制システム充実の重要性

しかしながら，内部統制システムの構築・運用は，かつての会社法実務において，事実上行われていたものの，これを重要な経営上の仕組みであると意識した上で，それまでの慣行としてのプロセスと一線を画して，しかも各プロセスを有機的に一体のものとして稼働するシステムとして構築し運用したことがありませんでした（第3章第1・4(2)（177頁）参照）。そのため，現状において，大枠においては，しっかりした構築・整備がされているものの，たとえば個別のレポーティング・ライン相互の連携などには，なお従前の慣行的な仕組みが十分な検討を加えられないまま残っているところもあります。したがって，監査等委員会および監査委員会においては，自らの手足が動く仕組みやプロセスを今一度把握し直し，適切に監査権限を行使しうるように，ブラッシュ・アップし，より一層の充実を図らなければならないと思います。

なお，監査役会設置会社からの移行において，過渡期にあると考えられる会社では，必置の機関でない常勤監査（等）委員，あるいは監査（等）委員会の常勤の事務局を活用して，いわば監査役会制度を模した運用を行い，もって内部統制部門を介しての監査という方法につき，慣らし運転をしている会社もあります。最終的には，監査等委員会や監査委員会は，取締役会が設けた内部統制部門が分掌する内部統制プロセスを有機的かつ一体的なシステムとして自らの手足のごとく動かし，取締役会によって構築された内部統制システムの運用状況を監視し，必要に応じてそれら内部統制部門に働きかけて，プロセスの是正さらにはシステムの補正を行うことになります。

6　会計監査人との緊張関係

(1)　会計監査人の選任に係る監査役会の権限

　会計監査人は，株主総会の決議に基づいて選任され（会社法329条1項），その選任議案の提出は取締役会の決議に基づくことを要しますが，その議案の内容（すなわち，会計監査人の選任および解任ならびに不再任という内容）そのものを決定するのは，監査役会です（同法344条3項，1項。なお，監査等委員会については同法399条の2第3項2号，監査委員会については同法404条2項2号）。この会社法344条3項，1項は，監査委員会の権限と平仄を合わせた平成26年会社法改正によるものですが，会社法において，会計監査人の任期につき，選任後1年以内の定時株主総会まで（同法338条1項）と定めていながら，その定時株主総会において別段の決議がされなかったときは再任されたものとみなすと定めている（同条2項）ことに照らすと，この規定（同法344条3項，1項）は，もっぱら会社経営陣からの会計監査人の独立性を保障する趣旨であると考えられます。しかしながら，会計監査人の地位を巡っては，各国の法制上も，その独立性を保障するために，ある程度任期を保障すべきとの議論がある一方，長期間その任にあると，経営者との癒着の懸念もあることから強制交替制を導入すべきとの議論もあるところです。そうした議論がある中で，会計監査人の選任等に関する議案の決定権限を監査役会に委ねたことは，監査役会の権限を強化する一方で，監査役会に対し，会計監査人の独立性保障およびその監査品質確保の双方がバランスよく実現されるように，専門性のチェックその他の会計監査人の職務遂行内容の監督をすべき重大な責務を負わせたものと考えられます。

(2)　権限行使プロセスの客観性・透明性

　こうした会計監査人の選任等に関する監査役会の権限と責任が強化されたことを踏まえ，CGコードでは補充原則3-2①で，監査役会は，「社外会計監査人候補を適切に選定し外部会計監査人を適切に評価するための基準を策定するとともに，外部会計監査人に求められる独立性と専門性を有しているか否かについての確認を行うべき」と定めています。これは，CGコードにおける基本原則3「適切な情報開示と透明性の確保」の補充原則として置か

れていることに照らしても，平成26年会社法改正によって強化された監査役会権限の行使プロセスにつき客観性・透明性を求めるものにほかなりません。

　こうしたことから，監査役会としては，会計監査人が株主・投資者に対し責務を負っていることを認識し，適正な監査を実現するために，会計監査人が独立性を維持・確保しうるように協力するとともに，その専門性を発揮しうるに十分な組織的品質管理体制を整備しているかを常日頃からチェックすべき役割を担っていることとなります。そのため，とりわけ会計監査人の独立性確保という観点からは，監査役会において客観的かつ独立の立場から発言することが期待されている社外監査役の果たす役割は大きいわけです。また，会計監査人が，その専門性を発揮しうる組織的な品質管理体制を整えているかのチェックに当たっては，とりわけ公認会計士の資格を有する社外監査役の役割は重大です。

(3) **監査役会における対応実務**

　こうしたことから，監査役会は，毎決算期ごとに，会計監査人を引き続き再任するか，あるいは新たな会計監査人の選任を株主総会に諮るのかの判断を迫られることになります。そこで，会計監査人を適切に評価するための評価項目および項目ごとの評価基準を自ら策定し，それに基づいて会計監査人を評価するという職務を行わなければなりません。こうした基準の策定に当たっては，平成26年会社法改正当初は公表されたものがなかったため，私が社外監査役を務める監査役会では，公認会計士の資格を有する社外監査役が諸外国の例を調査した上で，会社の業容を加味して，独自の基準を策定し，それに基づいて会計監査人の再任に係る評価を実施することとしました（実のところ，こうした基準の策定とそれに基づく評価には，丸一年の月日を要しました）。今では，日本監査役協会が「会計監査人の評価及び選定基準策定に関する監査役等の実務指針」（平成27年11月制定・平成29年10月改正）を公表しているので参考になります。こうした基準の策定に当たって特に留意すべき点は，海外子会社を多く抱える会社における基準づくりです。会計監査人たる監査法人の海外におけるネットワークは当然のこととして，その連携が実務上どのように図られているのか，マネジメントレターの活用はどうか，

など各社の実情に即した組織的な品質管理体制の構築・運用状況を慎重に検証すべきです。なお，こうした基準の策定に当たっては，会社の経理部門の意見も十分に聴取しておかないと，いざ会計監査人の交替を実施する段になって無用な軋轢が生ずるので，あらかじめ慎重な対応をしておかなければなりません。

(4) **会計監査人の報酬決定に係る権限**

加えて，そうした基準策定の際に大きなウエイトを占めるのが報酬に係る基準の策定です。会計監査人の報酬決定については監査役会の同意が必要ですので（会社法399条1項，2項），会計監査人による監査計画における時間配分と人材の配置（パートナーやアソシエイトの関与割合など）などをチェックするとともに，その実績の把握を少なくとも四半期レビューごとに実施し，その監査実施状況の詳細につき，会計監査人と監査役会の双方に認識の齟齬が生じないように情報共有を図るなどした上で，適正な監査報酬の決定に努めなければなりません。

(5) **会計監査人と監査役会の関係**

こうした次第ですので，会計監査人との間では前述（188頁）したように，緊密な連携を図るとともに，他方において，会計監査人の独立性と専門性を確保するために，一種の緊張関係が生ずることになります。そうした中で，会計監査人と良好な関係を保つのは，ひとえにお互いの信頼関係とそれを支えるコミュニケーションの巧拙によるものと考えます。この点でも，社外監査役は，とりわけ独立性という点では会計監査人の側に立つ存在ですし，専門性という点では公認会計士の資格を有する社外監査役の存在は大きいのです。

7 監査役の伝家の宝刀

これまで，社外監査役による監査実務のあり様について説明してきましたが，最後に，監査役にとっての伝家の宝刀というべき是正権限について触れます。監査役は，取締役が不正の行為をし，もしくは当該行為をするおそれがあると認めるとき，または，法令・定款に違反する事実もしくは著しく不

当な事実があると認めるときは，遅滞なく，その旨を取締役会に報告しなければなりません（会社法382条）。この報告のために，監査役には取締役会の招集権限が認められています（同法383条3項）。

　監査役がこのように取締役会に報告をしたにもかかわらず，取締役会が何らの是正措置を講じない場合，あるいは監査役が取締役会に報告した上で，取締役会による是正措置を待つ時間的余裕がない場合など，いろいろな状況が考えられますが，いずれにせよ，取締役の法令・定款に違反する行為により会社に著しい損害が生ずるおそれがあるときは，監査役は，当該行為の差止めを裁判所に求めることができます（同法385条1項）。監査役には，このように，取締役の行為を差し止めるという強力な権限が付与され，もって適法性監査の実をあげることが期待されているのです。

　差止請求をなすという事態は極めて異常な事態ですが，そうした事態に遭遇したときは，取締役の違法な行為を阻止するために手段を尽くし，最後は，積極果敢に差止請求権を行使すべきなのです。このような強力な権限の裏打ちの下に，監査役は，これまでに述べた「監査」のための活動を行うわけですから，大変な仕事といえます。

第9章
社外取締役・社外監査役の責任

第1 社外取締役の責任

1 経営責任

　社外取締役の責任には，大きく分けて，法的責任とそれ以外の責任があります。法的責任以外の責任というのは，経営の結果に対する責任のことであり，いわゆる経営責任と呼ばれるものです。会社経営における社外取締役の役割は，個別の業務執行には直接関与せず，主に経営全般のモニタリングを行うというものですが，会社に対して経営責任を負うという点では，他の取締役と変わるところはありません。

　なお，一般的に経営責任の取り方としては，取締役の退任，辞任，報酬の返上や減額等が考えられます（日本弁護士連合会「社外取締役ガイドライン」（平成27年3月19日改訂）（以下「社外取締役ガイドライン」といいます）第2・2(2)③イ）。

2 会社法上の責任

(1) 会社法上の義務

　ア　義務と責任の関係

　取締役は，会社に対し，その職務を執行するに際して，いわゆる善管注意義務や忠実義務を負います。また，その一部を構成する会社法上の具体的な義務として，競業取引の制限，利益相反取引の制限，取締役会や監査役（会）等に対する報告義務・説明義務，他の取締役や使用人に対する監督・監視義務や内部統制システム構築義務等があります。社外取締役であっても，取締役

である以上は，会社に対してこれらの義務を負っており，これらの義務を懈怠した場合には，会社に対する責任（任務懈怠責任）が生じることになります。

イ　善管注意義務・忠実義務とは

善管注意義務とは，その職務を執行するに際しての善良な管理者としての注意義務をいいます（民法644条）。また，忠実義務とは，法令および定款ならびに株主総会の決議を遵守して会社のため忠実にその職務を行う義務をいいます（会社法355条）。この忠実義務は，善管注意義務を敷衍し，かつ一層明確にしたものであるといわれており，両者は異なる義務ではなく，基本的に同質のものと解されています。

そして，取締役が負う注意義務の水準は，その地位や状況に応じて通常期待される程度の水準とされています。社外取締役の場合，業務執行に直接関与せず，社外者として経営全般のモニタリングを行う立場にありますので，一般的にそれに応じて期待される程度の水準の注意義務を負うということになります。ただし，他方で，特に専門的な能力を買われて取締役に選任された者については，その能力を発揮すべき場面において，期待される水準は高くなると考えられています。そのため，専門性のある社外取締役の場合，その専門性に関連する事柄については，その者の専門的能力に応じて専門性のない社外取締役よりも期待される水準が高くなることがあるとされていることに留意が必要です（社外取締役ガイドライン第1・3(3)）。

(2) **会社に対する責任**

ア　任務懈怠責任

(ア)　任務懈怠責任の概要

取締役は，その任務を怠ったときは，会社に対し，任務懈怠によって生じた損害を賠償する責任を負います（会社法423条1項）。ここでいう任務懈怠とは，会社に対する善管注意義務・忠実義務の違反をいいます。複数の取締役が同一の損害について任務懈怠責任を負う場合には，連帯責任となります（同法430条）。

一般的に，取締役の任務懈怠が問題となる場合としては，以下の3つが挙げられます。

①　取締役の行為に法令・定款違反があった場合
②　経営判断に誤りがあった場合
③　他の取締役や使用人に対する監視・監督義務を怠った場合

　(イ)　経営判断の原則

　このうち、②については、多くの場合、いわゆる「経営判断の原則」の適用が問題となります。経営判断の原則とは、経営上の判断に当たっては、経営の専門家である取締役の判断を尊重し、仮にその判断によって会社が損害を被ったとしても、取締役に法的な責任を負わせるべきではないとする考え方をいいます。これは明文の規定があるわけではなく、多くの裁判例によって確立されてきたルールです（東京地判平成14年4月25日判タ1098号84頁、東京地判平成17年3月3日判時1934号121頁等）。具体的には、経営判断の原則が適用されると、経営判断の前提となる事実認識の過程（情報収集とその分析・検討）に不合理な点がなく、かつ、事実認識に基づく意思決定の推論過程および内容が著しく不合理でなければ、その結果がどうであれ、取締役の判断は任務懈怠には当たらないものとされています。

　ただし、取締役と会社の間に利益相反がある場合（取締役と会社との間の取引が問題となる場合など）には、純粋な経営判断の場面ではないため、経営判断の原則がそのまま適用されることはありません。

　(ウ)　信頼の原則

　また、②と③に共通して、任務懈怠の有無・程度の判断に際し、いわゆる「信頼の原則」（「信頼の権利」と呼ばれることもあります）が適用されることもあります。信頼の原則とは、情報収集・調査・検討等に関する体制が十分に整備されていれば、特段の事情がない限り、当該業務を担当する取締役や使用人による情報収集・調査・検討等の結果を信頼しても不合理ではなく、これに依拠して意思決定を行うことにより任務懈怠責任が問われることはないとする考え方です。これも明文の規定があるわけではなく、実際の裁判例において見られる考え方です（東京地判平成14年4月25日判タ1098号84頁等）。ただし、この原則が適用されるには、会社の組織として、最低限、情報収集・調査・検討等に関する体制やリスク管理等に関する体制（いわゆる内部統制

システム）が十分に整備されていることが前提となります。

　なお，会社として上記のような体制が十分に整備されていたとしても，担当取締役や使用人による個別の業務活動に問題があり，それを知りまたは知ることができた場合には，それを看過したことについて任務懈怠が認められることになりますので，注意が必要です。

　㈒　社外取締役の場合

　以上の考え方は，社外取締役の場合であっても基本的に異なることはありません。ただし，社外取締役の主な役割は，経営に対するモニタリング機能を果たすことにあり，これを全うすることが善管注意義務・忠実義務の中心になることから，個別具体的な場面における任務懈怠の判断は，当然ながら個別の業務執行を担う社内取締役とは異なることになります。たとえば，社外取締役の場合には，モニタリング機能を果たすために必要な情報収集の手段が限られており，その大部分は，取締役会やその事前説明における役職員の報告や説明に依拠せざるを得ないのが通常ですが，その報告や説明の中で，これに依拠して意思決定を行うことに当然にちゅうちょを覚えるような不備・不足があるなどの特段の事情がない限りは，上述した信頼の原則が適用される場面が多いと思われます。

　㈖　任務懈怠責任に基づく賠償額

　取締役に任務懈怠が認められた場合には，これによって会社が被った損害を賠償しなければなりません（会社法423条1項）。

　なお，取締役が競業制限の規定（同法356条1項1号）に違反して取締役会の承認を受けずに競業取引を行った場合には，当該取引によって取締役が得た利益が損害の額と推定されます（同法423条2項）。

　㈗　任務懈怠責任の免除・限定

　取締役の任務懈怠責任は，原則として総株主の同意がなければ免除することができません（会社法424条）。

　もっとも，取締役が職務を行うにつき善意でかつ重大な過失がないときに，「最低責任限度額」といわれる一定の金額を控除した額を限度とした一部免除であれば，総株主の同意のほかに，下記①〜③の方法により行うことがで

きます。なお,「最低責任限度額」とは,簡単にいえば,代表取締役であれば報酬の6年分,その他の業務執行取締役であれば報酬の4年分,それ以外の取締役(社外取締役はこれに当たります)であれば報酬の2年分に相当する額と,有利発行新株予約権(もしあれば)を行使して得た利益の額の合計をいいます(同法425条1項1号,2号)。

① 株主総会の特別決議による方法(会社法425条1項)

この方法をとるには,単に株主総会の特別決議を得るだけでなく,一部免除に関する議案を株主総会に提出するに際して監査役等の同意を得ること(同条3項),およびその株主総会において一定の事項を開示することが必要となります(同条2項)。

② 定款の定めに基づき,取締役会の決議により一部免除を行う方法(会社法426条1項)

この方法をとるには,あらかじめ定款に所定の定めを置く必要があります。そして,かかる定款の定めを置くための定款変更に関する議案を株主総会に提出するに際して監査役等の同意が必要であるほか,その後,実際に当該定款の定めに基づいて責任免除の議案を取締役会に提出するに際しても監査役等の同意が必要とされています(同条2項,425条3項)。また,取締役会で実際に免除を決定した場合には,遅滞なくその旨を公告するかまたは株主に通知しなければならず,これを受けて一定の要件を満たす株主から一定期間内に異議が述べられたときは,この方法により一部免除をすることはできないとされています(同法426条7項)。

③ 責任限定契約による方法(会社法427条)

責任限定契約とは,非業務執行者の任務懈怠責任に関して,あらかじめ会社に対する損害賠償責任額を,定款で定めた額の範囲内であらかじめ会社が定めた額と最低責任限度額とのいずれか高い額にまで限定する旨の契約をいいます(同条1項)。この契約を締結するには,あらかじめ定款に定めを設ける必要があり,かかる定款の定めを置くための定款変更に関する議案を株主総会に提出するに際しては監査役等の同意が必要となります(同条3項,425条3項)。

この点，社外取締役は非業務執行者に当たりますので，実務上，その就任に際しては，会社との間で上記の責任限定契約を締結することが少なくないと思われます。この責任限定契約は，任務懈怠の賠償責任をあらかじめ確定的に限定することができるため，経営判断に際して取締役が責任をおそれて不必要に萎縮することを避ける効果があり，非業務執行者の側だけでなく，会社側にとってもメリットがあるといえます。そのため，特に社外の優秀な人材を幅広く役員に登用したいと考える会社にとっては，責任限定契約は積極的に活用すべき手法といえるでしょう。また，逆に社外取締役に就任する予定の者にとっては，特に会社側から提案がなくても，自ら会社に対して責任限定契約の締結を要請することも検討すべきと思われます（社外取締役ガイドライン第2・2(2)⑥参照）。

　(キ)　D&O保険について

　取締役の任務懈怠責任をあらかじめ限定する手段として，上記のほかにD&O保険（会社役員賠償責任保険）というものがあります。これは，取締役等が職務につき行った行為に起因して損害賠償請求を受けた場合に，その被った損害のうち，法律上の損害賠償金および争訟費用について，保険会社から保険金が支払われるという保険商品です。D&O保険は，上記の責任限定契約とともに，社外の優秀な人材が社外取締役に就任することをためらわせる原因を軽減する環境整備の一つであり，また，役員に適切なインセンティブを付与するための手段としても位置付けられており，実際に上場会社の約9割が加入しているとされています（株式会社東京証券取引所「東証上場会社コーポレート・ガバナンス白書2017」（平成29年3月）72頁，経済産業省委託調査「日本と海外の役員報酬の実態及び制度等に関する調査報告書」（平成27年3月）124頁）。

　イ　利益供与責任

　株主等の権利行使に関し，会社または子会社の計算において財産上の利益を供与したときは，これに関与した一定の取締役は，会社に対して連帯して，供与した利益の価額に相当する額を支払う義務を負います（会社法120条1項，4項）。ここでいう「一定の取締役」には，利益供与の決定が取締役会の決

議によるときはその決議に賛成した取締役も含まれ，株主総会の決議によるときには，かかる株主総会に当該議案を提案した取締役のほか，株主総会への当該議案の提案を決定する取締役会の決議に賛成した取締役も含むとされていますので（同法120条4項，会社法施行規則21条），個々の業務執行に直接携わらない社外取締役であっても注意が必要です。

そして，かかる支払義務は，自らが利益供与をしたわけでなくても，これについて，取締役として職務を行うについて注意を怠らなかったことを自ら証明しない限り，免責されることはありません（会社法120条4項ただし書）。また，総株主の同意がなければ支払義務が免除されることはなく（同条5項），上述の任務懈怠責任において認められるような一部免除の制度もありません。

　ウ　剰余金の配当等に関する分配可能額規制違反の責任

剰余金の配当等につき，分配可能額を超える金銭等の交付が行われた場合，当該行為に職務上関与した一定の取締役は，会社に対して連帯して，株主が剰余金として交付を受けた金銭等の帳簿価額に相当する金銭を支払う義務を負います（会社法462条1項）。ここでいう「一定の取締役」には，剰余金の配当等の決定が取締役会の決議によるときはその決議に賛成した取締役も含まれ，株主総会の決議によるときには，かかる株主総会に当該議案を提案した取締役のほか，株主総会への当該議案の提案を決定する取締役会の決議に賛成した取締役も含むとされていますので（同項各号，会社計算規則159条1号～8号，160条3号），個々の業務執行に直接携わらない社外取締役であっても注意が必要です。

また，会社が剰余金の配当等を行い，その行為をした日の属する事業年度に係る計算書類において欠損（分配可能額がマイナスになること）が生じた場合にも，その行為に関する職務を行った取締役は，会社に対して連帯して，当該欠損と当該行為により株主に対して交付した金銭等の帳簿額の総額のいずれか少ない額を支払う義務を負います（会社法465条1項）。この義務についても，剰余金の配当等に係る取締役会の決議に賛成した取締役を含むとされていますので（会社計算規則159条），社外取締役であっても注意が必要です。

かかる支払義務は，上記のいずれの場合も，取締役がその職務を行うにつ

いて注意を怠らなかったことを証明しない限り，免責されることはありません（会社法462条2項，465条1項ただし書）。また，総株主の同意がなければ支払義務が免除されることはなく（同法462条3項，465条2項），上述の任務懈怠責任において認められるような一部免除の制度もありません。

(3) 第三者に対する責任

ア　任務懈怠責任

取締役は，その職務を行うについて悪意または重大な過失があったときは，これによって第三者に生じた損害を賠償する責任を負います（会社法429条1項）。これにより複数の取締役等が責任を負う場合には，連帯責任となります（同法430条）。

この会社法429条1項が定める第三者に対する損害賠償責任は，民法の定める一般的な不法行為責任とは別個の法定責任とされています。この点，不法行為の成立には，第三者に対する加害についての故意または過失が必要とされるのに対し，会社法429条1項による第三者責任は，「会社に対する任務懈怠」についての悪意または重過失が必要とされるという点で異なり，両者は併存的に両立しうるとされています。本条項に関しては，とりわけ，具体的な第三者に対する加害についての故意や過失がなくても，会社に対する任務懈怠について悪意または重過失があれば，第三者に対する責任が生じうるという点に留意すべきです。

典型的な例としては，取締役が会社を代表して回収見込みのない貸付けを行い，そのために会社が損害を被って倒産し，その結果，第三者たる会社債権者が債権回収できなくなるという損害を被るといったケースです。このケースでは，回収見込みのない貸付けを行うこと自体が会社に対する任務懈怠に当たりますので，取締役において，具体的に特定の会社債権者が債権回収できなくなることについて予見できなかった（過失がなかった）としても，その任務懈怠について悪意または重過失がある限りは，会社債権者に対して賠償責任を負うことになるのです。その他のケースとして，取締役が悪意または重過失をもって会社を代表して返済見込みのない金銭借入れを行った場合などには，債権者が被った損害について，取締役が直接に賠償責任を負う

ことになります。

　イ　計算書類の虚偽記載等に基づく責任

　取締役が，計算書類等に虚偽記載等を行った場合には，これによって第三者に生じた損害を賠償する責任を負います（会社法429条２項）。この責任は，当該取締役がその行為について注意を怠らなかったことを証明しない限り，免責されません（同項ただし書）。これにより複数の取締役等が責任を負う場合には，連帯責任となります（同法430条）。

　具体的には，取締役については，①株式・新株予約権・社債等を引き受ける者の募集をする際の通知や説明資料，②計算書類・事業報告書等に記載または記録すべき重要な事項，③登記，④公告について，虚偽記載等を行った場合に，第三者に対する損害賠償責任を負います（同法429条２項１号）。

　また，監査等委員会設置会社または指名委員会等設置会社における社外取締役で，監査等委員または監査委員に就任している者については，上記①〜④に加えて，監査報告の虚偽記載等についても同様の責任を負うことになりますので，注意が必要です（同項３号）。

(4)　刑事責任・過料

　ア　刑事責任

　会社法では，刑法の特別法として，取締役に対する様々な刑罰規定を定めています。その主なものとして，特別背任罪（会社法960条１項），会社財産を危うくする罪（同法963条），虚偽文書行使等の罪（同法964条），預合いの罪（同法965条），贈収賄罪（同法967条），株主等の権利の行使に関する贈収賄罪（同法968条），株主等の権利の行使に関する利益供与の罪（同法970条）などがあります。社外取締役であっても，当然，自らがこれらの罪に関与した場合には，刑事責任を問われることになります。

　イ　過　料

　その他，会社法に定める一定の書類について，記載すべき事項を記載せず，または虚偽記載をした場合や，株主総会における説明義務に違反した場合などには，行政罰として過料に処せられることがあります（会社法976条）。

3 金融商品取引法上の責任

(1) 有価証券届出書の虚偽記載

　取締役を含む役員は，金融商品取引法の定める有価証券届出書のうちに重要な事項について虚偽の記載があり，または記載すべき重要な事項もしくは誤解を生じさせないために必要な重要な事実の記載が欠けているときは，当該有価証券を募集または売出しに応じて取得した者に対し，記載が虚偽でありまたは欠けていることにより生じた損害を賠償する責任を負います（金商法21条1項）。

　有価証券届出書とは，会社が株式などの有価証券を発行する際に，一般投資家向けの情報開示のために届出が必要とされている書類です。その書類の重要事項について虚偽や欠落があると，非常に多くの一般投資家が損失を被るおそれがあります。上記の責任は，そのような違法行為の抑止と投資家の保護のため，一般の不法行為責任に加えて課された特別な責任と位置付けられます。

　このような趣旨から，この責任は，一般の不法行為責任よりも損害賠償責任が認められやすくなっています。たとえば，一般の不法行為では，被害者の側が加害者の故意・過失を立証しなければなりませんが，上記の責任ではその点の立証責任が転換されており，請求を受けた役員自身が，記載が虚偽でありまたは欠けていることを知らず，かつ，相当な注意を用いたにもかかわらず知ることができなかったことを証明しない限りは，賠償責任を免れないものとされています（同条2項1号）。

(2) 有価証券報告書等の虚偽記載

　上記(1)のほか，取締役を含む役員は，金融商品取引法の定める開示書類（有価証券届出書，有価証券報告書，四半期報告書，半期報告書，臨時報告書等）のうちに重要な事項について虚偽の記載があり，または記載すべき重要な事項もしくは誤解を生じさせないために必要な重要な事実の記載が欠けているときは，かかる虚偽記載等を知らないで，提出会社が発行した有価証券を募集または売出しによらないで取得した者または処分した者に対し，記載が虚偽でありまたは欠けていることにより生じた損害を賠償する責任を負います

(金商法22条1項, 24条の4, 24条の4の7第4項, 24条の5第5項等)。

　上記(1)が有価証券の「発行」の際に問題となる責任であるのに対し, (2)の責任は, 有価証券の「流通市場」の場面（募集または売出しによらない有価証券の取得等）で問題となる責任です。問題となる場面や対象となる開示書類は異なりますが, 規制の趣旨は基本的に同じですので, 立証責任が転換されている点なども同じです（同法22条2項において同法21条2項1号が準用されています）。

(3) 社外取締役の場合

　上記の金融商品取引法上の責任は, 社外取締役であっても「役員」である以上, 基本的に変わるところはありません。ただし,「相当な注意を用いたにもかかわらず知ることができなかったこと」という免責のための要件について, 社外取締役という地位の性質上, 社内の業務担当取締役に比べて, その立証が比較的認められやすいということはあるかもしれません。もっとも, 実際の裁判例の中には,「技術担当であるとか, 非常勤であるからといって, 単に与えられた情報を基に有価証券報告書の正確性を判断すれば足りるものではないし, また, 海外に滞在しているからといって, 尽くすべき注意の程度が当然に軽減されるものではない」と述べるものもあります（東京地判平成21年5月21日判タ1306号124頁）。したがって, この点はあくまで個別の事情に応じて判断されるもので, 社外取締役であっても, 原則として責任が軽減されるわけではないものと理解しておくべきでしょう。

第❷ 社外監査役の責任

1 会社法上の責任

(1) 会社法上の義務と責任

　監査役は, 会社に対し, その職務を執行するに際して善管注意義務を負っています。具体的には, 会社法上で定められている義務のほか, 監査役の実務において一般的に行われているレベルの監査業務を行うことが求められています。会社法上の具体的な義務とは, 取締役（会）や株主総会に対する報

告義務，取締役会への出席義務等があります。

そして，社外監査役であっても，監査役である以上は，会社に対してこれらの義務を負っており，これらの義務を懈怠した場合には，会社に対する責任（任務懈怠責任）が生じることになります。

(2) **任務懈怠責任**

ア 概　要

監査役は，その任務を怠ったときは，会社に対し，任務懈怠によって生じた損害を賠償する責任を負います（会社法423条1項）。

上記のとおり，社外監査役であっても，監査役と同様に任務懈怠責任を負います。ただし，社外監査役の場合は，社内監査役や常勤監査役とは，期待される役割や前提となる知識や情報等が異なりますので，それに応じた差異は生じると考えられます。もっとも，社外監査役だからといって，ただちに責任が軽減されるというわけではありません。

この点，社外監査役に任務懈怠責任が認められた近時の事例として，セイクレスト事件（大阪高判平成27年5月21日判時2279号96頁）があります。この事件は，財政状態が逼迫した会社の代表取締役が，返済見込みのない貸付けや取締役会決議を経ない出資等を行った末，8,000万円を第三者に交付し，その返済が受けられないまま会社が破産したという事案で，当時の社外監査役であった公認会計士が，①取締役会に対し，会社の資金を定められた使途に反して合理的な理由なく不当に流出させるといった行為に対処するための内部統制システムを構築するよう助言または勧告すべき義務，および②取締役または取締役会に対し，当時の代表取締役を解職するよう助言または勧告する義務があったにもかかわらず，それらに違反したとして任務懈怠責任が認められました。

イ 任務懈怠責任の免除・限定

監査役の任務懈怠責任は，原則として総株主の同意がなければ免除することができません（会社法424条）。

もっとも，監査役が職務を行うにつき善意でかつ重大な過失がないときに，「最低責任限度額」を控除した額を限度とした一部免除であれば，①株主総

会の特別決議による方法，②定款の定めに基づいて取締役会決議を得る方法，または③責任限定契約による方法のいずれかにより，行うことができます（同法425条〜427条）。これらは，基本的に取締役と同様ですので（なお，監査役の場合の「最低責任限度額」の計算は報酬の2年分が使用されます），詳細は前述第1・2(2)ア(カ)（198頁）をご参照ください。

(3) 第三者に対する責任

監査役は，その職務を行うについて悪意または重大な過失があったときは，これによって第三者に生じた損害を賠償する責任を負います（会社法429条1項）。

また，監査報告に記載等すべき重要な事項について虚偽記載等を行った場合についても，同様にこれによって第三者に生じた損害を賠償する責任を負います（同条2項）。この責任は，当該監査役がその行為について注意を怠らなかったことを証明しない限り，免責されません（同項ただし書）。

(4) 刑事責任・過料

会社法においては，監査役に適用される各種の刑罰規定と行政罰（過料）規定が定められています。対象となる主な行為は，基本的に取締役と同様ですので，前述第1・2(4)（203頁）をご参照ください。

2　金融商品取引法上の責任

有価証券届出書や有価証券報告書等の金融商品取引法の定める開示書類のうちに重要な事項について虚偽記載等があった場合，監査役は，その有価証券を取得した一定の者に対して損害賠償責任を負います（金商法21条1項，22条1項等）。この責任は，監査役自身が，記載が虚偽でありまたは欠けていることを知らず，かつ，相当な注意を用いたにもかかわらず知ることができなかったことを証明しない限りは，賠償責任を免れないものとされています（同法21条2項1号等）。これらの規律は取締役と同様ですので，詳細は前述第1・3(1)および(2)（204頁）をご参照ください。

なお，社外監査役に上記の金融商品取引法上の賠償責任が認められた近時の事例として，エフオーアイ事件（東京地判平成28年12月20日判タ1442号136

頁）があります。この事件は、売上の97％以上が粉飾であったという上場会社において、5年間にわたって有価証券届出書に虚偽記載が行われていたという事案で、当時の社外監査役2名も被告の一部として訴えられ、賠償責任が認められたというものです。この社外監査役は、会社が粉飾を行っていたこと自体は知らなかったものの、当時、常勤監査役による日常の業務監査が不十分であることを知りつつ（常勤でありながら週2回程度しか出勤していなかった等）、それを是正するための対応を何もとらなかったことから、「相当の注意」を用いたとは認められないと判断されたものです。

第❸ 社外取締役・社外監査役の責任の具体的事例と内部統制システム

社外役員と社内出身の役員との法的責任は、通常、前者が業務の執行にたずさわらないことから生ずる責任の範囲の相違を除けば、会社法の法文上は区別はありません。具体的には、社内外、常勤・非常勤の別を問わず、取締役や監査役は、会社に対する責任（会社法423条1項に定める任務懈怠責任[1]）、第三者に対する会社法上の責任（同法429条1項、2項）や金融商品取引法上の責任（金商法21条、24条の4、22条）などを負っています。

しかしながら、社外役員と社内出身の役員とでは、会社の事業の内容や事業から発生するリスクに関する情報、知識や経験が明らかに異なることから、その法的責任も異なったものと整理されることは不自然ではないと考えられます[2]。したがって、司法において、この点に対してどのような判断をしてい

---

[1] 取締役の場合、任務懈怠責任のほか、利益供与についての責任（会社法120条4項）、出資財産等の価額填補責任（同法213条1項、286条1項、2項）、剰余金の配当等に関する責任（同法462条1項）、株式買取請求に応じて株式を取得した場合の責任（同法464条）、定時の配当以外の配当や自己株式取得をした後、欠損が生じた場合の責任（同法465条）があります。

[2] 大阪地判平成12年9月20日判時1721号3頁（大和銀行ニューヨーク支店損失事件）では、「社外監査役は、たとえ非常勤であったとしても、常に、取締役からの報告、監査役会における報告などに基づいて受働的に監査するだけで足りるものとは言えず、常勤監査役の監査が不十分である場合には、自ら、調査権（商法274条2項）を駆使するなどして積極的に情報収集を行い、能動的に監査を行うことが期待されているものと言うべきである。」とし、常勤監査役の責任の判断の枠組みとは異なることを示唆しています。

るか，その傾向を認識しておく必要があると思われます。

そこで，以下では，会社法上の責任に限定し，かつ，社外役員ではなく非業務執行役員（すなわち社外取締役と監査役）の責任に検討の対象を置き換えた上で，これまでの裁判例を簡単に整理します。

その上で，社外取締役・社外監査役に選任された後は，就任後の早い段階で，会社の内部統制システムの内容（決議内容と構築・運用状況）とそれに対する会社の自己評価の状況を確認し，以後の社外取締役や社外監査役としての活動において，内部統制システムに見直すべき点がないかどうかについて留意をする必要があると考えられるため，その点について説明を試みます。

1 非業務執行役員の法的責任に関する司法の判断の状況[3]

(1) 業務執行の決定に関する責任[4]

社外取締役は，取締役会における業務執行の決定に関して責任を負担する余地があります。したがって，ある業務執行の是否が取締役会で審議され，それに賛成したところ，その業務の執行により会社に損害が生じた場合に，どのような条件を充足すると会社に対する損害賠償責任を負担するのかという問題が生じます。

この点については，取締役会で審議の対象となっている業務執行の案について，その執行により確実に利益を生ずるかどうかは保証の限りではないので，会社に損失が生じた議案に対し賛成した取締役の責任が厳格に問われることとすれば，結果責任を問われることとなり，リスクを負担する業務執行が期待できないこととなります。このため，取締役の経営判断については広い裁量を認め，一定の要件を満たす限り，会社に対する責任を負担すべきではないという考え（経営判断の原則）が主張され，多くの下級審でも認められてきたところ，最判平成22年7月15日判時2091号90頁（アパマンショップ

---

3) 以下での記述に際しては，野口葉子ほか『社外監査役の手引き』（商事法務，2017），松山遥『はじめて学ぶ社外取締役・社外監査役の役割』（商事法務，2017），澤口実ほか『新しい役員責任の実務』（商事法務，第3版，2017）を参考としています。
4) 監査役については，この責任は対象外。

株主代表訴訟事件）により，一定の整理がなされたものと理解されています。

それによれば，①法令や定款の違反がないこと，②判断の前提となった事実認識に重要かつ不注意な誤りがないこと，③意思決定の過程と判断の内容が企業経営者として特に不合理・不適切なものとはいえないことの要件を充足すれば，取締役は善管注意義務に違反しないものと解されています。

したがって社外取締役としては，取締役会に上程された決議議案について，上記の3点から検討を行い，それぞれについて問題がないと判断されれば，特に責任を負うことはないこととなり[5]，判断に際しての基準は，ある程度明確になっています。

(2) 取締役の職務の執行の監督・監査に関する責任

社外取締役は，取締役会で他の取締役から業務執行に関する報告を受けることなどを通じ，その職務の執行を監督する（法令や定款に違反する行為はないか，会社に損害を及ぼすような行為はないか，会社の経営方針から逸脱していないか等を確認する）義務があります。また監査役は，取締役会への出席のほか監査役に与えられた権限を行使し，取締役の職務の執行の監査を行うことが，その職務とされています。

すなわち，自分以外の取締役等の行動に監視・監督する職務があり[6]，その職務に懈怠があった場合には，善管注意義務違反として会社に対して責任を

---

5) これに対応して，監査役の監査基準の参考例である日本監査役協会「監査役監査基準」22条1項では，以下のように定めています。
　「監査役は，取締役会決議その他において行われる取締役の意思決定に関して，善管注意義務，忠実義務等の法的義務の履行状況を，以下の観点から監視し検証しなければならない。
一　事実認識に重要かつ不注意な誤りがないこと
二　意思決定過程が合理的であること
三　意思決定内容が法令又は定款に違反していないこと
四　意思決定内容が通常の企業経営者として明らかに不合理ではないこと
五　意思決定が取締役の利益又は第三者の利益でなく会社の利益を第一に考えてなされていること」

6)「株式会社の取締役会は会社の業務執行につき監査する地位にあるから，取締役会を構成する取締役は，会社に対し，取締役会に上程された事柄についてだけ監視するにとどまらず，代表取締役の業務執行一般につき，これを監視し，必要があれば，取締役会を自ら招集し，あるいは招集することを求め，取締役会を通じて業務執行が適正に行なわれるようにする職務を有するものと解すべきである。」（最判昭和48年5月22日民集27巻5号655頁）

負担することとなります。しかしながら，非業務執行役員は業務の執行に関与していないほか，執務時間の面，会社の事業に関する知識の面，会社社員との人脈の面などで自ずと監視・監督の範囲が限られることから，どの程度まで活動を行えば法的責任から免れるのかという問題は残ります。

以下では，この会社法上の監視・監督義務（監視義務）の有無について争われた裁判例を概観します（損失が生じた事業の担当をしていない取締役の責任に関するものも含みます）。

ア　非業務執行役員の責任が認められた例

(ア)　大阪地判平成12年9月20日判時1721号3頁（大和銀行ニューヨーク支店損失事件）

米国財務省証券の保管残高の確認方法に問題があり，会社に損失が発生した事案です。

判決では，常勤監査役については，取締役会等の会議への出席，ニューヨーク支店長に対するヒアリング，検査部の検査報告書や会計監査人の監査結果報告書の閲覧等の十分な監査を行っていたにもかかわらず問題点を知りえなかったとして責任が否定されています。

ただし，ニューヨーク支店に往査し，会計監査人の監査に立ち会った監査役については，財務省証券の保管残高の確認方法が不適切であることを知りえており，これを是正しなかったとして責任が肯定されています。

(イ)　大阪高判平成18年6月9日判タ1214号115頁（ダスキン肉まん事件）

未認可添加物が混入していた肉まんの販売に関して責任が問われた事案であり，監査役においては，その販売が終了し，蒸した形で販売される肉まんという販売形態からみて商品の回収も実際上見込めない時点で，その事実関係を知ったという事情があったものです。

判決では，過去の誤りを進んで公表し，すでに安全対策を講じていることを明らかにすることにより，積極的に消費者の信頼を取り戻すための行動をとるべきであったにもかかわらず，積極的には公表しないという問題の先送りの措置をとったことについて善管注意義務違反を認めており，裁量の余地を認めない内容となっています。

(ウ) 大阪高判平成27年5月21日判時2279号96頁（セイクレスト事件）

代表取締役によって会社資金の不当な流出行為が繰り返し行われていたところ，社外監査役に善管注意義務違反があったかどうかが焦点になった事案です（破産した当該会社の破産手続において，裁判所がなした当該社外監査役の役員責任査定に対して，当該社外監査役と当該会社の破産管財人が異議の訴えを提起したもの）。

この事案では，社外監査役が代表取締役の任務懈怠行為について取締役会で取り上げ，疑義の表明や事実関係の報告を求めるなど，監査役としての具体的な行動をとっていましたが，監査役監査規程の定めに従って，会社の資金の流出を防止するための内部統制システムの構築を取締役会に助言・勧告すべき義務を果たしていない，また，取締役会に代表取締役を解職すべき旨の助言や勧告をすべきところ，それをしていないとして，重過失ではないものの，社外監査役の責任を認めています。

イ 非業務執行役員の責任が否定された例

(ア) 東京高判平成20年5月21日判タ1281号274頁（ヤクルト株主代表訴訟事件）

本件は，会社の資金運用の一環として行われたデリバティブ取引をめぐり，当該取引が行われた当時の担当取締役のほか，それ以外の取締役と監査役の責任が追及された事案です。

判決では，原告がリスク管理体制の不備に係る善管注意義務違反を主張したのに対して，当時のデリバティブ取引についての知見を前提にすると，相応のリスク管理体制が構築されていたとして，担当取締役以外の取締役と監査役の責任を否定しています。

(イ) 大阪地判平成24年6月29日資料版商事法務342号131頁（石原産業事件）

本件は，化学工業等を事業目的とする会社が，製造工程で生じた産業廃棄物を不法投棄した行為に関して，不法投棄をした取締役のほか，他の取締役の善管注意義務違反が問われた事案です。

判決では，ISOの認証を受けた品質マネジメントシステム（QMS）に係るマニュアルがあり，一定水準の内部統制システムが存在していたことを前提

に，不法投棄をした取締役の上司に当たる担当取締役を特定した上で，QMSに沿って対応がなされたかどうかの調査・確認を行う義務があったかどうかを判断しています。会社に損失を生じさせた行為に関与しない取締役については，QMSから逸脱した取扱いがなされていることを認識しえたかどうかが検討され，認識しえたとはいえないと判断され，監督義務違反が認められていません。

　㈦　東京地判平成28年7月14日判時2351号69頁

　本件は，AIJ投資顧問において外国投資信託に係る運用資金が消失した事件に関連して，その投資信託の受益証券を販売していた証券会社が当該受益証券の価格を偽ったため損害賠償義務を負担したところ，社外取締役に代表取締役の職務執行に対する監視義務違反が，常勤監査役に監査義務違反があったとして，善管注意義務違反が問われた事案です。

　判決では，本件外国投資信託の投資対象，多額の最小受託金額，投資家を勘案すれば，投資者の保護の要請から直ちに役員に極めて高い水準の注意義務が課せられていると断ずることはできないとした上で，虚偽の内容の価格が用いられていることを発見でき，またはこれに疑いを抱かせる事情があったか否か，役員が当該事情を知りえたか否かについて，原告の主張を個別に否定し，善管注意義務違反を認めていません。

　ウ　まとめ

　以上を概観すると，いずれも予見可能性と結果回避可能性が吟味されています。しかしながら，そのいずれについても，これらの裁判例からどこまで行動をすればよいのかという具体的な基準が推定できるかといえば，あいまいといわざるをえません。

　たとえば，予見可能性の点でいえば，ア㈠の大阪地判平成12年9月20日の判決内容に従うとすれば，往査し，会計監査人の監査に立ち会ったことだけを理由に責任を認められているようにも理解され，往査の際にどの程度まで確認作業を行えばよいのかという実務上きわめて悩ましい課題が生じます。その結果，往査に対して消極的な態度を導き出しかねません。

　また，結果回避可能性の点でいえば，ア㈢の大阪高判平成27年5月21日の

ように，社外監査役であるにもかかわらず，取締役会で代表取締役の行動を問題として発言しながら責任が認められており，知った以上は具体的な勧告まで実施されなければ，免責されないということになります[7]。非業務執行役員から見たとき，そうであるなら知らなかった方がよかったということとなり，同様に積極的な監督・監査活動を行うインセンティブを減じることにもつながるようにも思えます。

2　内部統制システムについて
(1)　神崎克郎教授の見解

非業務執行役員が自らの責任を意識し，「知らない方がよい」という意識に基づいて積極的な監督・監査活動を回避するような結果となることは，明らかにおかしな帰結と考えられます。

この点に関して神崎教授は，取締役の監視義務は会社の業務執行が適正に行われることを一般的に確保する体制が存在し，機能をしているかをその内容とすべきであると主張しています[8]。それに従えば，他の取締役の業務の執行が善管注意義務などに反することを疑うべき事情を知らなくても，監視義

---

7) 江頭憲治郎『株式会社法』（有斐閣，第7版，2017）474頁では，取締役が自己の業務執行権限外の事項に関し会社の損害を疑わしめる事実を知った場合について，「弁護士に相談する，事実を公表すると代表取締役を脅す，あるいは辞任する等しなければ任務懈怠となる場合もあると解すべきである」としています。
8) 神崎克郎「会社の法令遵守と取締役の責任」法曹時報34巻4号855頁以下では，①会社の不適正な業務執行を疑うべき事情を知り又は知り得る特段の事情がないときには，取締役は何らの措置を講じなくても監視義務の違反による責任を負うものではないとすると，業務執行に直接関与しない取締役においてそうした事情を知らないのが通常であるから，取締役会の監督機能に大きく期待することができなくなる，②しかしながら，会社の業務執行が適正に行われることを一般的に確保するための体制が会社内に設けられているか否か，それが十分に機能する状況にあるか否かは監視することができ，③その体制が機能していることに取締役が合理的に信頼する場合には，取締役会の監督機能を発揮できるので，④取締役の監視義務は，会社の業務執行が適正に行われることを一般的に確保する体制が存在し，機能をしているかをその内容とすべきである，としています。
　なお，上記論文では，その体制（法令等遵守体制に限定されている）に必要な内容として，①使用人が遵守すべき法令の内容を熟知するようにされていること，②業務の執行が記録され検査が現実に行われていること，③違反者に対し適当な懲戒処分がなされるものとされていること，の3点が挙げられており，現在の実務に対する示唆に富んでいます。

務違反に問われることが生じうることとなります。現行法でいう内部統制システム（後述3参照）の決定と構築状況の確認が，監視義務の一内容であることを主張しているものと理解されます。

(2) **日本取締役協会の提言**

　日本取締役協会では，平成26年3月7日に「社外取締役・取締役会に期待される役割について」として，12の提言を行っています。その内容は，モニタリング・モデルへの転換を指向するものと理解されますが，その中の提言7では，以下のとおり記載されています。

> 社外取締役・取締役会による経営者の「監督」とは，自ら動いて隠された不祥事を発見することではない。社外取締役は，不祥事の発生を防止するリスク管理体制の構築を「監督」し，「監督」の過程で不正行為の端緒を把握した場合は適切な調査を行うべきであるが，隠された個別の不祥事の発見自体は社外取締役による経営者の「監督」の直接的な目的ではない。

　モニタリング・モデルへの転換の是否はさておき，この提言7は，採用するガバナンスのモデルのいかんを問わず，社外取締役に求められる役割として共通しているように思われ，さらに社外監査役にも該当するように理解されます。

(3) **内部統制システム確認の必要性**

　藤田友敬教授は，この提言と，取締役の監視義務は取締役会上程事項に限らないとした最判昭和48年5月22日民集27巻5号655頁（本章注6参照）との関係について，「取締役会がその監督機能を果たすべく，取締役の業務執行の適正を確保する体制を合理的に定め，取締役間の役割分担を決定し，各取締役がそれに従って職責を果たしている場合には，裁判所は取締役会の決定を尊重すべきであり，それと無関係な監視義務を各取締役に課すのが昭和48年判決の趣旨だと理解する必要はない」と述べられています[9]。

　ここでいう「取締役の業務執行の適正を確保する体制」とは，会社法上，

---

[9] 藤田友敬「社外取締役・取締役会に期待される役割—日本取締役協会の提言」を読んで」商事法務2038号12頁

大会社と指名委員会等設置会社，監査等委員会設置会社に求められている「内部統制システム」，すなわちリスク管理体制を指しています。すなわち，一定の規模以上の会社の場合には，個々の取締役等の業務の執行を監督・監査することは困難であり，「枝葉」に当たる部分よりも，むしろ「幹」に当たる部分＝リスク管理の基本方針の相当性を確認し，その基本方針に沿って組織や社内規定が備えられているかどうかを確認する，さらに，会社の事業運営において必ず生ずる非効率やルール違反事例を観察し，基本方針の見直しの要否や，仮に基本方針を維持する場合にも，作られている組織や社内規定の見直しの要否について適時適切に検討されているかどうかを確認する方が，実効的かつ効率的という考え方であって，神崎論文（本章注8）と整合する考え方と理解されます。

　この考え方は，社外取締役・社外監査役の職務の考え方としてきわめて合理的であり，かつ，実務感覚にも適合するものです。すなわち，内部統制システムを構築することで，違法行為や損失の発生を未然に防止することが可能となります。また，それにより，そうした事態の発生を早く予見することができるようになり，会社にとって好ましくない結果を早期かつ適切に回避することが可能になります。上記で示した裁判例の一部においても，そうした考え方が背景にあると思われます。

　したがって，社外取締役や社外監査役に選任された後は，極力早い段階で会社の内部統制システムを確認し，会社のリスク管理体制の内容を把握し，その後に取締役会を中心に報告を受けることとなる取締役の職務の執行状況の内容に照らし，相当かどうかを確認できるようにしておくべきです。

3　内部統制システムの内容と確認
(1)　内部統制システムとは何か

　会社法では，内部統制システムについて，「取締役の業務執行の適正を確保する体制」として，以下のとおり定められています。

会社法施行規則100条

> ① 取締役の職務の執行に係る情報の保存及び管理に関する体制
> ② 損失の危険の管理に関する規程その他の体制
> ③ 取締役の職務の執行が効率的に行われることを確保するための体制
> ④ 使用人の職務の執行が法令及び定款に適合することを確保するための体制
> ⑤ 当該株式会社並びにその親会社及び子会社から成る企業集団における業務の適正を確保するための体制
> ⑥ 監査役がその職務を補助すべき使用人を置くことを求めた場合における当該使用人に関する事項
> ⑦ ⑥の使用人の取締役からの独立性に関する事項
> ⑧ ⑥の使用人に対する指示の実効性の確保に関する事項
> ⑨ 取締役及び使用人が監査役に報告をするための体制その他の監査役への報告に関する体制
> ⑩ ⑨の報告をした者が不利な取扱いを受けないことを確保する体制
> ⑪ 監査役の職務の執行について生ずる費用又は債務の処理に係る方針に関する事項
> ⑫ その他監査役の監査が実効的に行われることを確保するための体制

　ややとっつきにくい表現になっていますが、②や④に着目すると、リスク管理体制の内容として理解されるのではないかと思います。なお、これはあくまで会社法で求められている内容であって、リスク管理体制として上記の各項目を充足していれば、会社としてのリスク管理体制が万全なものであるということではありません。会社によって事業内容やその風土が個別に相違することを考えれば、発生が想定されるリスクが他社と同一であるということはありえず、したがって本来は、法律で定めるようなものではないのかもしれません。

(2) **内部統制システムはどのようにしたらわかるか**

　社外取締役・社外監査役（の候補者）として、会社の事務局に要請すれば入手できますが、会社法施行規則118条2号において、事業報告に、内部統制システムに係る決定または決議の内容の概要と当該体制の運用状況の概要を記載することが義務付けられていますので、上場会社であれば、就任の打

診があった段階で，当該会社のホームページに掲載されている株主総会の招集通知に添付されている事業報告を確認することで，把握が可能です。

(3) 内部統制システムに関して何を確認するか

　この内部統制システムは，監査役や監査役会の監査報告において相当かどうかを表明する必要があるので（会社法施行規則129条1項5号，130条2項2号），必ずその検証の証跡が会社にあるはずです。事業報告に記載されるのは，あくまで決定または決議の内容と，それに基づいて構築された体制，その体制の実運用状況に限りますので（同規則118条2号），そのシステムをどう自己評価し，どう直そうとしているかについては，把握できません。したがって，選任後には，その証跡の提出を求めることがよいと思われます（多くの場合，取締役会の決議か，または監査役会の決議の資料となると思われます）。

　それにより，PDCAがサイクルとしてルーティン化しているかどうか，すなわちリスク管理活動が取締役の職務の執行の一部として定着しているか，エラーに対して会社が自浄能力を有しているかについて推定でき，社外取締役・社外監査役として，その監督・監査活動で力点を入れるべき部分が特定できることとなります。

　また，その内部統制システム自体が十分な内容を伴っているかどうかについても，選任後は，確認することが必要となります。この点は，会社の事業の内容に対する知見が少ない社外役員にとり，負担の多い作業となるかもしれません。判例（最判平成21年7月9日判時2055号147頁。日本システム技術事件）[10]では，「通常想定される架空売上げの計上等の不正行為を防止し得る程度の管理体制を整えていたか」「不正行為の発生を予見すべきであったという特別な事情があったか」を基準に判断しています。

　したがって，会社の検証において，こうした点に意識されているかどうかについて確認してはどうかと考えます。

---

10) 従業員が売上げの架空計上を行ったため有価証券報告書に不実の記載がされ，その後の事実の公表により株価が下落し損害を被ったとして，従業員の不正行為を防止するためのリスク管理体制の構築義務に違反したことを理由に損害賠償を請求した事案。この判決に関しては，中村直人『ケースから考える内部統制システムの構築』（商事法務，2017）に詳しく解説されています。

第10章
緊急事態への対応

第❶ 企業買収への対応[1]

1 企業買収時の社外取締役の株主共同の利益への配慮

　企業買収は，組織再編の一形態です。ここで，組織再編は，効率的な事業運営や事業の拡大または縮小のために会社組織を再編成しようとするもので，合併，会社分割，株式交換，株式移転等のほか，事業譲渡等（事業の全部または重要な一部の譲渡，事業の全部の譲受け全部の賃貸，経営委任，損益共通契約等）による場合があります。

　近時事例が増えている，親子会社間や企業グループ内での組織再編等のように経営陣や支配株主の利益と株主共同の利益が相反する可能性がある場合や，当該事業再編等に株主共同の利益とは別の目的が潜在する場合には，経営陣や支配株主の利益が優先されて株主共同の利益が損なわれるおそれがあるという外観を呈することになります。そこで，それを払拭するために社外役員が招集株主の利益も考慮したチェック役としての役割を期待される場面が増えてきています。

　なお，組織再編等の場合，会社法は原則として株主総会の特別決議または特殊決議を要求し，反対株主には株式および新株予約権の買取請求権が認められるなど，被買収者である少数株主の発言権を強めたり，少数株主の意に沿わない買収の場合に資金回収の手段を確保するなど，一定程度少数株主の

---

[1] 日本弁護士連合会司法制度調査会　社外取締役ガイドライン検討チーム『「社外取締役ガイドライン」の解説』（商事法務，第2版，2015）119頁～143頁

利益を守る立法も会社法等でなされています。しかし，株式等買取価格が適正でなければ少数株主は不利益を被り，また買取請求権が認められてもこれを行使するには相応のコストもかかるため，社外役員が，組織再編が適切に行われるように，監視していく必要があると思われます。

2　M&A等の場合

　内部留保の使途として，配当や自社株買い等の株主への還元か，新規事業投資かという経営計画全般との整合性を意識しつつ，M&Aを行うことが，真に企業価値の向上につながるかについては，慎重かつ高度な経営判断が求められます。社外取締役としてはこれらの経営判断のモニタリングを行うことになりますが，M&Aの密行性や適時性にも配慮しつつ，取締役会での審議の前に十分に検討するためには，M&Aのすべてのプロセスに関する十分な説明と資料を可能な限り時間の余裕をもって入手することが重要であり，説明と資料の提供について常日頃から会社（経営陣）側の理解と関係部門（事務局）の協力を要請しておくことが肝要です。

　なお，親子会社間や企業グループ間におけるM&Aにおいては，後述3「MBO，親会社，主要株主による非上場化の場合」も参考にしてください。

　M&A等における社外取締役として十分検討すべき点としては以下のとおりです。

(1)　目的の合理性および手法の相当性
(2)　デューデリジェンスにより抽出された問題点の検討および解消状況

　M&Aそのほかの企業再編行為等を実行する際には，通常会計，税務，法務の観点から専門家によるデューデリジェンスが行われます。仮に，M&Aに当たってデューデリジェンスが行われていない場合はその理由を十分に調査し，必要があればデューデリジェンスの実施を要求する必要があります。また，デューデリジェンスが行われている場合であっても，その実施主体の専門性，適格性について把握するとともに，デューデリジェンス報告書等を閲覧し，抽出された問題点を把握し，その解消状況や契約書においてその結果が適切に反映されているか等について確認することが必要でしょう。

(3) 買収価格（比率）とその決定プロセスの公正性

　M&Aにおける買収価格（比率）については，売り手であっても買い手であっても，デューデリジェンスの結果を踏まえた独立した専門的機関による算定が望ましいため，仮にこれらがとられていない場合は，その理由を確認する必要があります。また，仮に専門的機関による算定がなされていたとしても，その前提条件等が過剰に楽観的でないか等十分に検討する必要があります。

　なお，M&Aにおいては，買収先企業等の客観的継続価値に一定のプレミアムが加算されることが多く，それはシナジー効果（相乗効果）によるものと説明されることが多いです。シナジー効果は実際には経営契約等に定量的に反映できないことも多く，買取価格の交渉の結果生じた株価算定数値の中央値等の乖離をシナジーで説明しているという実態がある場合もありえます。そこで，社外取締役は，これらのシナジー効果の具体的内容を確認した上で，プレミアムに見合ったものかを検証する必要があります。

　買収価格（比率）は経営陣の経営判断と相手方との交渉によって決定されますが，実際の企業価値から外れた不当に高いものでないか，その算定のベースとなった事業計画や第三者算定機関が作成する価格算定書の内容のみならず，交渉経過についても十分に検討すべきです。

　なお，特に親子会社間や企業グループ間の企業再編の場合には，後述3「MBO，親会社，主要株主による非上場化の場合」も参考にしてください。

　事業再編の判断に関する取締役の責任に関する裁判例としては，アパマンショップ株主代表訴訟事件最高裁判決（最判平成22年7月15日判時2091号90頁）があります。これは，上場会社の株式会社アパマンショップホールディングス（ASH）が，非上場子会社を完全子会社化する際に，特定の株主1社（A社）を除くすべての株主から，1株当たり5万円で当該子会社の株式を買い取ったことに関し，ASHの取締役らに善管注意義務違反があったとして，ASHの株主が損害賠償を求めた事案です。東京地裁，東京高裁で判断が分かれましたが，最高裁は，経営上の専門的判断については，①決定の過程，②決定内容に著しく不合理な点がない場合には，取締役としての善管注意義

務違反はないという基準を定立したものです。

(4) 費用（コンサルタント費用を含む）の相当性

買収価格の算定に当たっては、コンサルタント等の請求金額も精査し、これらのコストも踏まえて、買収価格（比率）の相当性が検証されるべきです。

(5) 会計リスクに対する理解

近時、企業再編を巡る会計処理が極めて複雑化しています。このため、企業再編時の会計処理の誤りが後で発見されるケースが増えてきています。したがって、企業再編時の会計処理とその影響について、十分な説明を受け、検討する必要があります。

また、仮に適切なデューデリジェンスを行い、適切な企業再編時の会計処理が行われた場合でも、のれんが巨額に計上されているような場合には、将来の巨額減損の可能性がある点にも留意が必要です。この場合、当初の利益計画を十分検討することが必要なことに加え、買収後の買収会社の利益状況にも十分な注意を継続的に払っていく必要があります。

3　MBO、親会社、主要株主による非上場化の場合

(1) 構造的な利益相反関係の存在

近時、経営陣が他の出資者（投資ファンド等）と組んで、自社株式を公開買付け等によって購入するMBO（マネジメント・バイ・アウト）や親子会社がいずれも上場している場合の親会社の子会社買収・非上場化、大株主による公開買付け等による上場会社の非上場化（以下、本項目では「非上場化」といいます）が増えてきています。

こうした、非上場化の意義は、市場における短期的圧力を回避した長期的思考に基づく経営の実現、「選択と集中」の実現等にあります。

他方、ここでは、株主の利益を代表すべき経営陣たる取締役、親会社、特定の大株主が少数株主から株式を取得するという構造的な利益相反関係が生じ、さらに、会社に関する正確かつ詳細な情報を有している経営陣、親会社、大株主と少数株主の情報格差にも留意する必要があります。

(2) 非上場化時に行われる,スクイーズ・アウトの概要

ア　スクイーズ・アウトとは

スクイーズ・アウトとは,一般に,ある会社の支配株主が,対象会社の少数株主の有する株式の全部を,その少数株主の個別の承諾なく,金銭その他の財産を対価として取得することをいいます。

MBO,親会社,主要株主による非上場化の場合は,スクイーズ・アウトにより買収者以外の少数株主の株式が残らないようなスキームが実行されることが多いです。

これには,既存の少数株主の株式を買い取ってしまうことで,経営陣が少数株主の利益を棄損するが,自己ないし大株主の利益を増加させるような行動をとってしまうという問題（エージェンシー問題）を解消する,長期的な視野に立った経営を実現する,意思決定を迅速化する,各種事務コストの削減といったメリットがあります。

このため,コストをかけて,上場会社の非上場化を行うメリットを最大限享受するため,スクイーズ・アウトが行われることが多いのです。

イ　2段階方式の概要

スクイーズ・アウトの方法としては,いきなりスクイーズ・アウトを実施する方法もありますが,上場企業を非上場化させる場合には,1段階目で買収者が買収対象会社の議決権保有割合を上昇させた上で,2段階目で狭義のスクイーズ・アウトを実施する方法がとられることが多いです。

この理由として,上場会社の場合,買収者以外の株主の保有割合がそれなりに高い場合が一般的であり,1段階目を実施して買収者の持株割合を高めることでスクイーズ・アウト実行の確実性を高める必要性があるためという点や,1段階目を実施することで多くの株主が買収者の提示した株価に任意に応じて株式を売却したという実績を作ることで,スクイーズ・アウト対価の公正性を担保する証拠づくりになるといった点が挙げられます。

2段階方式でスクイーズ・アウトを実施する場合の概要を図示すると次のようになります。

第10章 緊急事態への対応

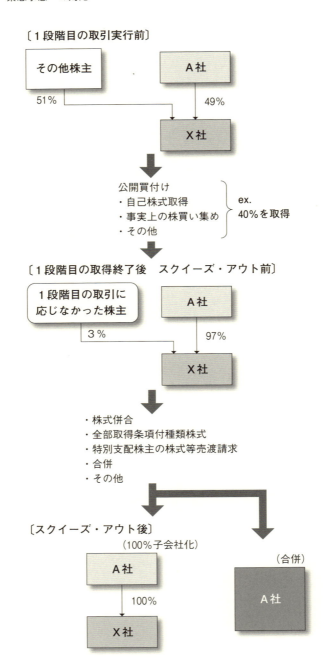

ウ 社外取締役・社外監査役の留意点

2段階方式のスクイーズ・アウトを実施する場合，少数株主の利益を害するおそれが生じる問題点があるとされています。

具体的には，1段階目の取引が成立した場合は，1段階目の取引に応じなかった株主が不利に扱われるという予測から，1段階目の買付価格が公正な価格よりも低かったとしても1段階目の取引に応じてしまう（強圧性）という問題です。

また，対象会社の買収対象者側（MBOする取締役や親会社等）と買収者以外の株主との間に構造的な利益相反関係が生じるという問題点もあります。

そこで，対象会社の経営陣に対して独立性を有している社外取締役や社外監査役を中心に，利益相反状況を解消する措置がとられる必要があります。

(2)で詳しく検討する，「企業価値の向上及び公正な手続確保のための経営者による企業買収（MBO）に関する指針」では，MBOの場合を前提に以下のような利益相反状況の回避ないし軽減策を提言しています（同指針20頁より）。

事実上の対応の整理
①株主の適切な判断機会の確保～共通して対応すべき事項～
- ○MBOのプロセス等について，公開買付け規制の改正・証券取引所の要請等の趣旨を踏まえた充実した開示
- ○MBO成立のため意図的に市場株価を引き下げているとの疑義を招く可能性がある場合のより充実した説明
- ○取締役が当該MBOに関して有する利害関係の内容についてのより充実した説明
- ○スクイーズアウトに際して，株式買取請求権又は価格決定請求権が確保できないスキームの採用の禁止
- ○特段の事情がない限り，公開買付けにおいて大多数の株式を取得した場合にはスクイーズアウトを実施
- ○特段の事情がない限り，スクイーズアウトの価格について，公開買付価格と同一の価格を基準にすること
- ◆MBO後も一定期間，対象会社の状況に関する情報提供を継続
- ◆MBO後の中長期的な経営計画等・将来の可能性についての十分な説明

◆は対応すべきか否か議論が分かれている事項

上記を前提とした上での実務上の工夫

②意思決定過程における恣意性の排除	③価格の適正性を担保する客観的状況の確保	④その他（①の見地から株主意思確認を尊重）
○（社外役員が存在する場合には）当該役員，又は独立した第三者委員会等に	○MBOに際しての公開買付期間を比較的長期間に設定すること	○MBOに際しての公開買付けにおける買付数の下限を，高い水準に設定するこ

対するMBOの是非及び条件についての諮問（又はこれらの者によるMBOを行う取締役との交渉），及びその結果なされた判断の尊重 ○取締役及び監査役全員の承認 ○意思決定方法に関し，弁護士・アドバイザー等による独立したアドバイスを取得すること及びその名称を明らかにすること ○MBOの価格に関し，対象会社において，独立した第三者評価機関からの算定書等を取得 ＊実際の案件に応じて，上記の対応を組み合わせる等して工夫する	（※個別案件の性質によって異なり得る） ○対抗者が実際に出現した場合に，当該対抗者が対象会社との間で接触等を行うことを過度に制限するような内容の合意等を，当該MBOの実施に際して行わないこと ＊上記の対応を併せて行う	と （※なお，当該方法は，公開買付けの成否を著しく不安定にする恐れもあることから慎重に検討すべきとの指摘がある）

＊いずれかの実務上の工夫を採用することで，MBOの透明性・合理性は高まる。但し，各工夫は排除し合うものではなく，それぞれの具体的対応を組み合わせる等して，より透明性・合理性を高めることも可能。

(3) 企業価値の向上および公正な手続確保のための経営者による企業買収（MBO）に関する指針

(1)で述べたように，非上場化という場面においては，利益相反構造や情報の非対称性といった問題が生じます。そこで，社外役員は，非上場化が一般株主に対して十分な説明がなされているか等のモニタリングを行います。具体的には，平成19年9月4日付経済産業省の「企業価値の向上及び公正な手続確保のための経営者による企業買収（MBO）に関する指針」（以下「MBO指針」といいます）を用いた検討，説明が必要となることが非常に多いことから，MBO指針を十分理解しておく必要があるでしょう。

そして，ここでは，(1)MBOで尊重されるべき原則として，企業価値の向上（第1原則），公正な手続を通じた株主利益への配慮（第2原則）が挙げられ，また(2)透明性・合理性確保のための枠組みとして，①株主の適切な判断機会の確保，②意思決定過程における恣意性の排除，③価格の適正性を担保する客観的状況の確保といった点を挙げています。

ア　企業価値の向上

非上場化の目的の合理性は，第一義的には企業価値を向上させるか否かです。構造的な利益相反がある非上場化では特に，その目的が真に企業価値の

向上を企図しているかを経営陣から独立した立場で検証することが，通常のM＆Aに比してより重要とされます。たとえば，株価が低迷している状況を奇貨として，単に取締役が自らの利益追求を目的として行うような非上場化は，株主共同の利益を目指しているとはいえません。

なお，株主が納得して判断している限りは，必ずしも企業価値の向上を目的としていなくても（たとえば事業縮小のための非上場化等）否定されるべきではないという意見もあります。この場合，目的の合理性は，手続の公正性および透明性により担保されることとなります。

イ　買付価格の相当性とその決定プロセスの公正性および透明性

(ｱ)　買付価格の相当性

買付価格の相当性については，非上場化に際して実現される価値のうち，非上場化を行わなければ実現できない価値と非上場化を行わなくても実現可能な価値とを区別し，前者については，株主および買付側双方が受けるべき価値と考えられますが，後者については，基本的に株主が受けるべきものという考え方がMBO指針でも紹介されています。ただし，この区別については，個々具体的な状況に照らして判断する必要があるため，一義的・客観的な基準を立てることはできません。

(ｲ)　決定プロセスの公正性および透明性

非上場化固有の利益相反構造を前提にすると，決定プロセスの公正性および透明性の確保を図ることは重要です。

MBO指針では，①各株主の背景や属性等も十分配慮し，充実した説明を行うこと，②恣意的な判断がなされないよう，社外役員等の意見を求めた上で，株主が判断する等の工夫を行うこと，③対抗買付けの機会を確保する等により価格の適正性を担保する客観的状況を確保すること等が示されています。

具体的には，(i)MBOを実施するに至ったプロセス等について充実した情報開示，(ii)業績の下方修正後にMBOを行うような場合等においては，当該時期にMBOを行う背景・目的についてより充実した説明を行うこと，(iii)取締役と他の出資者（投資ファンド等）の最終的な出資比率や取締役の役職の

継続予定等，取締役が当該MBOに関して有する利害関係の内容についての充実した説明を行うこと，(iv)公開買付け後の完全子会社化（スクイーズ・アウト）に際して，反対する株主を不利益に扱わないこと等が挙げられます。

また，財務または法務アドバイザーの人選に当たっては，独立性が疑われないよう，社外役員が中心となって人選に当たることも十分にありえます。

さらに，こうした決定プロセスの公正性，透明性を確保するため，プロセスについて第三者委員会を組成し，第三者委員会から意見書を取得するというプロセスも広く行われています。そして，非上場化の第三者委員会の場合は，企業不祥事の第三者委員会と比べて，社外役員が中心的な委員として参画することも多いです。

このように，非上場化の場面では，社外役員が中心的に活動することになる場合が多いため，社外役員はこの分野の知見をある程度有している人材を入れるか，日頃から強化しておく必要があります。

なお，決定プロセスの透明性を確保するという意味では，公開買付けにおける，法的な開示制度もこれを支えています。すなわち，公開買付けに当たり，一定の場合には，買付者は，買付け等の価格の算定に当たり参考とした第三者による評価書，意見書その他これらに類するものがある場合にはその写しを添付し，さらに，買付価格の公正性を担保するためのその他の措置を講じている時はその具体的内容も記載の上，公開買付届出書（二号様式）に記載し，関東財務局長宛てに提出することとされています（金商法27条の3第2項，公開買付府令12条，第二号様式・記載上の注意(6) f）。

さらに，買付対象会社は，公開買付開始公告が行われた日から10営業日以内に，所定の事項を記載した意見表明報告書を関東財務局長に提出しなければならないとされています（金商法27条の10，金商法施行令13条の2）が，同報告書には，当該意見を決定した取締役会の決議または役員会の決議の内容を記載することとされているほか，当該意見表明の適時開示（適時開示規則2条1項(1) t）は，必要かつ十分に行わなければならない（企業行動規範10条）こととされています。そして，第三者委員会の意見書を取得する場合は，こうした開示書類の中で，参照されることになります。

(ウ)　利益相反関係にある取締役の範囲および関与（遮断）の程度

　上記(ア)(イ)の点を踏まえた意思決定過程における恣意性の排除を明確にするため，利益相反関係にある取締役の範囲および関与（遮断）の程度は，あらかじめ明確にしておくべきです。

　また，取締役会の審議や採決のみならず，決定プロセスのすべてにおいて，利益相反関係にある取締役の関与がないことを確認すべきです。

　この点，上場子会社の非上場化の場合等には，利益相反関係にある取締役と判断すべきか，第三者委員会が組成されている場合には，その意見も参考にしながら慎重に決定する必要がある場合が多いです。

　いずれにしても，社外役員は，利益相反関係のない役員として位置付けられるため，第三者委員会の組成に深く関与したり，第三者委員に就任するなど，このプロセスでも中心的な役割を果たす場合が多く，日頃の研鑽が必要です。

4　敵対的買収に対する防衛策の場合

(1)　敵対的買収防衛策と一般株主の利益

　買収防衛策とは，株式会社が資金調達などの事業目的を主要な目的とせずに新株または新株予約権の発行を行うこと等により自己に対する買収の実現を困難にする方策のうち，経営者にとって好ましくない者による買収が開始される前に導入されるものとされます。ここで，敵対的買収に対する防衛策が正当化されるのは，企業価値を損なう買収提案から株主の利益を守ることが目的とされるからです。防衛策が経営陣の保身のために濫用されると，株主共同の利益を害することになりかねません。社外取締役を含む取締役は，株主共同の利益を最大化する責務を負っているのであり，保身のための買収防衛は許されず，自ら責任をもって買収防衛策の導入および発動の要否について判断し，その上で株主に対する説明責任を果たすことが求められます。

　そこで，経済産業省・法務省は平成17年に「企業価値・株主共同の利益の確保又は向上のための買収防衛策に関する指針」（以下「企業価値防衛指針」といいます）を公表しました。また，CGコード原則1-5では，「買収防衛

の効果をもたらすことを企図してとられる方策は，経営陣・取締役会の保身を目的とするものであってはならない。」とし，その導入・運用については，「その必要性・合理性をしっかりと検討し，適正な手続を確保するとともに，株主に十分な説明を行うべき」と定め，さらに補充原則１－５①において，公開買付けの場合は，「取締役会としての考え方（対抗提案があればその内容を含む）を明確に説明すべき」とし，また，「株主が公開買付に応じて株式を手放す権利を不当に妨げる措置を講じるべきではない。」とするなど経営者の保身を目的とした買収防衛策について厳しい目を注いでいます。

13．買収防衛策（ポイズンピル）

買収防衛策の導入および更新は，下記の条件を全て満たす場合を除き，原則として反対を推奨する。

（第１段階：形式審査）

- ▶総会後の取締役会に占める出席率に問題のない独立社外取締役の比率が３分の１以上，かつ２名以上である
- ▶取締役の任期が１年である
- ▶特別委員会の委員全員が出席率に問題のないISSの独立性基準を満たす社外取締役もしくは社外監査役である
- ▶買収防衛策の発動水準が20％以上である
- ▶有効期限が３年以内である
- ▶他に防衛策として機能しうるものがない
- ▶株主が買収防衛策の詳細を検討した上で，経営陣に質問する時間を与えるために，招集通知が総会の４週間前までに証券取引所のウェブサイトに掲載されている

（第２段階：個別審査）

- ▶買収されやすい状況の改善を目的とする具体的な株主価値向上施策に加え，買収防衛策導入により与えられる一時的な保護が，どのようにしてその施策の実行に役立つのかを招集通知で説明しており，その内容が妥当であると結論付けられる

（ISS「2017年版　日本向け議決権行使助言基準」22頁）

(2) 社外取締役が留意すべき事項

ア 買収防衛策導入の必要性および相当性

買収防衛策の目的は，企業価値および株主共同の利益の維持・向上を目指すものでなければなりません。具体的には，グリーンメールや焦土化目的の買収等に対する防衛策，強圧的二段買収（一段階目の買付条件よりも二段階目の買付条件を不利に設定するなどして株主に売り急がせる買収類型に対する防衛策），株主に情報提供することや会社が代替案を提示する機会を確保するための防衛策は，株主利益の確保を図る相当な目的があるとされています。

また，株主総会の承認（近時では定款変更を伴う特別決議の場合が多い）を得て導入する場合は，事前開示および株主意思の尊重の観点から公正とされる可能性が高いですが，取締役会の決議で導入する防衛策（新株予約権を活用したライツプラン等）については，買収者以外の株主の公平性や財産権の保護に配慮し，かつ取締役会の裁量権の濫用を防止するための措置（客観的廃止条項等）がとられているかを検証すべきで，一般的には厳しい目で見られています。

イ 買収防衛策発動の正当性

経産省の企業価値研究会が平成20年に公表した「近時の諸環境の変化を踏まえた買収防衛策の在り方」では，「取締役は株主共同の利益を最大化する責務を負っているのであるから，自らは判断を回避し，形式的に株主総会に判断を委ねるのではなく，自ら責任をもって買収防衛策の導入及び発動の要否について判断し，その上で株主に対する説明責任を果たすことが求められる。したがって，買収防衛策の目的である株主共同の利益の保護という観点から，買収局面における被買収者の取締役の行動の在り方を示すことが重要である。」とした上で，買収防衛策を運用する際の基本的な考え方を取りまとめています。

この中で，買収防衛策発動が株主共同の利益を向上させるものか否かは事案ごとの個別性が強いとした上で，その目的，態様から買収防衛策を，①株主が買収の是非を適切に判断するための時間・情報や，買収者・被買収者間の交渉機会を確保する場合，②買収提案の内容に踏み込んで実質的に判断を

下して発動し，買収を止める場合（株主共同の利益を棄損することが明白で乱用的買収に対して発動する場合，買収提案が株主共同の利益を棄損するかどうかという実質判断に基づいて発動する場合）に大別されるとされます。

また「在り方」では，買収防衛策の発動に当たって買収者に対する金員等の交付は，かえって買収防衛策の発動を誘発し，結果として，買収の是非を適切に判断するために必要な時間・情報や交渉機会が確保された上で，株式を買収者に売却する機会を株主から喪失させるため，健全な資本市場の育成の妨げになるという問題があると指摘されており，さらに本来配当などの形で株主に還元されたはずの資金等を買収者に移転する結果，株主の利益が害されるおそれがあるとして，行うべきでないとされている点も，社外取締役，社外監査役としては留意すべきでしょう。

ウ　一般株主が買収の是非を判断するための情報および時間の確保

一般に買収防衛策の発動によって買収を止めることは，買収に賛成する株主がこれに応じて株式を買収者に売却する機会を奪うことになります。よって，株主が買収の是非を適切に判断するための情報・時間が確保されているか，という点も検証すべきです。

ただし，合理的な範囲を超えて買収提案の検討期間をいたずらに引き延ばしたり，意図的に繰り返し延長したりすることによって，株主が買収の是非を判断する機会を奪ってはなりません。

社外取締役としては，買収防衛策の発動事由に該当するか否かの判断のみならず，買収防衛策の定める手続（買付者の情報提供，手続遵守の誓約，買付け内容の検討，買付者との交渉，代替案の提示等）を十分に確認し，その運用が適切になされているかについてもモニタリングすべきです。

(3)　**特別委員会等と社外取締役**

買収防衛策の導入および発動に当たっては，独立性の高い社外者のみから構成される独立委員会，特別委員会等を設置して，その勧告内容を最大限尊重することが行われることがあります。この場合，買収防衛策の発動の可否は，特別委員会等の勧告をもとに，取締役会が最終判断または株主総会を招集することになりますが，多くの企業が採用している事前警告型買収防衛策

では，買付者に対し，事前に情報提供や買収防衛策の手続の遵守する旨の誓約を求め，その情報に基づき買付内容を検討し，買付者と交渉したり，代替案を提示したりすることになりますが，そのすべてのプロセスにおいて特別委員会等は株主の利益を代弁して意見を述べ，時には交渉にも関与することになります。

特別委員会等においては，経営陣からの独立性が実質的に担保されている必要があるため，社外取締役をはじめとする社外役員を中心に構成することは望ましいことでしょう。仮に，社外役員以外の委員を入れる場合には，特別委員会等の委員の構成については，経営陣の意図に左右されることなく買収提案の正当性について判断ができるだけの実質的独立性，また当該判断をするための経験，専門的能力が担保されているかについて，個々の候補者の属性を十分吟味すべきです。

第❷ 企業不祥事

1　企業不祥事と社外取締役・社外監査役の役割

　企業不祥事とは，企業において発生した犯罪行為や法令違反行為，その他社会的非難を招くような不正・不適切な行為等をいいます。このような企業不祥事の事例は過去に数多くありますが，近年では，特に企業不祥事に対する世間の目は厳しく，今まで以上に適切な対応が求められているといえます。

　企業不祥事が発生した場合，会社として早期に事実関係の調査と原因究明を行い，再発防止策を提示することによってステークホルダーの信頼回復に努める必要があります。その際の取締役と監査役の大まかな役割分担は，平時の場合と同様，原則として取締役（業務執行取締役）が中心となってこれらの実務対応を行い，社外取締役および監査役（社内・社外を含む）が，それぞれの立場からそれを監視・監督するというものです。そして，その中でも社外取締役と社外監査役は，社外者としての客観的な視点から，公平かつ中立的な意見を述べて，透明性のある不祥事対応を確保することが期待されています。

なお，上場会社については，不祥事に対する取組みの指針として，日本取引所自主規制法人により，「上場会社における不祥事対応のプリンシプル」（2016年2月）および「上場会社における不祥事予防のプリンシプル」（2018年3月）がそれぞれ策定・公表されています。これらは，不祥事の事前予防と事後対応にかかるプリンシプル・ベースの指針であり，上場会社に一律に義務付けられるものではありませんが，不祥事対策に取り組む上で個別の判断の拠り所とできることから，上場会社の社外取締役と社外監査役においては，これらを十分に認識し，最大限活用することが望ましいといえます。

2　不祥事が発生した場合における社外取締役の対応

(1)　社外取締役に不祥事の情報が持ち込まれた場合

　不祥事が発覚に至るまでには様々なパターンがありますが，不祥事の情報が社外取締役に直接持ち込まれるというケースもありえます。会社の内部通報制度において，社外取締役が内部通報窓口として指定されている場合には，とりわけその可能性が高くなるでしょう。実際，CGコードの補充原則2－5①では，「経営陣から独立した窓口の設置（例えば，社外取締役と監査役による合議体を窓口とする等）を行うべき」とされており，それにしたがって社外取締役を窓口の一つに指定する会社も増えていると思われます。

　では，実際に社外取締役に不祥事の情報が持ち込まれた場合，社外取締役はどうすればよいのでしょうか。社外取締役としては，まずは事実の真偽を確認したいところですが，自らには手足となる組織や部下がいないことから，自らが積極的に動くことは現実的ではありませんし，不祥事の内容にもよりますが，安易に社内取締役に相談することも適切ではありません。

　そこで，この場合には，日本弁護士連合会「社外取締役ガイドライン」（平成27年3月19日改訂）（以下「社外取締役ガイドライン」といいます）にあるように，会社法357条の規定を踏まえ，その情報を直ちに監査役に報告し，監査役を通じた会社による不祥事対応を促すべきと考えられます（社外取締役ガイドライン第3・6(2)）。会社法357条1項には，「取締役は，株式会社に著しい損害を及ぼすおそれのある事実があることを発見したときは，直ちに，

当該事実を株主（監査役設置会社にあっては，監査役）に報告しなければならない。」と定められており，不祥事情報についても，それに従ってまずは監査役に報告すべきと考えられるのです。

なお，上記の対応は，会社の機関構成に応じて，監査役会設置会社においては監査役会への報告（会社法357条2項），監査等委員会設置会社においては監査等委員会への報告（同条3項），指名委員会等設置会社においては監査委員会への報告（同法419条1項参照）をまず行うべきということになるでしょう。

(2) 初動対応

不祥事対応における初動対応は，不祥事対応の中で最も重要な局面といっても過言ではありません。初動対応の段階で万が一判断を誤ると，ただでさえ不祥事を起こしたことで信用が失墜しているところに，さらにその不祥事対応のあり方や誠実性について世間から非難され，信用の回復がますます困難になってしまうおそれがあるからです。

社外取締役ガイドラインでは，初動対応として，社外取締役が会社から不祥事が発生した旨の報告を受けた場合，会社が行おうとしている不祥事対応を正確に把握し，法令，上場規則等により求められる開示等を含めてその対応に問題がないかにつき検討し，必要な意見を述べるものとされています（社外取締役ガイドライン第3・6(3)①）。中でも，法令や上場規則等で求められる適時・適切な開示は，企業の隠蔽体質が批判される昨今においては極めて重要であり，それを怠った場合には役員の任務懈怠として善管注意義務違反が問われることにもなりますので，社外取締役として，必要な意見は述べておく必要があります。

また，不祥事に多数の役員が関与していた場合や，組織ぐるみで行われた場合など，もはや会社において自ら不祥事対応を行うことが適切ではないと判断された場合には，初動対応の段階で第三者委員会の設置を検討し，必要に応じてその旨を提言すべきと考えられます。社外取締役ガイドラインにおいても，初動対応の一つとして，第三者委員会設置の必要性を検討し，必要な場合には，第三者委員会の設置および委員の選任手続に積極的に関与する

ことが定められています（社外取締役ガイドライン第3・6(3)②）。

(3) 会社の対応に問題があると判断される場合

不祥事対応において社外取締役が期待される役割は，客観的な立場から意見を述べ，公平かつ中立的な判断をすることにより，会社による不祥事対応を監視・監督することにあります。それを踏まえて，社外取締役ガイドラインでは，不祥事に対する会社の対応に問題があると判断される場合には，社外取締役として，具体的に以下の対応をとるべきことを定めています（社外取締役ガイドライン第3・6(4)）。

① 会社が行う不祥事対応について，継続的かつ適切な時期に報告を受け，不適切な兆候を感じた場合には，さらに情報の提供を求め，必要な是正のために積極的な意見を述べること。

② これらの状況を是正するために，取締役会で必要な発言をして議事録に記録させるほか，監査役，会計監査人とも必要な連携を行うこと。

③ これらの取組にもかかわらず，孤立するような事態に至った場合，社外取締役の辞任を含め，毅然とした対応を取ること。

(4) 最終段階における対応

不祥事対応の最終段階では，会社が不祥事による信用失墜から立ち直り，信頼回復に向けた再出発を実現するための対応措置が適切に講じられているかをチェックすることが求められます。具体的には，社外取締役ガイドラインによれば，会社が不祥事対応を適切な形で終えるよう，以下の点に注意し，必要な意見を述べることとされています（社外取締役ガイドライン第3・6(5)）。

① 不祥事の原因が的確に分析され，その原因を踏まえた再発防止策が策定され，実行に移されていること。

② 不祥事の責任を負うべき者に対して，適切な処分あるいは責任追及を行っていること。

③ 不祥事により会社が被害を与えた相手に対して，適切な措置を採っていること。

④ 必要な対外的対応を取っていること。

3 不祥事が発生した場合における社外監査役の対応

(1) 社外監査役に不祥事の情報が持ち込まれた場合

　不祥事が発生した場合，上述のとおり一次的な対応は取締役（業務執行取締役）が行い，監査役がその監査にあたることが原則となりますが，監査役に不祥事の情報が持ち込まれた場合には，その監査にあたる前提として，監査役自らが不祥事の事実関係を把握する必要があります。そこで，初期対応としては，①直ちに取締役等から報告を求めること，また，②必要に応じて調査委員会の設置を求め，調査委員会から説明を受けること，といった対応が求められます。その上で，取締役や調査委員会が行う対応（原因究明，損害の拡大防止，早期収束，再発防止，対外的開示のあり方等）について監視し，検証することになります。これらは，いずれも監査役監査基準（以下「監査基準」といいます）27条1項に定められている内容ですが，特に後者については，監査基準において「不遵守があった場合に，善管注意義務違反となる蓋然性が相当程度ある事項」（Lv.2）に分類されていますので，とりわけ注意が必要です。

　以上は，社外監査役にも同様に当てはまりますが，社外監査役の場合には，自らが調査委員会のメンバーに就任するケースも多く見られます。なお，ここでいう調査委員会とは，後述する第三者委員会とは異なり，社内の者により構成されるか，または社内の者に外部の有識者を加えて構成される会議体のことです。この調査委員会においては，基本的に社内の者が主導的に調査を行うことになることから，中立性や透明性を担保するために，実務上，社外監査役をメンバーに加えることが多いとされているのです。そのため，社外監査役が調査委員会のメンバーになった場合には，中立性や透明性の確保を意識して，外部者の視点から積極的に意見を述べることが求められることになります。

(2) 第三者委員会を設置すべき場合

　第三者委員会とは，会社から独立した委員のみから構成される会議体であり，会社からの委嘱を受けて主に不祥事の事実調査，原因分析，再発防止策の提言等を行います。

このような第三者委員会を設置すべき場合としては，現に取締役の行う不祥事対応が，独立性，中立性または透明性等の観点から適切でないと判断される場合が挙げられます。そのような場合には，もはや取締役（ひいては会社の内部者）に不祥事の対応を委ねること自体に問題があるといえるからです。この場合，社外監査役としては，第三者委員会の設置を積極的に提言すべきです。監査基準においても，そのような場合には，監査役は，監査役会における協議を経て，取締役に対して第三者委員会の設置の勧告を行い，あるいは必要に応じて外部の独立した弁護士等に自ら依頼して第三者委員会を立ち上げるなど，適切な措置を講じるものとされています（監査基準27条2項）。

　また，不祥事に複数の役員が関与していることが判明しており，社内では実効的な調査が期待できない場合や，社会に与える影響が大きい不祥事の場合など，事案の性質からして第三者委員会を設置すべき場合もあります。そのような場合には，社外監査役としては，できる限り速やかに第三者委員会の設置を要請すべきでしょう。

(3) 第三者委員会との関わり

　それでは，実際に不祥事対応について第三者委員会が設置されることになった場合，社外監査役としては以後どのように関与すべきでしょうか。

　この点，本来，不祥事を起こした会社の自浄作用を促すためには，社外監査役自身が第三者委員会の委員に就任し，会社に対する善管注意義務を前提にその職務を適正に遂行することが望ましいと考えられます。ただし，日本弁護士連合会「企業不祥事における第三者委員会ガイドライン」（平成22年12月17日改訂）（以下「第三者委員会ガイドライン」といいます）には，「企業等と利害関係を有する者は，委員に就任することができない」とされている点に念のため注意が必要です（第三者委員会ガイドライン第2部第2.5）。同ガイドラインでは，社外役員については，直ちに「利害関係を有する者」に該当するものではないものの，ケース・バイ・ケースで判断されるとされているからです（同脚注10）。ただし，監査基準によれば，監査役は，当該不祥事に対して明白な利害関係があると認められる者を除き，第三者委員会の委

員に就任することが望ましいとされています（監査基準27条3項）。

また，監査基準によれば，監査役は，第三者委員会の委員に就任しない場合については，第三者委員会設置の経緯および対応の状況等について，早期の原因究明の要請や当局との関係等の観点から適切でないと認められる場合を除き，第三者委員会から説明を受け，必要に応じて監査役会への出席を求めるものとされています（監査基準27条3項）。

なお，以上のような監査基準の定めは，各会社においてそれに準拠した社内規程や内部統制システムを定めていない限り，必ずしも直ちに（社外）監査役が遵守すべき法的規範となるわけではありませんが，不祥事の場合における社外監査役の行動規範として，参考になる部分が多いと考えられます。

第❸ 株主代表訴訟

1 株主代表訴訟と社外取締役・社外監査役

株主代表訴訟とは，会社の役員が会社に対して損害賠償責任を負うと考えられる場合に，会社に代わって株主がその責任を追及する訴訟のことをいいます（会社法847条）。会社において企業不祥事が発生した場合には，会社または第三者委員会による調査報告書が公表された後，会社が関与役員の責任を追及しないときに，株主が会社に代わって株主代表訴訟を提訴するというのが1つの典型的なパターンです。

この場合，社外取締役・社外監査役としては，会社が関与役員の責任追及に関して適切な対応を行うように，社外者の立場から公平かつ中立的な意見を述べることが期待されます。また，手続面においては，監査役設置会社においては監査役，監査等委員会設置会社においては監査等委員，指名委員会等設置会社においては監査委員（以下，まとめて「監査役等」といいます）が，それぞれ株主代表訴訟や会社・役員間の訴訟に関連して会社を代表する各種の権限を有するほか，会社が株主代表訴訟に補助参加する場合の同意権限を有しています。以下，株主代表訴訟の手続に沿って詳しく見ていきます。

2 提訴請求の受領と提訴・不提訴の判断

　株主が会社役員の責任を追及したいと考える場合，いきなり株主代表訴訟を提訴できるわけではなく，原則として，まずは会社に対し，会社自身による当該役員に対する提訴を促すため，提訴請求書を提出する必要があります（会社法847条1項）。会社が提訴請求の日から60日以内に提訴しないときに初めて，株主代表訴訟を提起することができるのです（同条3項）。ただし，60日を待っていたのでは会社に回復不能の損害が生ずるおそれがある場合には，例外的に提訴請求を行わずに株主代表訴訟を提起することができるとされています（同条5項）。

　かかる提訴請求書を受領する権限は，監査役等にあります（同法386条2項1号，399条の7第5項1号，408条5項1号）。そのため，監査役等は，株主から提訴請求書を受領したときは，速やかにその適法性を確認し，会社において60日以内にその請求の当否を判断できるようにしなければなりません。

　この場合の監査役等の対応としては，監査基準の定めが参考になります。監査基準によれば，監査役は提訴請求を受けたときは，速やかに他の監査役に通知するとともに，監査役会を招集してその対応を十分に審議の上，提訴の当否について判断すること，その判断に当たっては，被提訴取締役のほか関係部署から状況の報告を求め，または意見を徴するとともに，関係資料を収集し，外部専門家から意見を徴するなど，必要な調査を適時に実施することとされています（監査基準52条）。

　近年では，上記対応の一環として，会社が提訴判断を行うための諮問機関として，責任調査委員会と呼ばれる第三者機関（第三者の委員のみから構成される会議体）を設置する場合もあります。これは不祥事対応で設置する第三者委員会とは異なり，対象役員の法的責任を調査・分析することを目的とした委員会で，弁護士等の外部の専門家から構成されます。

　なお，会社において提訴請求の日から60日以内に役員を提訴しない場合に，株主から請求があったときは，当該株主に対して不提訴理由を書面で通知しなければなりません（会社法847条4項）。実務上，不提訴理由の通知書は，株主が，その後に株主代表訴訟の提訴を検討する際に，その是非や法的根拠

等を分析する上で参考になることから、株主から請求があるのが一般的と思われます。会社側としては、不提訴理由の通知書は、将来の株主代表訴訟に利用されることを理解した上で、外部専門家の助言を受けながら慎重に作成すべきです。

3　訴訟告知と補助参加

　会社は、共同訴訟人として、または当事者の一方を補助するため、株主代表訴訟に参加することができます（会社法849条1項）。そのため、株主は、会社による訴訟参加の機会を保障するため、株主代表訴訟を提起したときには、会社に対して遅滞なく訴訟告知をすることとされています（同条4項）。その訴訟告知を受領する権限は、監査役等にあります（同法386条2項2号、399条の7第5項2号、408条5項2号）。

　会社が上記の訴訟告知を受けたときは、遅滞なくその旨を公告（または株主に通知）しなければなりません（同法849条5項）。

　次に、訴訟告知を受けて、会社として株主代表訴訟に参加するかどうかを判断する必要があります。会社による訴訟参加の形態としては、理論上、原告株主側に共同訴訟人として参加する方法と、被告役員側に補助参加する方法がありますが、会社としては役員を提訴しないものと結論付けたわけですから、一般的には後者について検討することになります。この場合、会社が被告役員側に補助参加するに際しては、各監査役等の同意が必要となります（同法849条3項）。監査役等が複数いるときは、その全員の同意が必要ですが、監査役会等の会議体による決議が必要というわけではありません。ただし、監査役等としては、補助参加の是非について慎重に検討するため、会議体にて協議を行うべきであり、また、その判断に当たっては被告役員のほか関係部署から状況の報告や意見を求め、必要に応じて外部専門家からも助言を求めるべきでしょう（監査基準53条参照）。

4　訴訟上の和解

　会社が株主代表訴訟に訴訟参加しなかった場合には、原告株主側と被告役

員側が訴訟上の和解をする際に，裁判所から会社に対し，和解内容の通知と，これに異議があるときは2週間以内に述べるべき旨の催告がなされます（会社法850条1項，2項）。このときに裁判所からの通知と催告を受領する権限は，監査役等にあります（同法386条2項2号，399条の7第5項2号，408条5項2号）。

上記の通知・催告に対し，会社が2週間以内に異議を述べなかったときは，その内容で和解することを承諾したものとみなされ（同法850条3項），会社に対しても和解の効力が及ぶことになりますので（同条1項ただし書），その判断については慎重に検討する必要があります。

そこで，監査役等としては，上記の通知・催告を受領したときは，速やかに会議体にてその対応を十分に審議すべきであり，また，和解に異議を述べるかどうかの判断に当たっては，被告役員のほか関係部署から状況の報告や意見を求め，必要に応じて外部専門家からも助言を求めるべきでしょう（監査基準54条参照）。

5　多重代表訴訟について

上述した株主代表訴訟の発展形として，株主が，その会社の役員ではなく，その子会社や孫会社等の役員に対して直接責任を追及する訴訟のことを，一般に多重代表訴訟といいます（会社法847条の3）。特に純粋持株会社（ホールディングカンパニー）の株主にとっては，実際に事業を担う子会社については，自らが株式を保有する株主という立場ではないため，これまでは子会社において不祥事が起きた場合などでも，子会社役員に対する責任追及は，基本的に直接の株主である親会社に委ねるしかありませんでした（少なくとも株主自らが子会社役員に対して株主代表訴訟を提訴することはできませんでした）。しかし，実際には，親会社が子会社役員に対して実効的な責任追及を行うことはほとんど期待できないという状況だったと思われます。多重代表訴訟は，その場合における解決策の一つとして，平成26年会社法改正により導入された訴訟類型です。

このような多重代表訴訟においても，基本的には通常の株主代表訴訟と同

様の手続がとられることになりますので，社外取締役・社外監査役としては，おおむね上記に準じた対応を行うことになります。

事項索引

【アルファベット】

CGSガイドライン…………………… 90
CGコード
　　→コーポレートガバナンス・コード
D&O保険　→会社役員賠償責任保険
M&A ………………………………… 220
MBO ………………………………… 222

【あ】

アセットオーナーの機能強化………… 42
アパマンショップ株主代表訴訟事件
　………………………………… 209, 221

【い】

伊藤レポート………………………… 60
インサイダー取引規制……………… 82

【え】

エフオーアイ事件………………… 207

【か】

会計監査人………………… 18, 188, 191
　　──の権限……………………… 19
　　──の報酬……………………… 20
会計監査人の評価及び選定基準策定
　に関する監査役等の実務指針……… 192
会社代表………………………… 141, 148
会社役員賠償責任保険………… 86, 200
買付価格の相当性………………… 227
株式会社の機関……………………… 1
株主共同の利益…………………… 219
株主総会……………………………… 5
　　──の運営……………………… 7
　　──の権限……………………… 6
　　──の招集……………………… 6

株主代表訴訟…………………… 239
株主との対話…………………… 49
監査……………………………… 15
監査委員会…………………… 24, 133
監査等委員会………………… 30, 131
　　──設置会社…………… 27, 118
　　──の運営……………………… 31
　　──の権限……………………… 30
監査報告………………… 138, 141, 146
　　──の虚偽記載……………… 203
監査役………………………………… 14
　　──の権限……………………… 15
　　──の職務分担……………… 184
　　──の独任制…………… 157, 183
　　──の報酬……………………… 16
監査役会………………………… 17, 141
　　──設置会社…………… 9, 114
　　──の運営……………………… 18
　　──の権限……………………… 18
監視義務……………………………… 133
間接取引……………………………… 137

【き】

企業価値・株主共同の利益の確保又
　は向上のための買収防衛策に関す
　る指針……………………………… 229
企業価値の向上（第1原則）………… 226
企業価値の向上及び公正な手続確保
　のための経営者による企業買収
　（MBO）に関する指針…………… 225
企業統治　→コーポレートガバナンス
企業不祥事………………………… 233
議決権………………………………… 5
競業………………………………… 136
業務執行取締役…………………… 13

【け】

経営戦略の説明強化………………… 45

事項索引

経営判断の原則 …………… 64, 197, 209
計算書類の虚偽記載 ………………… 203
建設的な対話 ………………………… 36
兼任状況 ……………………………… 80

【こ】

公正な手続を通じた株主利益への配
　慮（第2原則）…………………… 226
コーポレートガバナンス …………… 1
コーポレート・ガバナンス・システ
　ムに関する実務指針 ……………… 90
コーポレート・ガバナンス報告書 … 49
コーポレートガバナンス・コード … 33, 112
　――の各原則 ……………………… 37
　――の各原則に基づく開示 ……… 50
コンプライ・オア・エクスプレイン … 34

【さ】

最低責任限度額 ……………… 199, 206
差止請求 ……………………… 141, 148

【し】

自社株保有 …………………………… 81
執行役 ………………………………… 25
執行役員 ……………………………… 11
指名委員会 ……………… 24, 43, 132
指名委員会等設置会社 ………… 21, 116
社外監査役 …………………………… 17
　――の職務 ……………………… 137
　――の責任 ……………………… 205
社外取締役 ………………………… 28
　――の職務 ……………………… 122
　――の責任 ……………………… 195
社外取締役・社外監査役就任への打
　診 ………………………………… 75
社外取締役・社外監査役への期待 … 77
十分な活動時間の確保 ……………… 79
重要な業務執行の決定 …………… 153
種類株主総会 ………………………… 5
常勤監査役 ……………… 17, 142, 157

信頼の原則 ………………………… 197

【す】

スクイーズ・アウト ……………… 223
スチュワードシップ・コード ……… 36
　――7原則 ……………………… 36

【せ】

セイクレスト事件 ……… 171, 206, 212
政策保有株式 ……………………… 40
責任限定契約 ……………… 85, 199, 207
責任調査委員会 …………………… 240
善管注意義務 ……………… 135, 145, 196

【そ】

組織監査 …………………………… 158
組織再編 …………………………… 219

【た】

大会社 ………………………………… 12
第三者委員会 ……………………… 237
代表執行役 ………………………… 25
代表取締役 ……………………… 10, 13
多重代表訴訟 ……………………… 242
妥当性の監査 …… 15, 99, 138, 146, 160, 174

【ち】

忠実義務 …………………………… 196
調査権 ……………………… 139, 147
直接取引 …………………………… 136

【て】

定時株主総会 ………………………… 6
適法性の監査 …… 15, 99, 138, 160, 173
デューデリジェンス ……………… 220

事項索引

【と】

特殊決議……………………………8
特別決議……………………………8
特別取締役…………………………14
独立社外取締役……………………121
独立性のルール……………………83
独立役員……………………………120
取締役会……………………………11
　　──設置会社…………………6
　　──等の責務…………………46
　　──の運営……………………13
　　──の権限……………………11
　　──の実効性強化……………43
　　──の招集……………………13
　　──の責務……………………47
取締役の権限………………………10
取締役の報酬………………………10

【な】

内部監査室…………………………189
内部通報窓口………………102, 234
内部統制システム
　　……………12, 124, 175, 190, 214, 216
　　──整備義務…………………134

【に】

「日本再興戦略」改訂2014…………33, 60
任意の諮問委員会…………………181
任務懈怠責任………………196, 202, 206

【は】

買収価格（比率）…………………221
買収防衛策…………………………229

【ひ】

非業務執行性………………………96
非業務執行役員の責任……………209
筆頭独立社外取締役………………135

一株一議決権の原則………………5
非取締役会設置会社………………6

【ふ】

普通決議……………………………8
プリンシプルベース・アプローチ……34
分配可能額規制……………………201

【ほ】

ポイズンピル………………………230
報告義務……………………140, 147
報酬委員会…………………25, 43, 133
補欠監査役…………………………88

【ま】

マネジメント・ボード……………153

【も】

モニタリング・ボード……………154
モニタリング・モデル……………115

【ゆ】

有価証券届出書・有価証券報告書等
　の虚偽記載………………204, 207

【り】

利益供与責任………………………200
利益相反取引………………………136
臨時株主総会………………………6

【る】

累積投票……………………………9

247

監修者・編者・執筆者一覧

● **監修者**

須藤　　修（すどう　おさむ）　（第3章／第8章　担当）

　　須藤綜合法律事務所，弁護士。現在，株式会社バンダイナムコホールディングス社外監査役，三井倉庫ホールディングス株式会社社外監査役，京浜急行電鉄株式会社社外監査役，株式会社プロネクサス社外監査役。なお，これまで，株式会社ワールド社外取締役，旧GCAホールディングス株式会社社外監査役，イーバンク銀行株式会社社外取締役，楽天銀行株式会社社外取締役，株式会社USEN社外監査役，株式会社アコーディア・ゴルフ社外取締役を歴任。

　　主な著書に『子会社の解散・清算手続の実務』（商事法務研究会，1988），『委員会等設置会社への移行戦略』（共著，商事法務，2003），『実務対応　新会社法Q&A』（共著，清文社，2005），主な論文に「合併・減資における信託の活用（上・下）」（共同執筆）旬刊商事法務1067・1069号，「不良子会社の解散・清算」JICPAジャーナル2巻8号，「最近の判決等からみた従業員株主の位置づけ」旬刊商事法務1492号，「法的な清算・再建に際しての留意点」税務弘報47巻2号などがある。

● **編　者**

田中　和明（たなか　かずあき）　（第1章　担当）

　　三井住友トラスト・ホールディングス，三井住友信託銀行法務部アドバイザー。公益財団法人トラスト未来フォーラム研究主幹。一橋大学博士（経営法）。一橋大学法学部客員教授・東北大学法学部客員教授。慶應大学大学院法務研究科非常勤講師。

　　主な著書・論文に『詳解　信託法務』（清文社　2010），『アウトライン会社法』（編集・共著，清文社，2014），『信託の理論と実務入門』（共著，日本加除出版，2016），『中国信託法の研究』（共著，日本加除出版，2016），『新類型の信託ハンドブック』（編集・共著，日本加除出版，2017），「取締役の忠実義務に関する一考察―わが国信託法との比較を中心として―」民事研修688・689・690・691号，「受託財産の運用としての株式の議決権行使に関する比較研究」（共著）青山ビジネスロー・レビュー6巻1号，「信託受益権に関する行為規制」神田秀樹編『金融商品取引法と信託規制』（トラスト未来フォーラム，2017）がある。

● **執筆者（50音順）**

大堀　徳人（おおほり　のりと）　（第9章・第1・第2／第10章・第2・第3　担当）
　桃尾・松尾・難波法律事務所パートナー弁護士，米ニューヨーク州弁護士登録。主な著作に『コンパクト解説会社法4・会社法の議事録作成実務──株主総会・取締役会・監査役会・各委員会』（共著，商事法務，2016），『コーポレート・ガバナンスからみる会社法〔第2版〕』（共著，商事法務，2015）がある。

後藤　　出（ごとう　いずる）　（第6章　担当）
　シティユーワ法律事務所パートナー弁護士，米ニューヨーク州弁護士登録。主な著書に『新類型の信託ハンドブック』（共著，日本加除出版，2017），『担保・執行・倒産の現在──事例への実務対応』（共著，有斐閣，2014）がある。

関　　貴志（せき　たかし）　（第5章／第7章／第9章・第3　担当）
　三井住友トラスト・ホールディングス監査委員会室長。主な著書に『新信託法の基礎と運用』（共著，日本評論社，2007），『登録金融機関のための金融商品取引の実務対応Q＆A』（共著，清文社，2008），『民法改正で金融実務はこう変わる！』（共著，清文社，2015）がある。

中野　竹司（なかの　たけし）　（第2章／第4章／第10章・第1　担当）
　奥・片山・佐藤法律事務所。弁護士・公認会計士。高周波熱錬株式会社社外監査役。主な著作に『「社外取締役ガイドライン」の解説〔第2版〕』（共著，商事法務，2015）がある。

コーポレートガバナンスにおける
社外取締役・社外監査役の役割と実務

定価:本体2,600円(税別)

平成30年5月30日　初版発行

監修者　須　藤　　　修
編　者　田　中　和　明
発行者　和　田　　　裕

発行所　日本加除出版株式会社

本　　社　郵便番号 171-8516
　　　　　東京都豊島区南長崎3丁目16番6号
　　　　　ＴＥＬ　(03)3953-5757(代表)
　　　　　　　　　(03)3952-5759(編集)
　　　　　ＦＡＸ　(03)3953-5772
　　　　　ＵＲＬ　http://www.kajo.co.jp/

営業部　　郵便番号 171-8516
　　　　　東京都豊島区南長崎3丁目16番6号
　　　　　ＴＥＬ　(03)3953-5642
　　　　　ＦＡＸ　(03)3953-2061

組版・印刷　(株)郁 文 / 製本　牧製本印刷(株)

落丁本・乱丁本は本社でお取替えいたします。
Ⓒ O. Sudo, K. Tanaka 2018
Printed in Japan
ISBN978-4-8178-4479-8 C2032 ¥2600E

JCOPY 〈出版者著作権管理機構 委託出版物〉

本書を無断で複写複製(電子化を含む)することは、著作権法上の例外を除き、禁じられています。複写される場合は、そのつど事前に出版者著作権管理機構(JCOPY)の許諾を得てください。
また本書を代行業者等の第三者に依頼してスキャンやデジタル化することは、たとえ個人や家庭内での利用であっても一切認められておりません。

〈JCOPY〉　ＨＰ：http://www.jcopy.or.jp/,　e-mail：info@jcopy.or.jp
　　　　　電話：03-3513-6969,　FAX：03-3513-6979

新類型の信託ハンドブック

セキュリティ・トラスト／自己信託／受益証券発行信託／
限定責任信託／信託社債／事業の信託／
受益者の定めのない信託／遺言代用信託／
後継ぎ遺贈型受益者連続信託

| 商品番号：40677 |
| 略　号：類信 |

田中和明 編著

荒巻慶士・小川宏幸・後藤出・佐久間亨・中野竹司・森田豪丈 著

2017年6月刊 A5判 372頁 本体3,400円＋税 978-4-8178-4398-2

● 受益証券発行信託や限定責任信託等、信託法改正にて導入された信託類型の実務を余すことなく掲載。法制面だけでなく税務・会計を含め、創設経緯、条文解釈、理論的問題の提起とその検討、活用事例・想定事例、実務上の問題提起とその対応、現状における評価と今後の展望について詳解。

信託の理論と実務入門

公益財団法人 トラスト未来フォーラム 編

田中和明・田村直史 著

2016年1月刊 A5判 360頁 本体2,800円＋税 978-4-8178-4282-4

| 商品番号：40614 |
| 略　号：信実 |

● コンパクトな内容で、基本の理解を促し、全体像を俯瞰するための一冊。
● 理論編では、信託の歴史や規制法にも触れながら、信託法を旧信託法との比較を踏まえ丁寧に解説。実務編では、「実務家にとって実践面で役立つ」ことを念頭に、様々なスキームを解説。最新の信託商品も含め実務を網羅。

第3版 会社法定款事例集
定款の作成及び認証、定款変更の実務詳解

田村洋三 監修　土井万二・内藤卓 編集代表

2015年8月刊 B5判 472頁 本体3,900円＋税 978-4-8178-4240-4

| 商品番号：40306 |
| 略　号：定款 |

● 平成26年会社法改正による監査等委員会設置会社、指名委員会等設置会社のほか、特例有限会社、合同会社、１人会社等の豊富な定款事例を掲載。
● 株式、株主総会、役員等の各条項の文例や、定款変更の手続も解説。
● 定款事例・記載例・文例の無料ダウンロードができる購入者特典付。

日本加除出版　〒171-8516　東京都豊島区南長崎３丁目16番６号
TEL（03）3953-5642　FAX（03）3953-2061（営業部）
http://www.kajo.co.jp/